# IM KÖRPER DES FEINDES
## FACE/OFF

**Der Roman zum Film von Clark Carlton
nach dem Drehbuch
von Mike Werb & Michael Colleary**

BASTEI-LÜBBE-TASCHENBUCH
Band 12 729

Deutsche Erstveröffentlichung
© 1997 by Twentieth Century Fox Film Corporation.
Published by arrangement with HarperPrism,
a division of HarperCollins Publishers.
All rights reserved. No part of this book may be used or
reproduced in any manner whatsoever without written
permission of the publisher, except in the case of brief
quotations embodied in critical articles and reviews.
For information address HarperCollins*Publishers*,
10 East 53rd Street, New York, N. Y. 10022-5299.
© für die deutschsprachige Ausgabe 1997 by
Bastei-Verlag Gustav H. Lübbe GmbH & Co.,
Bergisch Gladbach
Printed in Germany, Oktober 1997
Einbandgestaltung: Gisela Kullowatz
Titelfoto: Cover photos courtesy of
Twentieth Century Fox Film Corporation
Satz: hanseatenSatz-bremen, Bremen
Druck und Bindung: Elsnerdruck, Berlin
ISBN 3-404-12729-3

Der Preis dieses Bandes versteht sich einschließlich
der gesetzlichen Mehrwertsteuer.

>»Vincit qui, se vincit.«
*Siegen wird, wer sich selbst besiegt*

## 1.

Sean Archer gab Pegasus, dem fliegenden Pferd, sanft die Fersen. Der mächtige Flügelschlag des Tieres trug ihn durch den Himmel, der so blau war wie die Brustfedern eines Pfaus. Michael, Seans Sohn, glitt auf seinem eigenen Reittier dahin, einem fliegenden Einhorn. Junge und Tier verschwanden hinter einem Wolkenschloß, das aussah, als sei es aus Eiskrem gemacht. Archer hörte nur noch das silberhelle Lachen Michaels, tief aus dem Wolkendunst, und erhaschte einen Blick auf den kirschroten Ballon, den der Fünfjährige fest umklammert hielt. Pegasus stieg über unsichtbare Stufen dorthin hinauf, wo der Junge und das Einhorn angehalten hatten.

»Komm, Mikey, die anderen warten nicht auf uns«, sagte Archer und lächelte den Jungen an.

»Mein Pferdchen ist hungrig«, protestierte Michael, als das Einhorn einen Wolkenbausch abzupfte und mit seinen goldenen Zähnen kaute.

»Es kann später essen. Komm weiter.«

Als Vater und Sohn durch einen Canyon flogen, dessen Wände aus Watte zu bestehen schienen, entdeckten sie die anderen Reiter, die den fliegenden Fuchs verfolgten. Die Jungen und Mädchen waren in rote Fräcke gekleidet, trugen schwarze Zylinder und saßen auf den unterschiedlichsten Reittieren: einem Schwein mit Flügeln, einem geflügelten Löwen, einem Pterodactylos mit bunten Tupfern und einem rosa Elefanten, der seine großen Ohren als Flügel benutzte.

»Tallyho!« rief Michael, als er und sein Vater sich wieder der Jagdgesellschaft anschlossen. Doch der fliegende Fuchs war ihren Blicken entschwunden.

Die Haare sträubten sich Archer, als er das Surren von Rotorblättern hörte, noch bevor der Helikopter den Wolkenvorhang zerriß. Archer konnte den Piloten nicht sehen, als der Hubschrauber vor der Jagdgesellschaft schwebte, aber als er die Augen ein wenig zusammenkniff, konnte er ein Gesicht erkennen, das zunächst wie sein eigenes aussah. Doch dann löste es sich auf und nahm jene Züge an, die einen so explosiven Haß in Archer entzündeten, daß es ihm vorkam, als würde er von innen herausverbrennen. Das Gesicht des Piloten war kalt und ausdruckslos, als er mit seiner Waffe auf Michael zielte.

»Michael!« schrie Archer, als er von Pegasus' Rücken auf das Einhorn des Jungen sprang und seinem Sohn die Zügel entriß. Die Kugel ließ den Luftballon explodieren und riß Archers Brust auf. Der Schlag trieb ihm die Luft aus den Lungen, dennoch hielt er die Arme auch weiter fest um den Jungen geschlungen, als eine zweite Kugel an ihnen vorbeiflog.

»Lauf! Lauf!« brüllte Archer und hieb die Fersen in die Flanken des Einhorns. Das Tier schoß in einem Bogen nach unten und ließ den Helikopter weit hinter sich. Als Archer sein Haus entdeckte, begannen sie einen schnellen Abstieg. Und als sie endlich auf festem Boden standen, hinten im Hof, zog Archer seinen Sohn hastig in die Sicherheit des Hauses.

Als Archer aus dem Küchenfenster schaute, konnte er den Hubschrauber nirgendwo mehr sehen. Michael hatte die Arme immer noch fest um den Nacken seines Vaters geschlungen, und Sean roch den Kirschkaugummi im Atem seines Sohnes.

»Daddy, du blutest!« rief Michael.
»Dafür bist du in Ordnung«, antwortete Archer und strich dem Jungen übers Haar. Doch plötzlich wich alle Wärme aus Michaels Körper. Archers Sohn war in seinen Armen weggeschmolzen, löste sich einfach in Luft auf . . .

Von Kummer überwältigt wachte Sean Archer aus seinem Traum auf, jenem verfluchten Alptraum, der ihn schon tausendmal gequält hatte. Heftig atmend schwang er die Beine über die Bettkante und stützte sein Gesicht in die Hände. Er war in der verfluchten Wirklichkeit wachgeworden, in einer Welt, in der sein Sohn schon seit acht Jahren tot war.
Wie ein wuchtiger Schlag traf ihn die Erinnerung an jenen Moment, als sein Sohn tatsächlich gestorben war – sie waren im Griffith-Park gewesen, um dort im Dattelpalmenhain Karussell zu fahren. Das Karussell war erst kurz zuvor von den Mitgliedern eines Vereins, der sich darum kümmerte, daß solche alten Dinge bewahrt wurden, restauriert worden. Die Dampforgel spielte eine Melodie. Michael saß auf dem rosa Einhorn, Archer auf dem Pegasus, als plötzlich ein Windstoß den Luftballon des Jungen fortriß. Michael hatte noch versucht, nach der Schnur zu greifen, doch dabei war er abgerutscht. Archer hatte den Jungen gepackt und vor sich auf den Pegasus gezogen, als auf einmal Schüsse die Musik übertönten und der rote Luftballon platzte. Anfangs hatte Sean nur einen leichten Schmerz im Rücken verspürt, doch dann war dieser bald unerträglich geworden. Nur vage wurde er sich bewußt, daß Blut in sein Hemd sickerte.
Sein einziger Gedanke war, seinen Jungen zu schützen, doch als er die Arme um ihn schlingen wollte, spürte er gerade noch, wie alles Blut aus seinem Kopf

wegsackte, dann war er auf den Boden des Karussells gerutscht. Ihm wurde schlecht, als das Karussell sich weiter drehte, und er hatte das Bewußtsein verloren. Doch er hatte gekämpft, um wieder aus dieser Tintenschwärze aufzutauchen, und als er zu sich kam, war er wie ein verkrüppeltes Insekt auf den kleinen leblosen Körper zugekrochen und hatte nach Michaels schmaler Hand gegriffen. Immer noch dreht sich das Karussell. Die Kugel hatte Archers Schulter durchschlagen, war in den Körper seines Sohnes eingedrungen, genau durch Michaels Herz hindurch, um dann zwischen den Rippen steckenzubleiben. Die Kugel hatte seinen Jungen getötet.

Blut hatte das T-Shirt des Jungen durchtränkt; der Blick seiner bereits toten Augen waren nach oben gerichtet, weg von seinem Vater. Archer versuchte, um Hilfe zu rufen, doch er brach zusammen und fiel in die klebrige rote Pfütze. Bevor er erneut in die Bewußtlosigkeit versank, erhaschte Archer noch einen Blick auf den Schützen, der zwischen den Dattelpalmen flüchtete und dann im Unterholz der Hollywood Hills verschwand.

Und nun, acht Jahre später, saß Archer zitternd auf dem Bett und versuchte, seine Frau nicht zu wecken. Doch Eve war bereits wach und beobachtete ihren Mann aus schmalen Augen. Sie wußte genau, was er geträumt hatte, so, wie sie auch wußte, was ihm durch den Kopf ging. Und obwohl sie ihn schon unzählige Male so gesehen hatte, erwachte doch jedesmal von neuem Mitleid in ihr. »Sean«, hatte sie schon so oft zu ihm gesagt, »du mußt aufhören, immer wieder darüber nachzugrübeln. Es wird ihn nicht zurückbringen, egal, wie oft du es in Gedanken noch einmal durchlebst. Laß die Erinnerung los, um deiner selbst willen.«

Aber Archer wußte, daß es niemals aufhören würde, solange der Mörder seines Sohnes nicht gefaßt war. Die Erinnerung würde immer wieder in seinem Kopf ablaufen, er würde alles so lebhaft vor sich sehen wie an jenem Tag, als es passierte. Und jedesmal, wenn die Erinnerung an jenes Ereignis zurückkehrte, fühlte er sich krank vor Schuld. Wenn er nicht ins Federal Bureau eingetreten wäre, wenn er sich nicht als Agent ausgezeichnet hätte, dann würde Michael noch leben.

Sean erhob sich und blickte aus dem Fenster auf die rote Sonne, die langsam den wolkenlosen Himmel emporstieg. Er wußte, es würde wieder ein harter, heißer Tag werden, ein Tag, an dem die unbarmherzige kalifornische Sonne das Leben aus Menschen, Tieren und Pflanzen sog. Es war die Zeit von El Niño, es waren jene Tage, die mit dem heißen Wind aus dem Süden den Menschen Kopfschmerzen brachten. Er war bereits angezogen – er hatte sich nur ein paar Minuten noch hinlegen wollen, doch dann war er in einen unruhigen Schlaf gefallen. Er fluchte, weil er so lange geschlafen hatte und steckte sein FBI-Abzeichen in die Brusttasche seiner verschwitzten Anzugjacke. Er war jetzt hellwach und begierig darauf, den Tag zu beginnen, denn er hatte aus seinem Netz von Spitzeln den Tip bekommen, daß der Mörder seines Sohnes in die Stadt der gefallenen Engel zurückgekehrt war.

Die Sopranistin war ein hübsches blondes Mädchen, siebzehn vielleicht, und die Falten ihres Chorgewandes vermochten ihre wohlgeformten Hüften und ihren schönen Busen nicht zu verbergen. Während sie zu dem Trinkwasserhahn ging, kam sie an einem Mann vorbei, der, obwohl er wie ein Priester gekleidet war, nicht den geringsten Versuch machte, sein Gefallen an einem klaren, hübschen Gesicht und den vielversprechenden Geheimnissen unter ihrem seidenen, orangefarbenen Gewand zu verheimlichen.

Dem Mann, der vorgab, ein Priester zu sein, war nicht bewußt, wie unzulänglich seine Verkleidung war. Er glaubte, er sei wie ein katholischer Geistlicher gekleidet, aber der breite weiße Kragen, den er trug, war der eines Priesters der episkopalen Kirche. Doch das Mädchen gehörte zu den Baptisten und war mit der Priesterkleidung anderer Glaubenseinrichtungen nicht vertraut. Dennoch war ihr bewußt, daß es seltsam war, wenn ein Mann, der das Priesterkleid trug, egal welcher Konfession, sich so verhielt. Er drehte sich abrupt um und folgte ihr zu dem Wasserhahn. Noch seltsamer fand sie es, daß er sie mit seinem Körper streifte, als sie sich bückte, um aus dem Wasserhahn zu trinken.

Sie wandte sich zu ihm um. »Lassen Sie mich vorbei!« fuhr sie ihn an.

Der Mann erwiderte ungerührt ihren Blick, bevor er die Lider senkte und ein kaum wahrnehmbares Lächeln um seine Lippen erschien – ihm kam es nicht in den Sinn, sein Verlangen zu bereuen. Während sich seine braunen Augen in ihre brannten, als das verlegene Mädchen ihm ins Gesicht schaute, sagte er: »Tut mir leid.«

Die junge Sängerin war plötzlich fasziniert und fühlte sich von seinem Blick wie festgenagelt – seine Augen funkelten, wie sie wohl funkeln mochten, wenn er sich in ihr bewegte. Sie begriff, daß er anders war als alle Priester, denen sie je begegnet war, denn er war ein Mann, der so selbstverständlich zu jedem einzelnen seiner Gelüste stand, daß ihm dies eine starke sexuelle Anziehungskraft verlieh und das Charisma eines Tyrannen. Als sie wieder zur Vernunft kam, löste sie sich aus seinem Blick und eilte zu ihrem Chor zurück, der aus zweihundert Mitgliedern bestand. An diesem Morgen würden sie im Halbfinale des internationalen Sängerwettbewerbs *Behold the Lamb of God* singen. Sie war Solistin.

Er überlegte einen Moment, ob er ihr folgen sollte – sie hatte genug Reize, um sein Interesse zu wecken, doch die Aktentasche, die er fest in der Hand hielt, erinnerte Castor Troy daran, daß er aus anderen Gründen zum Convention Center gekommen war. Er betrat einen der Lastenaufzüge und fuhr hinunter in das Basement, in dem sich der Hauptschaltraum des Gebäudes befand.

Sean Archer war entschlossen, die Geschwindigkeitsbeschränkung auf seiner Fahrt zum Büro nicht zu überschreiten; wachsam hielt er sich genau an das erlaubte Tempo und parkte schließlich seinen Wagen in der Mitte des ihm zugewiesenen Parkplatzes.

Als er angekommen war, fiel ihm ein, daß er vergessen hatte zu pinkeln, etwas, was er schon vor zwei Stunden hatte tun wollen.

Als er vor dem Spiegel stand – er vergaß niemals, sich hinterher die Hände zu waschen –, war er für einen Augenblick schockiert, als er begriff, daß er selbst jener vorzeitig gealterte Mann mit der gelblichen Gesichtsfarbe war, der ihm entgegenblickte. Er spritzte kühles Wasser auf die dunklen Schatten unter seinen Augen, dann beschimpfte er sich selbst für seine Eitelkeit. Himmel, Sean, ermahnte er sich, du hast keine Zeit für so etwas!

Er platzte in den Raum, in dem die Einsatzbesprechungen stattfanden, verschüttete heißen Kaffee über sein Handgelenk und bekleckerte sein letztes gutes Hemd. Die anderen Agenten zuckten zusammen, sie spürten Archers Anspannung sofort. Loomis, der Neuling, schien an seinem Computerbildschirm zu kleben. Castor Troys Visage blieb stets in der rechten oberen Ecke, während sein Strafregister endlos durchlief. Loomis schien fast gelähmt zu sein von der Vielfalt in Troys krimineller Laufbahn. Die Liste begann mit Tierquälerei von Katzen und Hunden aus der Nachbarschaft, dem folgte ein mit Benzin übergossener und angezündeter Rivale – es ging um ein Mädchen –, und die mutmaßliche Entführung eines Schulbusses, der prompt über die Klippen von Malibu gesteuert worden war. Damals war Castor zwölf Jahre alt gewesen. Mit dreizehn hatte er seine Aktivitäten mit der Vergewaltigung einer Erdkundelehrerin fortgesetzt und dem darauffolgenden Mordversuch am stellvertretenden Schuldirektor, der so dumm gewesen war, dieses Verbrechen der Polizei zu melden. Dem Jugendgericht gelang es dennoch nicht, ihn irgendeines Vergehens zu überführen und zu verurteilen. Schon als Kind war Castor als *Tellon Terror* berüchtigt, dem man nichts anhängen konnte.

Die Verbrechen, derer man Castor verdächtigte, wurden von Jahr zu Jahr spektakulärer. Er war ein brillanter Schüler, der einige Klassen übersprang und mit fünfzehn seinen High-School-Abschluß machte. Als er sich am College einschrieb, änderte er seinen Namen ein wenig, so daß man in den Unterlagen der Polizei nichts Belastendes über ihn finden konnte. Und bevor er an der University of California in Los Angeles seinen Abschluß machte, wurde er schon von der CIA rekrutiert. Es gelang ihm, alles zu lernen, was man ihm dort überhaupt beibringen konnte, und nachdem er zur anderen Seite übergelaufen war, wurde aus dem kleinen Straßenkämpfer endgültig ein Weltklasse-Söldner.

Mit seinen weitreichenden Kontakten, die er sich aus den Akten der CIA beschafft hatte, wurde Castor *der* Mann, den man für Bombenattentate, Morde, Entführungen und andere Terroraktionen engagieren konnte. Während des iranisch-irakischen Krieges leistete Troy beiden Seiten seine Dienste. Er hatte auf der Gehaltsliste der Palästinensischen Befreiungsorganisation und von Muammar Gaddafi gestanden; er war ebenso von der IRA bezahlt worden wie von verschiedenen, sich gegenseitig bekämpfenden Fraktionen der russischen, italienischen und vietnamesischen Mafia. Es galt als gesichert, daß er vom Führer jener Fraktion, die sich von der Kirche der Heiligen der letzten Tage abgespalten hatte, weil sie die Polygamie befürwortete, angeheuert worden war, um einen Bischof der Mormonen umzubringen.

Archer schob durchweichte Essenskartons auf einem Schreibtisch beiseite, damit er seinen Kaffee absetzen konnte. »Irgendwelche weiteren Informationen vom SIS oder dem LAP Intelligence?«

»Nein, Sir, noch nichts«, antwortete Buzz Williams, ohne den Blick vom Computer zu wenden. Er hatte zwanzig Minuten auf einen Download gewartet. Buzz war untersetzt und muskulös und wirkte wie ein Hydrant mit Bürstenschnitt.

»Melde dich bei ihnen!« rief Archer. »Hör nicht auf, dich bei ihnen zu melden! Was ist mit unseren Teams am Flughafen und am Busbahnhof?«

Wanda Tan hatte drei Gespräche in der Leitung; nun unterbrach sie eine der Unterhaltungen. Sie war geschieden, und da sie eine der wenigen Agentinnen mit Kindern war, konnte sie Seans Handlungsweise, wenn es um Castor Troy ging, wesentlich besser nachvollziehen als einige andere Kollegen.

»Sir«, begann sie, und ihre Stimme klang eher mütterlich als respektvoll, »wir haben alle Möglichkeiten ausgeschöpft, vom Psychologen bis hin zu den Satelliten. Selbst wenn Castor hier wäre, wäre er inzwischen längst durch unser Netz geschlüpft!«

»Er *ist* hier!« fuhr Archer sie an und hieb unwillkürlich mit der Faust in die Handfläche. »Fragen Sie mich nicht, woher ich das weiß. Ich weiß es einfach. Und wir werden nach ihm suchen, bis wir ihn gefunden haben.«

Wanda seufzte. Sie konnte ihn verstehen, aber die anderen Agenten waren schon reichlich sauer. Archer bedachte sie einzeln mit einem strafenden Blick. Als letzten sah er Tito Biondi an, der seinen Stuhl heftig wegschob, den Telefonhörer aufknallte und sich dicht vor Archer stellte.

»Geh raus, Sean«, drängte er und schob Archer leicht zur Tür.

»Hör auf, mich zu schubsen, Tito!«

»Hör auf, *sie* zu schubsen«, erwiderte Tito und deutete mit dem Kopf auf Seans Team. »Gönn ihnen eine Pause. Sie haben rund um die Uhr geschuftet.«

»Ich werde ihnen eine Pause gönnen, wenn ich mir selbst eine gönne.«

Archer marschierte nach draußen und schlug die Tür hinter sich zu. Tito lief ihm hinterher und holte ihn auf dem Flur ein. Er packte Archer am Arm und drehte ihn zu sich herum. Die beiden Männer starrten sich an, mit grimmigen Gesichtern und zum Kampf gespannten Körpern.

Plötzlich schnupperte Tito und rümpfte dann die Nase. »Wann hast du zum letzten Mal geduscht, Sean? Du stinkst.«

Archer atmete tief aus, fast wieder entspannt, dann roch er an seinen Achselhöhlen. Pfui Teufel! Tito hatte recht.

»Wie wäre es, wenn wir dein Jackett jetzt gleich in die Reinigung schickten?« schlug Tito vor. »Ich glaube, ich habe noch ein frisches Hemd in meinem Büro. Komm mit.«

Als Archer in die Augen seines besten Freundes schaute, spürte er dessen tiefe Besorgnis, und beinahe hätte er gelacht. Sie gingen langsam zu Titos Büro hinüber, das ausgesprochen geschmackvoll im Spanischen Missionsstil eingerichtet war.

Castor zog die klebrigen Fäden weg und drückte sorgfältig die unauffällige Porzellanbox auf die übereinandergeschichteten Sprengstoffkapseln, die er unterhalb des Schaltkreises angebracht hatte. Der Klebstoff härtete schnell. Castor drückte seine Gitanes aus und überlegte gerade, ob er eine neue anzünden sollte, als ein leises Schlurfen ihm verriet, daß sich jemand näherte.

Der alte Hausmeister mit dem angedeuteten Buckel war der Spur des Zigarettenrauchs gefolgt, nicht etwa, weil er den Missetäter ertappen wollte, sondern weil er hoffte, eine Zigarette schnorren zu können. Er war überrascht, als er einen Priester durch die Sicherheitstür kommen sah und starrte Castor an.

»Was machen Sie da, Padre?« fragte er in stark akzentgefärbtem Englisch.

Castor antwortete auf Spanisch, das er von einer seiner Geliebten gelernt hatte. »Dem Himmel sei Dank! Ich war mir schon vorgekommen wie Theseus im Labyrinth! Könnten Sie mir vielleicht zeigen, wo die Herrentoilette ist?«

»Padre, hier dürfen keine Unbefugten hin«, antwortete der Hausmeister. »Wie sind Sie in diesen Raum gekommen?«

Der Respekt, den das Priestergewand dem Mann eingeflößt haben mochte, schien rapide zu schwinden. Castor überlegte einen Moment, ob er behaupten sollte, er hätte einen Ort gesucht, an dem er heimlich seinem Laster nachgehen konnte, aber er spürte, daß der alte Mann schon Verdacht geschöpft hatte. Väterlich legte er dem Portier einen Arm um die Schultern und dirigierte ihn zur Treppe.

»Wissen Sie, normalerweise bin ich derjenige, der anderen Leuten die Beichte abnimmt, aber diesmal habe ich selbst etwas zu gestehen: Ich habe eine Bombe gelegt.«

»Eine Bombe?«

»Ja – Sie wissen schon. Bumm!«

Der Hausmeister starrte Castor ungläubig an.

»Eine große Explosion. Dann Feuer, Zerstörung, Menschen werden getötet . . . ach, ist doch auch egal.«

Mit dem Ellbogen stieß er den alten Mann die Treppe hinunter. Der Mann fiel die Stufen hinunter und blieb schließlich auf dem Rücken liegen, der Kopf baumelte über einer Stufe. Der alte Mann stöhnte leise. Castor hob den Putzeimer des Hausmeisters an und las den Namen, der ungelenk darauf geschrieben stand: Felix. Dann stieß er Schrubber und Eimer ebenfalls die Treppe hinunter; die graue Seifenbrühe ergoß sich über die Stufen. Er ging hinunter zu Felix, stellte einen Fuß auf dessen Stirn und brach ihm das Genick. Während Castor noch den »Unfall« betrachtete, erklang von oben herab Musik: Der Chor der jungen Sopranistin sang einen gospelgefärbten Auszug aus Händels Messias.

»Vater Troy« drängte sich durch die Menge im Erdgeschoß, doch dann blieb er sitzen und lauschte andächtig, als er die junge Frau in der ersten Reihe wiedererkannte, die auf ihr Solo wartete. Noch bevor sie aufsah, hatte sie seinen durchdringenden Blick gespürt, einen Blick, der sie bis auf die Knochen mit Kälte erfüllte. Als ihr Blick von seinem festgehalten wurde, fielen ihr die Notenblätter aus der Hand, segelten langsam zu Boden und blieben dann vor seinen Füßen liegen. Er bückte sich, richtete sich wieder auf und gab ihr die Notenblätter zurück, wobei er sie mit seinen Blicken festnagelte.

»Ich habe den *Messias* nie gemocht«, sagte er, während nur die Männer sangen. »Er ist übertrieben. Falsches Gold. Schwache Melodien mit Zierrat überladen. Aber Ihre Stimme läßt selbst jemanden wie Händel wie ein Genie erscheinen.« Castor lächelte und machte zu ein paar Takten einige angedeutete Tanzschritte.

Als er davonging, klopfte ihr Herz aufgeregt. Eine Nachbarin stieß sie an, und sie merkte, daß sie fast ihr Solo verpaßt hätte. Als sie den Mund öffnete, kam ein falscher Ton heraus, dann erst fand sie zur Melodie zurück.

Eve zog die OP-Handschuhe aus, dann erst bemerkte sie, daß ihre Oberarme von Blut und jener gallertartigen Masse beschmiert waren, die aus dem Tumor herausgespritzt war, der fast so groß wie eine Bowlingkugel gewesen war. Eve schätzte, daß dieser Tumor mindestens fünf Jahre gebraucht hatte, um zu dieser Größe heranzuwachsen – immer wieder hatte sich die Patientin beklagt, daß sie diese letzten zehn Pfund Übergewicht einfach nicht loswerden würde!

Nun ja, soviel zu kleinen Siegen, dachte Eve und erinnerte sich daran, wie Sean an diesem Morgen zitternd auf der Bettkante gesessen hatte. Bevor sie in den Operationssaal gegangen war, hatte sie noch versucht, ihn anzurufen. Und auch jetzt, während sie ihr Handy aus der Tasche zog, zweifelte sie daran, daß er ihren Anruf entgegennehmen würde. Sie wußte, daß er wieder einmal auf Castors Spur war, aber nur, weil Tito sie angerufen hatte, um ihr dies mitzuteilen. Eve hatte schon ein paar Zahlen gedrückt, als sie zögerte, denn wieder spürte sie jene dumpfe Mischung aus Ärger und Erbitterung, die sie immer empfand, wenn sie versuchte, ihren Ehemann zu erreichen. Doch dann wählte sie zu Ende. Seine Sekretärin hob schon beim ersten Läuten ab.

Archer nahm gerade eine Kombination aus Aspirin, Ibuprofen und Acetaminophen in der Hoffnung, daß dies seine durch zuviel Koffein verursachten Kopfschmerzen lindern würde, als sein Sprechgerät summte.

»Mr. Archer, es ist schon wieder Ihre Frau.«

Archer schluckte die Pillen und langte nach dem Telefon, als Tito hereinplatzte. Seine Augen funkelten vor Aufregung.

»Sean, gerade ist am Anderson Airfield ein Flugzeug gechartert worden, auf den Namen von Ethan Goddard. Aber rat mal, wer gerade aufgetaucht ist, um dafür zu bezahlen? Pollux Troy!«

Archer vergaß seine Frau und hielt den Atem an. Blut schoß in seinen Kopf, seine Kopfschmerzen waren wie weggeblasen. Er sprang so hastig auf, daß sein Stuhl zurückrollte und gegen die Wand knallte.

»Ruf die Einsatztruppe zusammen. Wir sind schon unterwegs. Und sieh zu, daß du jemand von unseren Leuten in dieses Flugzeug schmuggelst.«

»Schon so gut wie erledigt. Aber von Castor gibt es immer noch keine heiße Spur.«

»Wo der eine Bruder ist, ist der andere nicht weit.«
Sein Herz klopfte, als wäre er ein bis über beide Ohren
verliebter Mann. Archer stürzte aus seinem Büro.

## 2.

Castor saß fast entspannt in den Ledersitzen des Lexus, mit dem Dietrich Hassler ihn zum Flughafen fuhr. Die blauen Lichter der Startbahn spiegelte sich auf Dietrichs glattrasiertem Schädel wider. Die Lichterkette schien sich bis zu den dunklen Bergen zu erstrecken, deren Spitzen in die grauen Wolken des nächtlichen Himmels gehüllt waren. Castor empfand eine leichte Verärgerung über Dietrich, der zwar ein teures und modisches Richard-Tyler-Jackett trug, dafür aber ein billiges After-shave aufgetragen hatte. Die gewöhnlichen Duftnoten überdeckten nicht Dietrichs eigenen Geruch nach schlechtem Fleisch und Sauerkraut. Und dem maßgeschneiderten Jackett mit der teuren Krawatte gelang es nicht, Dietrich eleganter wirken zu lassen; im Gegenteil, sie hoben nur hervor, was für ein grober, ungehobelter Typ er war und immer sein würde.

Der Lexus hielt neben einem Landrover an, und Castor blickte sich vorsichtig um. Als er sicher sein konnte, daß sie allein waren, zog er ein dickes Bündel Banknoten aus seiner Jacke. Dietrich war erfreut, aber auch neugierig.

»So viel für einen Zünder und eine Fahrt zum Flughafen, Caz? Wen willst du denn diesmal hochjagen? Du weißt doch, daß ich den Mund halten kann.«

»So einen verdammten Dummkopf, der zu viele Fragen stellt«, fuhr Castor ihn an. Während er Dietrich anstarrte, brachte er erneut jenen Haß zum Glühen, der unter einer dünnen Schicht von Zuneigung schwelte. Castor war schon ausgestiegen, als er etwas freundlicher hinzufügte: »Richte deiner Schwester einen schönen Gruß von mir aus.«

Dietrich verzog das Gesicht, und seine Augen wurden zu schmalen Schlitzen. »Sie von dir grüßen? Höchstens, wenn ich wollte, daß sie mir den Arsch von den Knochen tritt. Gute Reise – wohin auch immer sie gehen mag.« Dietrich fuhr mit quietschenden Reifen davon, erleichtert, daß er endlich fort konnte. Castor zog ihn an, faszinierte ihn, dennoch war er stets froh, wenn er den Mann verabschieden konnte, der einmal sein größter Wohltäter gewesen war.

Castor sehnte sich danach, bei seinem Bruder zu sein, den Mann wiederzusehen, der die Ergänzung seines Wesens war, doch vor ihm erschien eine Mauer aus skandinavischem Fleisch – Lars und Lunt Lindstrom, die Zwillinge mit den hellblauen Augen, die sich durch Gedankenübertragung zu verständigen schienen. Muskeln und kaum getarnte Schußwaffen beulten ihre Anzüge aus. Nun machten sie Platz, und zwischen ihnen erschien Pollux Troy.

Pollux erinnerte an einen Kolibri, ständig war er in Bewegung, und während sein Bruder kühl und beherrscht war, war er lebhaft und ausgelassen. Selbst seine Stimme schien von einem ständigen Schwirren durchdrungen zu sein.

Castor sah, daß ein Schnürsenkel seines Bruders offen war, und er bückte sich unwillkürlich, um ihn zuzubinden, wie er es schon tausendmal getan hatte.

»Du bist sechsundzwanzig Minuten zu spät«, sagte Pollux und kratzte sich an mehreren Stellen. »Du hattest Probleme, den Zünder zu installieren. Ich wußte, daß ich mit dir hätte kommen sollen.«

Nachdem er den Schnürsenkel gebunden hatte, riß Castor die Augen weit auf und griff sich plötzlich ans Herz. »O mein Gott!« stieß er hervor.

»Was ist los?«

»Ich . . . ich habe vergessen, das verdammte Ding scharfzumachen!«

Pollux war verwirrt; er wirkte auf einmal wie erstarrt, Röte schoß ihm ins Gesicht. »Du . . . du machst doch nur Witze, oder?« stieß er hervor und wandte sich an die Lindstrom-Zwillinge. »Er macht doch Witze, nicht wahr?«

Dann sprang er Castor an und legte die Hände um seine Kehle. »Sag mir, daß du nur einen verdammten Witz gemacht hast!« schrie er.

Castor löste sich ohne Probleme aus dem Griff seines Bruders und lächelte, ein Lächeln, das seine vom Rauchen verfärbten Zähne zeigte. »Natürlich mache ich Witze, Bruderherz. Es ist alles prima gelaufen.« Pollux zuckte leicht zusammen, als Castor ihn liebevoll an sich drückte. Er schob seinen Bruder weg und wollte sich abwenden, doch Castor ließ dies nicht zu. Und so gab Pollux schließlich nach, ließ die brüderliche Umarmung über sich ergehen und erwiderte sie. Die Lindstrom-Zwillinge machte dies verlegen, sie vermieden es, die beiden Troy-Brüder anzuschauen. Sie hatten sich niemals umarmt und würden es auch nie tun.

Nachdem Castor seinen Bruder schließlich losgelassen hatte, stapfte Pollux auf das Flugzeug zu. »Ich hasse es, wenn du mich ›Bruderherz‹ nennst«, maulte er. Castor lächelte ihn voller Zuneigung an und wandte sich dann den Lindstroms zu.

»Danke fürs Baby-Sitting«, sagte er und nahm zwei weitere Banknotenbündel aus seiner Jackentasche.

Castor kannte die Einstellung der beiden Zwillinge und wußte, daß sie es haßten, als Einheit betrachtet zu werden. Jeder von ihnen bekam seine eigene Bezahlung, auch wenn es nach all den Jahren weder Castor noch Pollux gelungen war herauszufinden, wer Lars und wer Lunt war.

»Brauchen Sie sonst noch was, Boß?« fragte Lars oder Lunt.

»Haltet euch einfach während der nächsten Tage bedeckt, bis ich mich bei euch melde«, antwortete Castor und lächelte unaufrichtig. »Und bleibt von der Innenstadt fern. Um den achtzehnten rum wird dort der Schadstoffausstoß ein wenig größer sein.« Die Zwillinge nickten, steckten ihr Geld weg und verschwanden.

Castor kletterte in den Jet und eilte ins Cockpit. »Los, los, los!« trieb er den Piloten an.

Normalerweise hätte der Pilot Castor gesagt, er sollte sich setzen und seinen Mund halten, doch da man ihm für diesen Flug ein kleines Vermögen zahlte, zuckte er nur mit den Schultern. Die Turbinen heulten auf, als er die Maschine über die Startbahn rollen ließ.

Castor hatte sich gerade in den weichen Sitz fallenlassen, als er den schwachen Duft nach Vanille und Gardenien wahrnahm, Duftnoten eines teuren Parfüms. Er begann seine Musterung bei den Knöcheln der Stewardeß, ließ seinen Blick über ihre schlanken Waden hinauf zu ihren perfekt geformten Oberschenkeln gleiten. Er registrierte eine schlanke Taille und ein üppiges Dekolleté, in dem nichts künstlich war. Er konnte Silikon auf eine Meile Entfernung erkennen, doch hier war es nicht nötig gewesen nachzuhelfen. Der Busen würde sich wunderbar anfühlen, wenn er ihn berührte.

Sie setzte ein großzügig gefülltes Glas vor ihm ab, und Castor stürzte den Mescal in einem Zug hinunter.

»Willkommen an Bord«, flötete die Stewardeß. »Möchten Sie jetzt noch irgend etwas haben?« Ihre Stimme ging ihm durch und durch, er hätte in ihrem Blick versinken können. Sie schien ihn einladend anzulächeln, als er sie noch einmal voller Verlangen betrachtete; schließlich blieb sein Blick an ihren vollen Lippen hängen.

»Ja, zum Teufel!« antwortete er und zog sie auf seinen Schoß. »Das ist die einzig vernünftige Art, einen Flug hinter sich zu bringen.« Sie lachte, und sie schien nichts dagegen zu haben, als seine Hand von ihrem Po nach vorn zu ihren Schenkeln wanderte.

Pollux sah zu seinem Bruder hin und dachte dabei zufrieden, daß dies sicher kein langweiliger Flug werden würde. Irgendwann würde er nach vorn in den Schlafbereich gehen zu Castor und der Frau. Er würde seine Kleider ausziehen, und Castor würde die Frau auffordern, auch seinen Bruder zufriedenzustellen.

Der Stewardeß schien es nicht zu gefallen, daß Castors Atem nach Zigaretten und Schnaps roch, dennoch bog sie sich seinen auf Erkundung befindlichen Händen entgegen. Sie warf das Haar nach hinten, doch als die Maschine plötzlich langsamer wurde, wandte sie sich von ihm ab. Castor warf sie fast von seinem Schoß, als er aus seinem Sitz schoß, die Tür zum Cockpit aufriß und hineinstürmte.

»Was ist los?« wollte er wissen und starrte durch die Scheibe.

»Irgendwas ist auf der Rollbahn«, antwortete der Pilot und streckte den Kopf vor, als würde ihm das helfen zu erkennen, worauf sie in der Dunkelheit zurasten. Auf einmal stachen die Frontscheinwerfer eines riesigen Armeejeeps durch die Nacht. Castors Verdacht wurde zur Gewißheit, als der Humvee auf sie zuraste.

»Verdammt. Das ist Archer.«

Und schon hielt der dem Piloten seine Waffe an den Kopf. »Verdammt, Mann, heben Sie ab!« schrie er und stieß ihm fast ein Loch in die Schläfe.

Plötzlich hörte Castor einen ohrenbetäubenden Knall in der Kabine und spürte, wie ihm die Waffe aus der Hand gerissen wurde. Das Glas war nicht gesplittert, die Kugel mußte also von hinten gekommen sein. Castor drehte sich um und sah, daß die Stewardeß hinter ihm stand, die Beine gespreizt und eine Waffe in den Händen mit den lackierten Fingernägeln.

»FBI!« rief sie. »Drosseln Sie die Geschwindigkeit, Captain!«

»Hure!« murmelte Castor vor sich hin, als er mit dem Ellbogen mehr Gas gab.

Die Maschine machte einen Satz nach vorn, und Agent Winters stolperte. Bevor sie das Gleichgewicht wiederfinden konnte, sprang Pollux sie von hinten an und nagelte sie auf den Boden. Sie kam mit dem Kinn auf und biß sich auf die Zunge. Pollux kroch über sie und langte nach ihrem Revolver.

Tito saß neben Archer im Humvee, hielt in der linken Hand dessen Waffe, während seine eigene auf Castors Gesicht zielte. Archer trat das Gaspedal bis zum Anschlag durch, und der Jeep raste noch schneller auf den Jet zu. Tito warf Archer einen Blick zu, und als er die blindwütige Entschlossenheit auf dessen Gesicht sah, sackte er in seinem Sitz zusammen.

»Sean, du spielst ›Wer ist der größere Feigling?‹ mit sechsundzwanzig Tonnen Aluminium!« rief er, doch Archer reagierte überhaupt nicht. Tito bereitete sich darauf vor zu sterben, und ein Rest seiner früheren Religiosität flackerte auf, als er sich bekreuzigte und Gott um Vergebung für seine Sünden bat. Es konnte nur noch Sekunden dauern, bis die beiden Metallungetüme zusammenstießen.

Archer war sich nicht bewußt, was er eigentlich erwartet hatte, doch er wurde in die Wirklichkeit zurückgeholt, als Castor sich bückte, Agent Winters hochriß und gegen die Scheibe des Cockpits stieß. Er drückte ihr den Hals zusammen, während er ihr seine Waffe an den Kopf hielt.

Archer hatte das Gefühl, als würde die Angst um Winters ihn verbrennen, genau wie die Abscheu dem Mann gegenüber, der sie töten würde. Er riß das Steuer herum, vermied um Haaresbreite die Kollision, dann trat er auf die Bremse, entschlossen, nicht zuzulassen, daß Castor ein weiteres Mal tötete. Der Humvee rutschte weg; das Kreischen der Reifen zerriß ihm die Ohren. Tito schnappte nach Luft, so durchdringend war der Gestank von verbranntem Gummi. Erleichtert sahen sie, daß Unterstützung nahte. Archer war schon aus dem Wagen, als ein FBI-Hubschrauber in dem aufgewirbelten Staub zur Landung ansetzte. Als der Staub sich endlich legte, sah Tito, daß der Jet immer noch nicht abgehoben hatte. Und Archer war fort.

Ungläubig beobachtete Archer, wie sich die Heckklappe des Flugzeugs öffnete, er sah Winters' langes blondes Haar flattern, als Castor sich bemühte, sie nach draußen zu stoßen. Sie hielt sich krampfhaft am Rahmen fest, doch Castor legte ihr eine Hand übers Gesicht und jagte ihr eine Kugel in die Seite. Einen Moment lang bewahrte sie noch den Halt, dann schubste Castor sie auf die Rollbahn.

Er grinste Pollux an, der es übernommen hatte, den Piloten mit der Waffe zu bedrohen. Sie lachten, als der Jet wieder an Geschwindigkeit gewann; es war ein hartes und grausames Lachen, das den Lärm der Maschine übertönte und dem Piloten in den Ohren weh tat. Er überlegte flüchtig, ob er den Start nicht einfach abbrechen sollte, denn sie würden ihn so oder so töten, spätestens dann, wenn er die Maschine gelandet hatte. Castor bemerkte sein Zögern und schlug ihn ins Gesicht.

»Bring uns hoch, *sofort*!« schrie er dem Piloten ins Ohr. Der Mann wischte sich den Schweiß aus den Augen, dann betätigte er einen Hebel. Castor entspannte sich ein wenig; die Freiheit schien wieder greifbar. Doch auf einmal hörte er ein übelkeiterregendes Getöse – er hörte, wie Tonnen von Metall von oben zusammengedrückt wurden. Castor rannte zur Heckklappe und lehnte sich hinaus.

Ungläubig sah er, daß ein Hubschrauber auf der Maschine saß. Ein Hubschrauber, an dessen Steuer sich Archer befand. Haß loderte aus seinen Augen, während er seine Beute betrachtete. Castor starrte zurück, doch in seinem Blick lag nichts als eisige Verachtung. Er wußte, wie er Archer zur Weißglut bringen konnte, und dafür mußte er noch nicht einmal einen Schuß Munition verschwenden – er grinste. Und es hatte genau den heimtückischen Effekt, den er beabsichtigt hatte. Archers Gesicht verzerrte sich in kaum beherrschbarer Wut.

Castor hob die Waffe und schoß aus der offenen Klappe heraus auf Archer, doch die Bewegungen des Flugzeugs verhinderten, daß er genau zielen konnte. Und Archer ließ den Helikopter tanzen, dennoch breiteten sich die Risse wie Spinnweben auf der Frontscheibe aus. Eine Kugel streifte seine Hand, und der Hubschrauber schwankte und taumelte zurück.

Castor lachte laut, als er die Furcht auf Archers Gesicht sah. Die Glaskuppel stieß auf das Cockpit, das Glas platzte, die Kufen brachen weg. Endlich hob das Flugzeug ab.

Castor sah zu seinem Bruder hin, der aus dem Fenster starrte, als die Nase der Maschine sich hob – ihr Entkommen schien sicher. Doch plötzlich zog das Flugzeug wieder nach unten, und die beiden Brüder wurden gegen den Piloten geschleudert. »Verdammt!« schrie Castor. »Verdammt, verdammt, verdammt!« Sie hörten, wie die Reifen kreischend über die Rollbahn schlitterten.

»Herr im Himmel!« stieß Tito hervor, der sich nicht sicher war, ob das, was er sah, wirklich passierte. Archer hatte die Kontrolle über den Helikopter zurückgewonnen und ihn auf die Heckflosse des Flugzeugs gesetzt. Die Maschine schlingerte wild, während der Hubschrauber sein gefährliches Spiel fortsetzte.

Pollux begann am ganzen Körper zu zittern, als er bemerkte, daß sich das Flugzeug rasend schnell dem Ende der Startbahn näherte. Der Pilot wußte, was er in einer solchen Situation tun mußte, doch ein Doppeldecker, der plötzlich vor ihnen auf der Rollbahn zur Landung ansetzte, brachte ihn aus dem Konzept. Seine Panik steigerte sich, als das Ende der Bahn auf sie zuschoß. Jedoch gelang es ihm noch, einen Schlenker zu machen und damit einen Zusammenstoß mit der anderen Maschine zu vermeiden. Ängstlich blickte er zu Castor und Pollux hin, dann legte er den Umkehrschub ein.

»Was machst du da?« brüllte Castor und widerstand nur knapp der Versuchung, dem Piloten den Kolben seines Revolvers ins Gesicht zu rammen.

»Wollen Sie vielleicht, daß die Tanks in die Luft fliegen? Wir müssen anhalten!« schrie der Pilot zurück, sah Castor noch einmal erbittert an, bevor er sich wieder den Instrumenten zuwandte.

Castor hielt dem Piloten den Lauf der Waffe ins Ohr, und ohne nachzudenken, drückte er ab. Blut und Gehirnmasse spritzten über die Instrumente. Castor schob den Leichnam vom Sitz und starrte die Kontrollen an. Doch er konnte nichts erkennen, alles war blutverschmiert. Er zog am Starthebel, drückte irgendwelche Kontrollen, doch nichts passierte. Der Jet drehte sich, prallte gegen ein geparktes Fahrzeug, dabei riß ein Flügel ab.

Archer versuchte währenddessen krampfhaft, den Hubschrauber von dem Flugzeug zu lösen. Er erhöhte die Drehgeschwindigkeit der Rotoren, doch der Hubschrauber klemmte fest, blieb stecken, als das Flugzeug außer Kontrolle geriet und sich auf die Seite mit dem verbliebenen Flügel neigte. Ein leichter Wind erhob sich, doch er genügte, um den Hubschrauber zu lösen. Archer hob ab, und die Rotorblätter verpaßten um Haaresbreite den Hangar, dem sie immer näher gekommen waren.

Castor und Pollux hatten nicht soviel Glück. Der Jet krachte in den Hangar, dessen Wände wie die eines Puppenhauses zusammenstürzten. Die Brüder wirkten wie zwei Käfer, die darum kämpfen, aus einer Bierdose zu entkommen, als die Seitenwände des Jets nach innen gedrückt wurden. Der Schwanz des Flugzeugs ragte durch ein weit klaffendes Loch nach draußen, als hätte ein zu großer Hund versucht, sich in eine kleine Hundehütte zu zwängen.

Sean Archer empfand eine plötzliche Ruhe, als er den Hubschrauber landete. Es war die gleiche Ruhe, die ein Marathonläufer empfindet, wenn er merkt, daß die Ziellinie nahe ist und keiner ihn mehr einholen kann. Es würde sein Tempo nicht beeinflussen, und er würde auch nicht in seiner Entschlossenheit nachlassen, aber er würde sich selbst den Luxus erlauben zu glauben, daß ihm der Sieg sicher ist. Als Archer aus dem Hubschrauber kletterte, wirkte er wie ein gelangweilter Cop, der im Begriff ist, einen Strafzettel auszuschreiben.

Tito, Wanda und Buzz führten den Angriff auf den zerstörten Hangar an. Sie kamen dabei an Archer vorbei, der der einzige zu sein schien, der hörte, wie Castor seine Waffe nachlud. »Runter mit euch!« rief er, während er sich duckte. Eine Salve krachte durch den Hangar, erzeugte ein grausiges Echo. Die Kugeln prallten von den Metallpfeilern ab und wurden mit einem häßlichen Geräusch abgelenkt. Eine dieser Kugeln zischte an Loomis vorbei, riß ihm das Ohr ab und hinterließ eine blutige Spur auf seinem Schädel. Loomis stürzte, verlor das Bewußtsein. Andere Agenten hatten weniger Glück.

Castor hielt inne und lud ein zweites Mal nach. Er blickte auf seinen Bruder hinunter, der unter einem schweren Metallteil eingeklemmt war. Pollux hatte sich die Handfläche aufgerissen bei dem Versuch, die Hebelwirkung zu nutzen und das verbogene Metall nach oben zu schieben. Dann hatte er versucht, sich unter dem Metall hervorzuwinden, und er hatte aufgeschrien, als sich ein langer Splitter in seine Rippen gebohrt hatte. Panik hatte ihn ergriffen, als er erkannte, daß er hoffnungslos in der Falle saß.

Archer huschte in den nun stillen Hangar und feuerte blindlings in Richtung Jet. Als er Loomis erreichte, zog er ihn hinter einen Gabelstapler, dann versuchte er sich einen Überblick über die Situation zu verschaffen. Ihm wurde übel, als er drei tote Agenten zählte. Er atmete ein paarmal tief durch und versuchte, seine Konzentration zurückzugewinnen.

Castor zog und zerrte an dem metallenen Gefängnis seines Bruder, trat dagegen, doch es war vergebliche Liebesmüh. »Verschwinde«, drängte Pollux ihn. Seine Stimme klang schwach.

»Was?«

»Verschwinde ... laß nicht zu, daß sie uns beide schnappen.« Er konnte spüren, daß seine rechte Lunge durchbohrt war.

Castor wurde blaß, seine Lippen begannen zu zittern. Er konnte sich eine Welt ohne seinen Bruder nicht vorstellen. »Wo auch immer sie dich hinstecken, ich werde dich finden und herausholen«, versprach er, während er seinem Bruder die Haare aus der Stirn strich.

Pollux nickte kaum merklich.

Hinter dem Werkstattbereich des Hangars gesellte sich Archer zu den noch lebenden Agenten. Tito bemerkte, daß Archers rechte Hand leicht zitterte.

»Wir haben ihn endlich, Sean«, sagte er.

»Das hast du jedesmal gesagt«, antwortete Archer, als er neue Patronen in seine Waffe schob. »Riegle alles ab. Ich gehe wieder rein.« Und schon hastete er in die zerstörte Werkstatt, in der Flugzeugteile, hydraulische Systeme und Flugzeugturbinen standen. Vielleicht *roch* er, daß Castor noch lebte und nun einen Weg aus dem Flugzeug suchte. Vielleicht war ihnen eine weitere Konfrontation bestimmt.

Castor kroch durch den zerstörten Jet Richtung Hecktür. Er schob sie auf und ließ sich die fünfzehn Fuß auf den Betonboden fallen. Schmerz schoß durch seine Beine, als er aufprallte, und er fiel hin, doch dann sprang er schnell wieder hoch und schlich vorsichtig auf eine Wand zu, an der sich ein schwacher Umriß abzeichnete. Dort, so vermutete er, befand sich die hintere Tür eines Windkanals. Er legte seine Waffe ab, als er die Klinke fand, drückte sie herunter und versuchte, die schwere Metallplatte zur Seite zu schieben. Aber er war zu schwach, oder vielleicht war die Tür verriegelt. Castor machte gerade einen weiteren Versuch, als eine Stimme hinter ihm ihn zusammenzucken ließ.

»Dreh dich um«, befahl Archer, der zwischen zwei riesigen Turbinen erschien. Wie der Ventilator eines Riesen wirkten die beiden Maschinen.

Castor wandte sich lässig zu Archer um. »Sean, allmählich ärgert es mich doch ein bißchen, daß du ständig versuchst, mir den Spaß zu verderben.«

»Und wieviel bringt dir dein ›Spaß‹ dieses Mal ein?«

»Was geht dich das an? Wirklich! Nun bin ich noch nicht einmal seit einer Woche in den Staaten zurück, und schon . . .«

»Du bist verhaftet!« schrie Archer. »Du hast das Recht . . .«

»Okay, okay, okay!« unterbrach Castor ihn, als wäre er ein Häftlling, der endlich unter dem Druck resigniert und bereit ist, ein Geständnis abzulegen. Doch dann begann er wie wild mit den Armen zu schwenken, während er nach seiner Waffe schielte und sich einen Zentimeter darauf zuschob. Doch Archer ließ sich davon nicht ablenken.

»Sean . . .« begann Castor. Sein Gehirn arbeitete fieberhaft, wog alle Chancen ab und dann hatte er es. »Sean, ich habe nächsten Samstag eine Sache laufen. Etwas, was tausendmal schlimmer ist als alle Plagen, die Gott je den Ägyptern geschickt hat!«

Diesmal hörte Archer aufmerksam zu, und der Druck auf dem Abzug seiner Waffe ließ um eine Winzigkeit nach, während er sich Castor näherte. »Du kannst mir mehr darüber erzählen, sobald du gemütlich in deiner Gefängniszelle sitzt.«

Castor lachte herablassend. »Was hast du denn davon, wenn ich eingesperrt bin, Sean? Du würdest doch nur deine Frau und deine Tochter verrückt machen. Die Kleine dürfte inzwischen reif zum Pflücken sein. Wahrscheinlich hat sie Titten, die so groß sind wie Treibhaustomaten. Wie heißt sie noch mal? Ja, wie?«

Nicht Blut, sondern Eiswasser schoß durch Archers Adern. Er knirschte mit den Zähnen, und der Druck auf dem Abzug verstärkte sich wieder.

»Erwähne meine Familie nur noch ein einziges Mal, und du bist ein toter Mann!«

Castor bot eine gelungene Parodie verwundeter Unschuld. »Du? O nein, du würdest keinen unbewaffneten Mann abknallen. Das ist nicht deine Art.« Er klimperte mit seinen dichten Wimpern und nahm eine Pose ein wie ein Schmierenschauspieler. Wider Willen war Archer fasziniert von dem merkwürdigen Benehmen Castors, so fasziniert, daß er einen Bruchteil zu lange zögerte, als Castor sich blitzschnell nach seiner Waffe bückte, sie hob und feuerte.

Archer stolperte nach hinten, dann verschwand er zwischen den Turbinen und rettete sich in die Kontrollkammer des Windkanals. Er blickte auf die Kontrollen und erkannte an dem Blinken, daß die Anlage eingeschaltet war. Er schob einen Schalter nach oben – nichts. Er versuchte es mit anderen Schaltern, doch auch da tat sich nichts. Er schaute hinter sich und erkannte, daß es nur diesen einen Ausgang gab.

Es erfüllte Castor mit Befriedigung, als er sah, daß Archer in dem Kontrollraum gefangen war. Wie ein Raubtier schlich er sich an, bereit zu töten. Er hielt die Waffe ausgestreckt vor sich, auf seiner Zunge spürte er den Geschmack von Blut. Er feuerte auf die Glasscheibe, doch die Kugel zischte an Archers Ohr vorbei. Archer zuckte zurück und prallte mit dem Rücken gegen den Kontrollmonitor, der daraufhin so hell wie Las Vegas zu leuchten begann.

Castor schrak zusammen, als plötzlich ein lautes Röhren zu hören war. Die Turbinen waren angesprungen. Er ließ sich auf den Boden fallen, um dem Windstrom zu entkommen, doch der brüllende Sturm packte ihn und fegte ihn durch den Hangar. Mit einem heftigen Getöse wurde er gegen die gegenüberliegende Wand geschleudert. Sein Körper rutschte an der Wand herunter und prallte mit einem dumpfen Laut auf den Boden.

»Sean, sag mir nicht, daß er schon wieder entkommen ist«, stieß Tito atemlos hervor. Archer sah seinen Freund nicht an. Sein Blick war auf Castors reglosen Körper gerichtet. Langsam näherten sich die beiden Agenten Castor, halb erwarteten sie, daß er jeden Augenblick aufspringen und auf sie schießen würde. Irgendwie hatte Castors spöttisches Lächeln ihn überlebt, schien für immer auf dem Gesicht mit den leblosen Augen eingefroren zu sein. Einen Moment lang bildete Archer sich ein, diese Augen lebten noch und suchten seinen Blick, und er unterdrückte einen Schauder. Nur um sicherzugehen, trat er den Körper heftig in die Seite. Keine Reaktion. Tito schaute seinen Freund an und stellte verwundert fest, daß dessen Gesicht nicht den geringsten Ausdruck einer Gefühlsregung zeigte.

»Bist du in Ordnung?« erkundigte er sich.

»Ja«, antwortete Archer. »Ich ... ich muß mal.«

Doch eigentlich wollte er nur einen Ort finden, wo er allein sein konnte. Als er schließlich die Herrentoilette fand, schaltete er das Licht nicht ein, schloß sich in einer Kabine ein und setzte sich auf den Deckel. Da er wußte, daß ihn hier niemand sehen oder hören konnte, erlaubte er sich, seiner Schwäche nachzugeben. Er stieß einen Schluchzer aus, dem ein weiterer folgte und dann noch einer. Als er sich die Tränen wegwischte, ermahnte er sich selbst, sich zusammenzureißen. Himmel, Sean, du tust ja gerade so, als wärst du gerade zur Miß Amerika gekürt worden! Doch es war kein Glück, was er empfand. Nur Erleichterung.

Die Krankenwagen kamen an, und die Sanitäter eilten zwischen den Opfern hin und her. Castor Troy war der letzte, um den sie sich kümmerten. Obwohl sein Körper noch warm war, entdeckten sie keine Lebenszeichen mehr. Doch als einer der Ärzte die Spiegelscheibe seines Stethoskops unter Castors eingefrorenes Grinsen hielt, beschlug die Fläche.

3.

Pollux Troys Stimmbänder waren rauh. Eine Stunde lang hatte er ununterbrochen geschrieen, während die Rettungsmannschaft versuchte, ihn mit Schweißbrennern und Brecheisen aus seinem Gefängnis zu befreien. Die Männer gingen nicht unbedingt sanft mit dem verwundeten Mann um, schon gar nicht, nachdem er sie mit ausdrucksvollen Schimpfwörtern bedacht hatte. Als einer der Männer mit dem Schneidbrenner »abglitt« und ihn verbrannte, brüllte Pollux, daß er und sein Bruder sie alle umbringen würden. Mit einem Schweißbrenner würden sie ihnen die Augen ausbrennen und dann das Gehirn. Einer der Männer schaute sich um, ob er nichts finden könnte, was als Knebel geeignet wäre. Er überlegte, ob er seine Socken nehmen sollte, was ziemlich demütigend gewesen wäre, doch dann fand er, daß dies nur Verschwendung eines guten Paares Socken wäre und stopfte Pollux einen alten Lumpen in den Mund.

Als Pollux endlich befreit war, wurde er wie ein Paket zusammengeschnürt. Er hatte inzwischen den Lumpen ausspucken können, doch der großzügige Spender gab ihn ihm immer wieder zurück. »Kannst du behalten, Kumpel«, meinte er mit einem falschen Lächeln, während er ihm den Lumpen in die Hemdtasche stopfte.

Pollux konnte nur noch den Kopf und die Füße bewegen. Seine Möglichkeiten waren dadurch stark eingeschränkt; um so hektischer rollte er den Kopf, wandte ihn, drehte ihn. Er wurde nach draußen in einen Krankenwagen gebracht, und er betete, daß er dort seinen Bruder wiedersehen würde. »Wo ist er?« stieß er atemlos hervor. »Wo ist mein Bruder? Ich will meinen Bruder wiedersehen!« Die Türen der Ambulanz schnitten seine flehentlichen Bitten ab, und er wurde davongefahren.

Als Assistant Bureau Chief Victor Lazarro ankam und aus seinem Lincoln Continental stieg, benahm er sich wie ein stolzgeschwellter Römer. Er stiefelte zu Castor hinüber, der gerade in einen Krankenwagen geladen wurde und dessen Gesicht mit einem Tuch bedeckt war. Lazarro zog das Tuch weg, um den Verbrecher besser betrachten zu könne und war sich die ganze Zeit über der Tatsache bewußt, daß im Moment alle Aufmerksamkeit ihm zugewandt war. Er zog den Bauch ein und wandte den Fotografen seine gute Seite zu. Er war eine beeindruckende Erscheinung, doch ihm war zugetragen worden, daß man über ihn das Gerücht verbreitete, er sei weich geworden und hätte schon zu lange keinen wirklich großen Fisch mehr gefangen. Sollen diese Schreibtischhengste in Washington doch jetzt noch versuchen, mich abzuschieben, dachte er zufrieden. Lazarro bahnte sich absichtlich seinen Weg durch die Medienleute und hielt auf Archer zu, in dem sicheren Bewußtsein, daß sie ihm alle folgen würden.

»Verdammt gute Arbeit, Sean«, lobte er und schüttelte Archer die Hand. »Das hebt das Ansehen des ganzen FBI.«

Archer erwiderte den Händedruck seines Vorgesetzten nur widerstrebend. Er sah nicht ihn an, sondern blickte statt dessen zu den toten Agenten hin. »Ja, wirklich verdammt gut«, antwortete er so leise, daß nur Lazarro ihn hören konnte. »Vor allem die Verluste. Winters, Pincus, Weincoff und Christianson haben das Ansehen von uns allen gehoben.«

Die Toten lagen in einer Reihe nebeneinander, bereit für den Abtransport. Sean blickte noch immer zu ihnen hin und überlegte, wie viele Frauen an diesem Abend zu Witwen und wie viele Kinder zu Waisen geworden waren. Lazarros Schultern sackten herab, und er schämte sich plötzlich, daß er so selbstsüchtig gewesen war. Ein Fotograf, der sich durch die Absperrung geschlichen hatte, beeilte sich, um einen Schnappschuß von den Toten zu bekommen. Lazarros Gesicht wurde zu Stein. Er und Archer packten den Mann blitzschnell. Archer riß ihm die Nikon aus der Hand, zog den Film heraus und drückte ihm die Kamera wieder in die Hand.

»Zensierte Berichterstattung«, sagte Lazarro. »Keine Bilder.« Mit dem Kopf machte Archer dem Fotografen Zeichen zu verschwinden. Als der Mann fort war, sah Lazarro, daß Archer zu den Toten zurückgekehrt war und sie noch einmal berührte, als wolle er sich so von ihnen verabschieden. Und dann sackte Archer plötzlich von Kummer überwältigt zusammen. Lazarro legte einen Arm um Archers Schultern und führte ihn fort von den Toten und der Reportermeute.

»Sind Sie okay, Sean?«

Archer nickte, hob aber nicht den Blick.

»Fahren Sie nach Hause. Ruhen Sie sich aus. Reden Sie mit Eve über alles.«

Wieder nickte Archer, doch diesmal sah er Lazarro an und bemerkte, daß dessen Besorgnis echt war. Plötzlich gab Archers Magen ein lautes Knurren von sich, und auf einmal wurde ihm bewußt, daß es schon eine halbe Ewigkeit her war, seit er das letzte Mal etwas gegessen hatte.

Sean saß vor seinem Haus in der Einfahrt und nippte an einem Milchkarton. Das Haus, ein renovierter Bungalow, kam ihm fremd vor. Wann waren die Fensterrahmen geschliffen und neu gestrichen worden? Wann war eine neue Fernsehantenne auf dem Dach angebracht worden? War es normal, daß die Kamelien um diese Zeit blühten? Warum war dort hinten auf dem Rasen ein trockener Fleck? War einer der Sprinkler defekt?

Archer konnte Castors herausfordernde Bemerkung nicht aus dem Kopf kriegen. *Was hast du denn davon, wenn ich eingesperrt bin? Du würdest doch nur deine Frau und deine Tochter verrückt machen!* Einer der Eheberater, die sie aufgesucht hatten, hatte zu Archer gesagt, daß seine Besessenheit, Castor Troy zu kriegen, nur eine bequeme Ausrede war, um vor seiner Frau und seinem Kind davonzulaufen. Kurz nachdem der Berater dies ausgesprochen hatte, hatte Archer sich erhoben und gesagt, daß sein Bedarf an Eheberatung gedeckt wäre, vielen Dank. Doch nun, als er sein Heim betrachtete, das ihm schon längst nicht mehr vertraut war, fragte er sich unwillkürlich, ob jener Berater nicht recht gehabt hatte. Er hatte keine Angst davor gehabt, Castor Troy gegenüberzutreten, unzweifelhaft einem der gefährlichsten Männer der Welt. Doch als er nun den letzten Schluck Milch trank und sich bereit machte, seiner Familie gegenüberzutreten, war es eindeutig Angst, was er empfand.

Eve, die auf dem Sofa im Wohnzimmer saß und sich die Turnschuhe zuband, wirkte besorgt. Sie schaute weg, als Archer »Hi!« sagte. Er studierte ihr Gesicht, ein Gesicht, das er immer noch so anziehend fand wie damals, als er sie zum ersten Mal erblickt hatte. Eve hielt sich fit, schluckte Vitamine und achtete auf sich und ihre Gesundheit. Doch wenn sie sich Sorgen machte, durchschnitt eine steile Falte ihre Stirn, und ihre sonst so sinnlichen Lippen wirkten schmal und farblos.

»Ist was?« fragte er.

Sie nickte zur Küche hin, und Archer konnte die Füße seiner Tochter auf dem Küchentisch liegen sehen. Füße, die in etwas steckten, was sie *Skechers* nannte. Archer fand, daß das Schuhwerk wie Armeestiefel aussah. Er erinnerte sich daran, daß es früher, in seiner Kindheit, keine schlimmere Beleidigung gegeben hatte, als wenn man einem der Klassenkameraden sagte: »Hey, deine Mutter trägt ja Armeestiefel.« Und nun trugen die jungen Frauen solche Schuhe voller Stolz zu Samt und Spitze. Eine Zeitlang hatte er auch vermutet, daß seine Tochter an höchst intimen Körperstellen Tätowierungen hatte, und nun konnte er eine an ihrem Oberschenkel erkennen, einen Kranz aus Rosen, der sich um ein Marihuana-Blatt wand. Somit nun war dieser Anblick keine Überraschung; was er jedoch nicht erwartet hatte, waren die übereinandergestapelten Marlboroschachteln auf der Eßtheke.

»Jamie hat ihre schlechte Note in Geschichte durch eine noch schlechtere in Ladendiebstahl ergänzt.« Eves Stimme klang erbittert. »Und um allem die Krone aufzusetzen, hat sie dann auch noch den Streifenwagen geklaut, als die Polizei kam.«

»*Was?*«

Archer marschierte in die Küche. »Du hast Zigaretten geklaut?« fragte er und bemerkte dabei, daß Jamie sich die Lippen in zwei Farben geschminkt hatte: oben war der Lippenstift schwarz, unten rot. »Willst du nicht nur in den Knast kommen, sondern dir gleichzeitig auch noch Lungenkrebs einhandeln?«

»Genau, Supervater. Aber wieso sollte es dich interessieren, was eigentlich passiert ist?«

»Wieso hast du einen Streifenwagen geklaut?«

»Ich habe ihn nicht geklaut, ich habe ihn mir nur ausgeborgt, damit ich abhauen konnte. Warum hat der blöde Cop auch den Zündschlüssel stecken lassen? Die anderen finden mich jetzt unheimlich cool.«

Jamie stand auf, schenkte sich gelassen eine Tasse Kaffee ein und verschränkte dann die Arme. Archer haßte es, wenn sie ihn *Supervater* nannte. Er hatte nicht die geringste Ahnung, was er seiner Tochter antworten sollte und blickte hilfesuchend zu Eve hinüber, doch die schüttelte den Kopf und wandte sich ab. Also würde er dies allein durchstehen müssen. Jamies Augen wurden schmal, ihre zweifarbigen Lippen verzogen sich zu einem Schmollmund.

»Okay«, meinte Archer und atmete tief durch. »Was genau ist also passiert?«

»Als ob du mir verdammt noch mal glauben würdest!« schrie Jamie und stürzte aus der Küche. Eve, die diese Reaktion vorausgeahnt hatte, öffnete die Tür, als ihre Tochter an ihr vorbeirannte, und schloß sie wieder hinter ihr.

»Nun ja, du hast es wenigstens versucht, Sean«, sagte Eve. »Du hast elendig versagt, aber du hast es immerhin versucht.«

»Alles, was ich sage, ist falsch. Ich kann nicht mehr mit ihr reden. Sie bekommt doch genug Geld, oder? Nur für den Fall, daß sie sich Zigaretten *kaufen* will?«

»Sie will sie nicht kaufen. Sie will sie stehlen.« Eve seufzte. »Sie will uns nicht erzählen, was in ihr vorgeht, also stellt sie es auf diese dramatische Weise dar. Sie ist frustriert und wütend, und sie will uns wissen lassen, was sie empfindet, indem sie die gleichen Gefühle in uns weckt.«

»Nun, sie ist eine brillante Schauspielerin. Sie hätte den Oscar verdient.«

Eve sah in Archers müdes Gesicht. »Sie weiß, daß du mehr als genug um die Ohren hast, aber könntest du dir dennoch ein wenig Zeit für eine Familienberatung nehmen?«

»Ich dachte, das würdest du mit ihr erledigen?«

»Wir müssen beide hingehen. Bitte! Und zwar, bevor sie einen Bewährungshelfer bekommt. Ich kann nicht allein die Verantwortung für sie übernehmen. Ich will es auch nicht mehr.«

»Also glaubst du, das alles wäre meine Schuld?«

»Ja, wenn ich ehrlich bin, dann glaube ich genau das!«

Eve nahm ihre Arzttasche und küßte ihren Mann aus reiner Gewohnheit auf die Wange. »Ich muß los, die Patienten warten. Bring mich zur Tür, und du bekommst den Überblick über die Woche dafür.«

Archer holte zittrig Luft. »Eve . . . wir müssen miteinander reden . . .«

Aber sie hörte schon nicht mehr zu, war bereits auf dem Weg nach draußen. Dabei zählte sie an den Fingern ab, was in der letzten Zeit alles passiert war.

»Die Kühltruhe hat am ersten ihren Geist aufgegeben. Jamies Iguana seinen am zweiten. Am dritten war seine Beerdigung, am vierten wurde er wieder ausgebuddelt und zum Präparator gebracht. Das ausgestopfte Vieh sollen wir am achten zurückbekommen. Am fünften hast du vergessen, daß wir unsere ›Date Night‹ hatten. Die Reste von dem, was ein romantisches Essen hätte werden sollen, findest du im Kühlschrank, einschließlich eines selbstgebackenen Kuchens. Ich habe deine Karte für ›Die Schöne und das Biest‹ Jamie geschenkt und glaube schon, daß es ihr gefallen hat, auch wenn sie die ganze Zeit behauptet hat, sie würde gleich ins Parkett hinunter kotzen.

Deine Mutter hat *dich* an *ihrem* Geburtstag angerufen und...«

Archer hatte das Gefühl, als wollte Eve ihn mit ihrem Worten angreifen. War von ihrer Beziehung denn nichts anderes mehr übriggeblieben als eine Auflistung von Ereignissen, die sie bei einer ihrer seltenen Begegnungen herunterrasselte? Er packte Eve an den Armen und schaute ihr in die Augen. Sie kannte ihn gut genug, um sich davon nicht einschüchtern zu lassen, doch sie spürte, wie ihr Herz plötzlich heftig zu klopfen begann.

»Was... was ist passiert, Sean?«

Er versuchte zu antworten, doch er brachte keinen Ton heraus. Er legte den Kopf schief und sah seine Frau flehend an. Eve erkannte an dem Ausdruck auf seinem Gesicht, daß tief in seinem Inneren etwas Dunkles, Bedrückendes sich aufzulösen begonnen hatte, und sie entdeckte für einen Moment den fröhlichen, sorglosen Mann wieder, in den sie sich damals verliebt hatte.

»Hat es was mit... mit ihm zu tun?« flüsterte sie und wagte zu hoffen, daß es wahr sein könnte. »Hast du ihn endlich erwischt? Ist es... ist es endlich vorbei?«

Sean konnte nur nicken. Alle möglichen Empfindungen spiegelten sich auf seinem Gesicht wider. Er war wie betäubt, hatte plötzlich das Gefühl, als wäre eine Last so schwer wie Jupiter von seinen Schultern genommen worden. Er war frei, trieb erlöst durch die unendliche Weite des Weltraums.

Er blickte Eve an und erkannte, wie sehr er sie liebte, wußte, daß sie die einzige war, mit der er diesen Moment teilen konnte, denn sie war auch die einzige, die die ganze Tiefe seines Kummers kannte. Doch er erkannte auch, daß ihre Erleichterung, genau wie seine, durch die bittersüße Erinnerung an ihren Sohn getrübt war.

Eve zog ihn an sich, schloß tröstend die Arme um ihn. »Ich werde alles nachholen, was ich bei Jamie und dir versäumt habe«, versprach er. »Ich werde mich um einen Schreibtischjob bewerben. Wir werden wieder zu diesem Eheberater gehen. Und diesmal meine ich es wirklich ernst.«

Eve wußte, daß er aufrichtig war, noch bevor sie seine Tränen auf ihrer Haut spürte. Und dabei hatte sie die Hoffnung fast schon aufgegeben.

Er hätte todmüde sein sollen, und doch war Archer hellwach. Als er unter der Dusche stand, stellte er fest, daß die wenigen Haare um seine Brustwarzen grau geworden waren, genau wie seine Schläfen. Irgendwann, wenn er fast weiß sein würde, würde jemand den Fehler begehen zu sagen, daß ihn dies viel vornehmer wirken ließ. Dabei war es ganz normal, daß jemand in seinem Alter allmählich ergraute, daran war wahrlich nichts Vornehmes. Vielleicht sollte er Eve bitten, ihm eine Tönung zu besorgen, er selbst traute sich nicht. Ob er sich auch die paar Brusthaare färben sollte? Er zupfte eins dieser vornehmen weißen Haare heraus und beobachtete, wie es vom Wasser in den Abfluß gespült wurde.

Merkwürdig, wirklich merkwürdig war die Welt ohne Castor Troy. Er kam sich vor wie Archer im Wunderland.

Er war überrascht, als er den Schrank öffnete und dort eine Reihe frischgewaschener Hemden, ordentlich auf Bügel gehängt, entdeckte. Eve hatte doch so schon genug zu tun – woher nahm sie die Zeit zum Waschen und Kuchenbacken? Wie das Haus, so erschien ihm nun auch seine eigene Frau ganz fremd. Oder vielleicht war er gerade dabei, sie wiederzuentdecken.

Die Dusche hatte ihn erfrischt, die Ränder unter seinen Augen waren verschwunden. Wenn er jetzt noch ein wenig auf dem Stepper trainierte, dann würde er bald wieder so gut aussehen wie früher.

Jamie lag angezogen auf ihrem Bett. Sie hörte etwas, was sie schon lange nicht mehr gehört hatte: ein fröhliches Pfeifen. Sie hatte keine Ahnung, was ihr Vater da pfiff, aber sie war sicher, daß er die Melodie grauenhaft verstümmelte. Archer selbst war sich überhaupt nicht bewußt, daß er *Top of the World* von den *Carpenters* vor sich hinpfiff, als er am Zimmer seiner Tochter vorbeikam. Sie sah aus wie aufgebahrt. Ihr Bett war unter mehreren Lagen von Kleidungsstücken fast verschwunden, die meisten in Schwarz, doch dazwischen befanden sich auch einige aus buntgemustertem Polyester, die dem Stil der Siebziger nachempfunden waren.

Er blieb einen Moment stehen und warf einen Blick in diesen verbotenen Bereich. Auf ihrer Frisierkommode türmten sich offene Lippenstifte, mitten drin stand eine Box mit mindestens vierzig verschiedenen Lidschattenfarben. Archer vermutete, daß dieser schwarze Stift, der neben einem Spitzer lag, verantwortlich für ihre aufgemalten Wimpern war, die wie Spinnenbeine wirkten.

Immer noch standen ihre Plüschtiere auf den Regalen und setzten allmählich Staub an. Googums, ein rosa Elefant, hatte längst keine glänzenden Augen mehr. Archer erinnerte sich daran, wie Jamie Googums vor sich zu halten pflegte und so tat, als wäre ihr Arm sein Rüssel, mit dem er um schokoladenüberzogene Erdnüsse bettelte.

Und nun hatte sein kleines Mädchen ein Tattoo auf dem Oberschenkel. Hätte sie denn nicht noch ein wenig damit warten können, erwachsen zu werden?

Archer trat leise in ihr Zimmer, schob ein paar Sachen von ihrer Decke und steckte sie um seine Tochter fest. Kaum war er wieder draußen, trat sie die Decke weg.

Als sie hörte, daß ihr Vater gegangen war, rannte Jamie in die Küche und steckte sich eine Zigarette an. Tief inhalierte sie den Rauch. Ihr wurde schwindelig, doch sie redete sich ein, daß es ihr schmeckte.

Nachdem Archer seinen alten Sedan geparkt hatte, blickte er an der Front des Gebäudes hoch und stellte fest, daß die Farben des FBI-Wappens erneuert worden waren. Er wußte, daß dieser Tag anders sein würde, ein Tag zum Feiern und voller Lob, dennoch empfand er in seinem Inneren nichts anderes als eine tiefe Leere. Als er den Kontrollpunkt erreichte, hatte bereits eine leichte Depression von ihm Besitz ergriffen.

Eddie, der Sicherheitsbeamte, saß zusammengesunken auf seinem Hocker. Es war Archer ein Rätsel, wie es Eddie gelang, seine Hose am Herunterrutschen zu hindern. Sein schlaffer alter Körper wirkte wie ein schrumpeliger Pfirsich auf Zahnstochern. Seine Hose reichte bis knapp zu den Hüften und schaffte es nicht, den überquellenden Hintern aufzunehmen. Vielleicht hatte Eddie das Hemd innen an die Hose genäht.

Seine Kopfhaut und sein Nacken waren von Grützbeuteln übersät. Dazwischen wuchsen weiße Haarbüschel, wie Unkraut zwischen Pflastersteinen. Wer mochte wohl das Vergnügen haben, diesem Mann die Haare zu schneiden?

Eddies Stimme klang wie ein Reibeisen, als er sagte: »Ihren Abdruck bitte, Mr. Archer!«

Archer drückte seinen Daumen gegen den Scanner, und das Rot auf dem Monitor wurde zu grün. Warum, fragte Archer sich, bedrückte ihn die äußere Erscheinung des Wachmannes so sehr?

In dem großen Büro ging es zu wie in einem Bienenkorb, jede Biene widmete sich emsig ihrer Aufgabe. Agenten, Kryptologen und ihre Mitarbeiter erledigten ihre Arbeit. Ein wenig steif nahm Archer die Glückwünsche entgegen. Einige der Kollegen standen extra auf, um ihm die Hand zu schütteln. Archer hatte andere schon immer a
uf Distanz gehalten, doch an diesem Tag kam sein Verhalten fast einer Zurückweisung gleich.

Als er zu seinem Büro kam, sah er, daß die Mitglieder seines Teams sich davor versammelt hatten. Sie lächelten ihn an, und Tito begann zu klatschen. Doch dann machten sich betretene Mienen breit, als Archer das Lächeln nicht erwiderte.

»Vielen Dank«, sagte er knapp. »So, und nun laßt uns mit der Arbeit weitermachen, ja?« Damit verschwand er in seinem Büro, allerdings ließ er die Tür offen.

Buzz blickte enttäuscht auf Archers Rücken, Wanda verdrehte die Augen. »Ob er jemals den Stock wieder ausspucken wird, den er verschluckt hat?« flüsterte sie.

»Welchen Stock?« fragte Buzz. »Ich war immer der Meinung, es wäre ein Telefonmast.«

Sie bemerkten beide nicht, daß Archer ihre Worte mit angehört hatte und daß sie ihn traurig machten. Verstanden sie denn nicht, was er durchgemacht hatte? Welchen Preis sie für Castors Festnahme hatten zahlen müssen?

Kimberley Brewster galt als die offizielle Sexbombe des Büros. Die anderen Frauen unterzogen sie jeden Morgen einer kritischen Musterung und fragten sich, wie sie es schaffte, fast jeden Tag etwas Neues anzuziehen. Die Männer allerdings waren weniger an Kimberleys Kleidung als vielmehr an dem interessiert, was darunter lag. Kimberley hatte mit ihrem hübschen Gesicht fast kein Make-up nötig. Ihre blitzenden grünen Augen waren von dichten dunklen Wimpern umrahmt.

Sie betrat Archers Büro, als er gerade seinen Computer anstellte. In der einen Hand hielt sie die Post für ihren Boß, in der anderen eine Magnumflasche Champagner.

»Hier sind die Telegramme und Glückwünsche, Mr. Archer. Die Flasche ist vom CIA rübergeschickt worden. Was soll ich damit machen?«

Wenn sie gehofft hatte, daß er sagen würde, sie solle sie kalt stellen, damit sie sie alle zusammen nach Dienstschluß trinken könnten, dann sah sie sich enttäuscht. Archer warf einen Blick auf das Etikett, stellte fest, daß es eine teure Marke war und wandte sich wieder dem Computer-Bildschirm zu.

»Senden Sie sie zurück, Miß Brewster, und richten Sie den Kollegen aus, sie sollen aufhören, Steuergelder zu verschwenden. Mein Geld. Ihr Geld. Sonst noch was?«

Einen Moment lang überlegte sie, ob sie ihm sagen sollte, er möge sich die Flasche sonstwohin stecken, doch dann erwiderte sie nur: »Nein, Sir.«

Als Kimberley das Büro verließ, kam gerade Wanda vorbei. Beide Frauen zuckten mit den Schultern. »Vier Jahre – und noch immer nennt er mich ›Miß Brewster‹«, meinte Kimberley.

Dabei nahm Archer Kimberley durchaus wahr. Er hatte registriert, daß ihr wohlgeformter Po heute in einem beigefarbenen Rock steckte. Er hatte sie flüchtig gemustert, doch erst, als er sicher sein konnte, daß sie sich abgewandt hatte.

Kimberley hatte sich stets gefragt, ob Archers Frau eines jener unglaublich glücklichen weiblichen Wesen war, deren Männer niemals in fremden Revieren wilderten, oder ob sie in bedauernswertem Zölibat zu leben gezwungen war, da ihr Mann ein leidenschaftsloser Workaholic war. Kimberley tendierte zu letzterem.

Ihr Boß hatte sich wieder ganz seinem Computer gewidmet und ließ noch einmal Castors Akte durchlaufen. Grimmig betrachtete er die endlose Reihe von Gesichtern: Alle gehörten sie Castors Opfern. Der erste, den er umgebracht hatte, war der Präsident einer osteuropäischen Nation gewesen; ihm folgten der Manager einer venezolanischen Ölfirma sowie dessen Frau und ihre drei Kinder. Ein weiteres Opfer war die Besitzerin eines Bordells in Nevada gewesen, die versucht hatte, auch die anderen Häuser zu übernehmen.

Die Opfer, die darauf folgten, waren alles junge, hübsche blonde Frauen, die als vermißt gemeldet worden waren. Sie waren alle naturblond, nicht gefärbt, und man hatte sie an reiche Araber verkauft. Eine der wenigen, die überlebt hatten, war Cynthia van Dazer, eine Brünette. Als ihr Käufer, der übergewichtige Herrscher eines rebellischen Scheichtums, herausgefunden hatte, daß sie ihr blondes Haar chemischen Hilfsmitteln zu verdanken hatte, hatte er sie kurzerhand mitten in der Wüste aus dem fahrenden Auto gestoßen, wo sie beinahe verdurstet wäre. Doch sie war von vorbeiziehenden Hirten gefunden worden, die sie wiederum deutschen Geologen übergeben hatten, die auf der Suche nach Gasvorkommen gewesen waren.

Cynthia war es gelungen, in die Staaten zurückzukehren, und man hatte Sean Archer beauftragt, ihren Fall zu untersuchen. Sie erzählte ihm von einem Mann, der Jeremy La Garde hieß. Sie beschrieb ihn als charmant, verführerisch und als brillanten Liebhaber, obwohl seine ausgedehnten Liebesspiele im Bett einen Anflug düsterer Energie hatten und mehr als einmal eine Spur von Sadismus bewiesen. La Garde hatte wohlhabende, einflußreiche Freunde, die verschwenderische Parties in teuren Hotelzimmern feierten. Er war mit Cynthias Model-Agentin befreundet, genauso wie mit einigen Filmproduzenten und einem Kokainhändler, der angeblich höchste Protektion genoß.

Archer hatte schnell begriffen, daß La Garde und Castor Troy ein und dieselbe Person waren. Sean war damals schon von Castor fasziniert gewesen, der ein wahres Verbrechergenie war. Es schien, als hätte Castor sich vorgenommen, die übelsten Gangster der Welt in allen Kategorien noch zu übertreffen.

Beim FBI war es mit großem Beifall aufgenommen worden, daß es dem jungen Agenten Archer gelungen war, Castors Sexring zu zerstören. Als in mehreren Punkten Anklage erhoben wurde, beeilten sich Troy und seine Helfer, im tiefsten Untergrund zu verschwinden. Die Demütigung Castors wurde dadurch vervollständigt, daß es Archer gelang, das weitgespannte Netz von Castors Unternehmungen zu zerschneiden und seine Tarnungen aufzudecken. In Abwesenheit wurden die Troy-Brüder der Steuerhinterziehung und des Drogenhandels für schuldig befunden sowie unzähliger weiterer Verbrechen.

Damals hatten einige Kollegen Archer zum ersten Mal gesagt, daß er Troy vom Aussehen her ähnelte. Archer hatte gelernt, wie sein Feind zu denken, und so konnte er dessen Vergangenheit aufdecken und seine Zukunft voraussagen. Im Gegenzug zeigte Troy sich genauso besessen von Archer wie umgekehrt – besessen davon, Archers Leben auszulöschen.

Inzwischen war Archer zum letzten Bild der Akte gekommen, das den fünfjährigen, hinterrücks ermordeten Sohn eines FBI-Agenten zeigte. Archer hatte sich nach dem Tod seines Sohnes von jeder Religion abgewandt, und er hatte starke Zweifel daran, daß es ein Leben nach dem Tod gab. Noch skeptischer stand er dem Glauben gegenüber, daß jeder Tote wiedergeboren würde. Doch als er *Fall abgeschlossen* in den Computer eintippte, sagte er, als könnte sein Sohn ihn hören: »Mikey, ich habe ihn. Und ich habe es nur für dich getan.«

Archer drückte auf eine Taste, und der Bildschirm wurde leer. Aber auch in Archers Innerem breitete sich eine unglaubliche Leere aus. Er wandte den Blick vom Monitor ab und schaute sich mit leichter Überraschung in seinem Büro um. Es war von Titos Lebensgefährten im frühamerikanischen Stil eingerichtet worden, doch die Regale und Kunstobjekte waren vollkommen hinter alten Fotografien, verblichenen Zeitungsausschnitten und anderen Hinweisen auf Castor Troy verschwunden. Zum ersten Mal sah Archer all dies als überflüssigen Krempel an, als monströses Sinnbild seiner Besessenheit. Wieso war ihm das vorher nie aufgefallen? In der Tat, die Welt wurde immer merkwürdiger!

Das alles brauchte er jetzt nicht mehr. Er ging zu einem der Regale und fegte alles in den Papierkorb. Wahrscheinlich würde er etliche Müllsäcke brauchen. Seltsamerweise jedoch fand er den Gedanken unerträglich, daß all dies in schwarze Säcke wandern und dann irgendwo darauf warten sollte, verbrannt zu werden.

Archer versuchte, dieses Gefühl zu unterdrücken, während er weiter die Regale leerte. Doch es fiel ihm schwer, den immer lauter werdenden Gedanken zu verdrängen, daß er einen Teil von sich selbst auslöschte, indem er sich von Castor Troy befreite. Die Leere in seinem Inneren nagte an ihm, und er verfiel in Panik, als er sich fragte, womit um Himmels willen er diese Leere auffüllen sollte. »Arbeit«, sagte er zu sich selbst. »Vergrab dich bis zum Hals in Arbeit!« Ein Stapel Fotos fiel herunter, flatterte wie welke Herbstblätter zu Boden.

Draußen vor der Tür zu Archers Büro stand Tito, und er beobachtete schweigend, wie Archer sich bückte. Plötzlich erinnerte er sich daran, wie er Archer früher um dessen Figur beneidet hatte. Inzwischen gab es nur noch eine Erinnerung an frühere glorreichere Zeiten. Archer hatte irgendwann erwähnt, daß er wieder Fitneß betreiben wollte. Vielleicht würde er Sean ja wirklich dazu überreden können.

Er klopfte an die offenstehende Tür. »Sean?«

»Was gibt es Neues, Tito?«

»Die gute Neuigkeit ist, daß Loomis bald wieder okay sein wird. Natürlich muß er operiert werden, aber sie sagen, sie könnten ihm ein neues Ohr verpassen.«

»Gut. Und was ist die schlechte Neuigkeit?«

»Brodie und Miller von der Sondereinheit wollen dich sprechen.«

»Ich habe keine Zeit für diese Mantel-und-Degen-Helden«, antwortete Archer und wandte sich ab, um mit seinem »Hausputz« weiterzumachen.

»Die Zeit sollten Sie sich aber nehmen«, dröhnte eine tiefe Stimme. Archer drehte sich wieder um und sah, wie Ned Brodie mit seinen dreihundert Pfund Lebendgewicht wie ein Nashorn in sein Büro stürmte. An seiner Seite befand sich Hollis Miller, eine zähe, durchtrainierte junge Frau, die eher über knabenhaften Charme verfügte als über Schönheit. Sie hielt eine Diskette hoch.

»Das hier haben wir in dem Flugzeugwrack gefunden«, sagte sie mit ihrer rauhen Stimme. »Zwischen all den Spezial-Spielzeugen von Pollux Troy. Wenn Sie erlauben . . .«

Archer bat sie, Platz zu nehmen, und nur kurze Zeit später erschien auf seinem Computerbildschirm die

Schemazeichnung von Castors Bombe. Hollis rief die zweite Seite auf. Archers Augen weiteten sich, und er fragte sich, ob die anderen hören konnten, wie laut sein Herz klopfte. »Porzellanüberzug . . . Wärmemantel . . . unentdeckbare Sprengladung . . .«

Er starrte blicklos auf den Computer, während er vor sich hinmurmelte: »Schlimmer als alle Plagen, die Gott je über die Ägypter hat kommen lassen . . .«

»Was?« fragte Hollis verdutzt.

»Das war das letzte, was Castor zu mir gesagt hat, bevor er starb. Und offensichtlich hat er nicht gelogen.«

Archer wiederholte für sie diesen letzten Wortwechsel, und Tito fragte sich plötzlich, ob Archer tatsächlich grün im Gesicht geworden war oder ob dies nur der Widerschein des Monitors auf Seans Haut war.

Einige Zeit später fiel Archer auf, daß diese schreckliche Leere verschwunden war. Das gesamte Gewicht Jupiters lastete erneut auf seinen Schultern, und dennoch lag in dieser unerträglichen Last auch irgendwie etwas merkwürdig Beruhigendes. Denn Archer hatte das Gefühl, daß ihm nicht länger ein Teil seiner selbst fehlte.

## 4.

Einer der Agenten, die die Befragung durchführten, wünschte sich sehnlichst, daß unter den Gefangenen Deodorants verteilt würden, denn Pollux Troy stank erbärmlich. Er war an einen Polygraphen angeschlossen, der nicht nur Blutdruck und Atmung, sondern auch Stimm-Modulation und durch Streß bedingte Abweichungen der elektrischen Leitfähigkeit der Haut aufzeichnete. Pollux hatte schon heftig geschwitzt, noch bevor er an das Gerät angeschlossen worden war, das zusätzlich auch die Stärke der Schweißabsonderung registrierte. Einer der am Verhör teilnehmenden Beamten vermutete ganz richtig, daß Pollux' unangenehmer Körpergeruch durch dessen eigenwillige Diät hervorgerufen wurde, die die Beschaffenheit seines Blutes und seiner Haut veränderte und so ihre Instrumente verwirrte. Seit man ihn eingesperrt hatte, aß Pollux nichts anderes als rohe Möhren und geronnenes Schinkenfett. Zudem hatte er den Eisengehalt seines Körpers dadurch vermehrt, daß er an rostigen Nägeln und an den Handschellen leckte.

Auf dem Monitor in seinem Büro verfolgten Archer, Lazarro und einige hohe Tiere des FBI Pollux' Befragung. Dessen Augen rollten wie in Panik, als wäre er auf der Flucht, doch die Daten des Polygraphen, die auf Archers Monitor übertragen wurden, zeigten keinerlei Unregelmäßigkeiten an.

»Erzählen Sie uns noch einmal von der Bombe«, sagte Thomas Torquemada Fuchs, ein abgehärteter Veteran, der selbst dem abgebrühtesten Verbrecher eine Falle zu stellen verstand.

»Ich habe es Ihnen jetzt schon siebenmal erklärt«, erwiderte Pollux mit seiner nervösen, hohen Stimme. »Diese Schemazeichnung war so etwas wie ein Kreuzworträtsel für mich. Eine geistige Übung. Manchmal langweile ich mich nämlich entsetzlich. Ich habe so ein verdammtes Ding niemals gebaut.«

Archer und Lazarro betrachteten aufmerksam den Bildschirm wieder keine Veränderung. Lazarro zuckte mit den Schultern und wandte sich ab. Archer jedoch dachte nicht daran aufzugeben, und er blickte seinem Chef ungerührt in die Augen, als er sagte: »Er lügt!«

»Sean, er ist an einen Polygraphen der Extraklasse angeschlossen. Noch nie ist es jemandem gelungen, diese Maschine zu überlisten.«

»Er manipuliert die Daten. Pollux Troy ist ein brillanter Soziopath. Fragen Sie mich nicht, wie er es geschafft hat, aber er hatte diese Maschine schon besiegt, bevor er überhaupt angeschlossen wurde. Diese Bombe ist gebaut worden, und ich sage, sie wird am Achtzehnten hochgehen, wenn wir sie nicht rechtzeitig finden.«

»Woher wollen Sie das wissen?«

»Ich weiß es einfach.«

Lazarro schüttelte den Kopf, seufzte. »Ich vertraue Ihren Instinkten, Sean, habe ihnen immer vertraut. Aber wir können einfach nichts unternehmen, solange wir keine konkreten Beweise haben.«

Archer blickte zu den anderen Männern hin, die auf Lazarros Worte mit einem zustimmenden Nicken reagierten. Archer hätte sie am liebst gerüttelt, sie angeschrien, ihnen eingebleut, daß er recht hatte. Diese Qual drohte ihn zu verbrennen. Er erinnerte sich daran, wie es gewesen war, als er damals Eve zur Geburtsvorbereitung begleitet und mit ihr geübt hatte. Um den Schmerz zu bewältigen, mußte man langsam und tief einatmen. Einatmen, ausatmen. Einatmen, ausatmen.

Die Bosse hörten seine tiefen Atemzüge, als Archer aus seinem Büro stapfte.

Archer ging langsam zu der Granitplatte an der Gedenkstätte des FBI. Er hatte gesehen, wie der Graveur an der Platte arbeitete, und ein Schauder war ihm über den Rücken gelaufen, denn er wußte, daß zu den bereits eingravierten Sternen vier neue gekommen waren. Diese Sterne erinnerten an jene Mitglieder des FBI, die in Erfüllung ihrer Pflicht ihr Leben gelassen hatten. Einer war für Pincus, einer für Christianson, die anderen beiden für Winters und Weincoff. Würde es noch mehr Sterne an dieser Mauer geben, falls der Bombenentschärfungstrupp zufällig Castors raffinierte Bombe zum Detonieren brachte? Würde diese Bombe sinnlos zehntausend Leben kosten? Wie konnte er, Archer, dies verhindern?

Er war so sehr in seine Gedanken versunken, daß er nicht bemerkte, wie sich ihm zwei Gestalten näherten. Schließlich wandte er sich zu Miller und Brodie um, überzeugt, daß sie etwas Bestimmtes von ihm wollten.

»Möchten Sie einen Kaffee trinken gehen, Sean?«

»Nein danke.«

»Wie wär's mit etwas zu essen?«

Archer antwortete nicht und versank wieder in seine Gedanken.

»Hat Castor Ihnen überhaupt keine Hinweis gegeben, wo die Bombe sich befinden könnte?«

»Es gibt eine Person, die es weiß, Ned, und das ist

sein Bruder Pollux. Und er wird solange den Mund halten, bis das Ding hochgegangen ist.«

Brodie zuckte mit den Schultern. »Wir könnten ihm einen Spitzel in die Zelle setzen – vielleicht verrät er dann den Ort.«

»Wo hat man ihn eingebuchtet?«

»Erewhon«, antwortete Brodie.

Erewhon – dies war das topgeheime Hochsicherheitsgefängnis, in dem die gefährlichsten Verbrecher festgehalten wurden. Nur ganz wenige Leute wußten, wo genau dieses Gefängnis lag, obwohl Archer gerüchteweise gehört hatte, es befände sich entweder in einer unzugänglichen Bergregion von Colorado oder mitten in einer gottverlassenen Wüste irgendwo in Kalifornien.

»Er wird es nicht verraten«, antwortete Archer. »Pollux Troy ist ein Paranoiker, wie er im Lehrbuch steht. Der einzige, mit dem er jemals über die Bombe reden würde, ist sein Bruder. Doch mit Toten kann man sich nicht mehr unterhalten.«

Brodie und Miller tauschten einen vielsagenden Blick, in dem allerdings auch ein Anflug von schlechtem Gewissen lag. »Sean, es gibt eine Möglichkeit, dies doch zu erreichen«, meinte Miller.

Sofort wurde Mißtrauen in Archer wach. Und Neugier.

»Es könnte uns gelingen, Sie als Castor Troy in Erewhon einzuschmuggeln«, sagte Brodie, während er und Miller Archer durch Tartarus führten, den sorgfältig verborgenen unterirdischen Komplex, der inmitten eines Tunnellabyrinths tief unter dem FBI-Gebäude lag. Archer hatte immer noch einen unangenehmen Druck auf den Ohren, da ein Expreßlift sie so weit nach unten gebracht hatte.

Er bat Brodie, seinen Vorschlag noch einmal zu wiederholen, doch es war Miller, die ihm antwortete. »Sie haben ganz recht gehört«, sagte sie.

Sean war plötzlich alarmiert und wachsam und erinnerte sich daran, daß die künstliche Atmosphäre hier unten mit Sauerstoff vollgepumpt war. »Warum schikken wir ihm nicht die Zahnfee?« spottete er. »Vielleicht spricht Pollux ja im Schlaf.«

Wieder tauschten Brodie und Miller einen bedeutsamen Blick, dann zündete die Agentin sich eine Zigarette an. Archer folgte den beiden in den Bereich der Intensivstation, wo ein schlaffer Körper reglos dalag. Schläuche ragten aus den Körperöffnungen. Ein Schlauch zog sich plötzlich zusammen, als gelber Urin in einen Abfluß geleitet wurde und dort versickerte. Die drei blickten einander an; Brodie und Miller lächelten, Archer wirkte verwirrt.

Zögernd trat er dann näher an den Körper. Unbewußt hatte er bereits akzeptiert, wer dies war, doch nun wollte er es von seinen Augen bestätigt wissen. Die Schläuche verdeckten das Gesicht, doch die Tätowierungen waren unverkennbar.

»Warum wird er am Leben gehalten?« fragte Archer. »Solange er noch atmet, ist er auch gefährlich.«

»Entspannen Sie sich, Archer, dies ist nichts weiter als eine leere Hülle«, erwiderte Miller und drückte ihre Zigarette auf Castors linkem Bein aus. Sofort bildete sich eine Blase, es stank nach verbranntem Fleisch. Doch nicht ein Muskel zuckte. Archer war sich nur vage bewußt, daß er Troys nackten Körper unwillkürlich mit seinem eigenen verglich, und er stellte fest, daß sie ähnlich gebaut waren. Und bevor er seine Diät aufgegeben hatte und zu Fast Food übergegangen war, mußten sie sich noch ähnlicher im Körperbau gewesen sein. Der größte Unterschied war die Körperbehaarung –

während er, Archer, fast gar keine hatte, war Troy reichlich damit gesegnet.

»Wir können Ihnen die absolut identische Verkleidung beschaffen, Sean. Sie bekämen selbst Troys Gesicht«, meinte Brodie.

»Sie sind verrückt«, antwortete Archer schroff.

»Ihre Freunde sind nicht ganz so verrückt, wie sie ihnen vorkommen mögen, Mr. Archer. Sie kennen bereits alle Fakten«, mischte sich ein Mann mittleren Alters ein, der auf Rollschuhen in den Raum glitt. Er nippte an einer Flasche Mountain Deer und hörte Abbas größte Hits über seinen Walkman. Ein langer silberner Zopf hing hinten auf sein T-Shirt herab, das mit dem Hot-Wheels-Logo bedruckt war. Als er ihm die Hand entgegenstreckte, stellte Archer fest, daß der Fremde eine billige Mr.-Bubble-Uhr trug. »Ich bin Malcolm Walsh, und ich leite diese Abteilung hier, in der wir Leuten für spezielle Aufträge ein neues Äußeres verschaffen.«

»Ich weiß, wer Sie sind«, erwiderte Archer unfreundlich.

»Aber Sie wissen nicht, zu welchen Wundern er in der Lage ist«, mischte sich Miller ein. »Er kann sogar den Körperbau maßschneidern und die kniffligsten chirurgischen Änderungen vornehmen.«

»Er kann das Aussehen eines enttarnten Agenten verändern oder das eines Kronzeugen«, ergänzte Brodie. »Er kann sogar Stimmen und die Handschrift ändern.«

»Hier unten sind mehr Verräter verschwunden als im East River«, meinte Miller mit einem Grinsen.

»Bitte, Sie bringen mich noch in Verlegenheit«, sagte Walsh und biß in einen Schokoriegel. »Am besten ist, wir zeigen ihm einfach, wie wir vorzugehen beabsichtigen.«

Walsh glitt weg. Archer folgte ihm zu einem großen Terrarium, in dem Ratten zwischen Zedernholzschnipseln herumhuschten. Ihnen allen wuchsen merkwürdige Höcker aus dem Rücken, wie Segel oder Pyramiden aus Fleisch. Doch wenn man näher hinsah, dann erinnerten diese Gewächse irgendwie an Nasen und Ohren. Eine Ratte hatte nichts auf ihrem Rücken, man sah lediglich einen frischen Schnitt.

»Das ist Pee Wee«, sagte Walsh. »Wir haben sein Gewächs herausgeschnitten, weil wir es für die heutige Operation brauchen. Ich glaube, Sie kennen unseren Patienten, Sean.«

Sie folgten Walsh in einen Beobachtungsraum, der sich oberhalb des Operationsbereichs befand. Archer erkannte, daß es Loomis war, der auf dem Operationstisch lag. Seine Augen waren geschlossen, der Mund stand leicht offen. Der Chirurg war gerade dabei, vorsichtig das verbrannte Fleisch dort wegzukratzen, wo Loomis' Ohr gewesen war, bevor Castor es weggeschossen hatte. Daneben stand ein Techniker, der aufmerksam die Greifer einer merkwürdigen Maschine betrachtete, die sich in entgegengesetzte Richtungen drehten und ein Stück menschlicher Haut spannten und ihm Form gaben.

»Was ist das?« wollte Archer wissen.

»Ein Hautpfropfer«, antwortete Walsh, zauberte eine Tüte Chips hervor und öffnete sie. Der Hautpfropfer paßte nun das Hautstück einem Knorpelgebilde an, das die Form eines Ohrs hatte. Als dies beendet war, hob der Chirurg das »Ohr« auf, schnitt die überstehende Haut ab und verglich es mit Loomis' unverletztem Ohr. Sie waren von der Form her völlig identisch, nur hatte das neue Ohr eine helle, blasse Farbe.

Der Chirurg legte nun das Ohr an, schob es ein wenig hin und her und maß dann auf den Millimeter genau seinen Sitz an, bevor er mit dem Nähen begann.

Archer blickte auf den riesigen Monitor auf der gegenüberliegenden Wand. Die Stichstellen waren innerhalb weniger Minuten völlig unsichtbar geworden. Als Blut in das Ohr zu fließen begann, nahm es eine natürliche Farbe an.

»Wird sich das falsche Ohr anders anfühlen als das alte?« wollte Archer wissen und lehnte die Chips ab, die Walsh ihm anbot.

»Es ist nichts Falsches an diesem Ohr, Sean. Es ist nicht künstlich, sondern organisch. Es wird mit einem Faden aus Gelatine angenäht, die aus menschlichen Knochen gewonnen wird – der Körper stößt also nichts ab. Wenn Ihr Agent aufwacht, wird er nicht sagen können, welches Ohr ihm eigentlich weggeschossen wurde.«

Walsh fuhr in das benachbarte Labor und machte Archer und den anderen Zeichen, ihm zu folgen. Dann sah er Archer an. »Wenn Sie sich entschließen sollten, diese Mission zu übernehmen, dann werden die Veränderungen natürlich nicht von Dauer sein, aber dennoch auf noch perfektere Art ausgeführt werden.«

Walsh nahm eine organische Hülle, die die grobe Form eines Gesichts hatte, aus einer Reihe von Prototypen. Sie war aus trübem, gelblichem Knorpelgewebe gemacht und erinnerte an verstaubtes Bienenwachs. An beiden Seiten befanden sich symmetrisch angeordnete, geriffelte Beulen. Walsh gab Archer die Hülle, der sie wie eine Maske auf sein Gesicht legte. Eine der Beulen fiel auf den Boden.

»Na klar werde ich damit Pollux täuschen können«, spottete Archer. Er warf die Hülle zurück und verschränkte die Arme vor der Brust.

Walsh hob die heruntergefallene Beule auf, setzte sie

zurück auf ihren Platz und nahm dann die Hülle wieder in die Hand. »Das ist eine morphogenetische Schablone, Mr. Archer«, erklärte er. »Die Innenseite kann so geformt werden, daß sie sich exakt ihrer Gesichtsstruktur anpaßt; außen wird sie die genaue Nachbildung von Castor Troys Physiognomie. Dazu ziehen wir sein Gesicht auf die Schablone auf . . .«

». . . und Sie werden zu Castor Troy«, ergänzte Miller und grinste.

»Wollen Sie mir etwa weismachen, daß Sie ihm sein Gesicht wegnehmen?« fragte Archer.

»Nicht wegnehmen, borgen, Sean«, antwortete Brodie. »Der Prozeß ist vollkommen umkehrbar.«

»Na ja, so oder so dauert das Ganze eh nur bis zur Detonation oder bis wir die verdammte Bombe gefunden haben«, fügte Miller hinzu. Sie grinste immer noch.

Walsh gab Archer die Hülle ein zweites Mal. Archer spürte, wie sein Herz pochte. Er mußte aufs Klo – bald. Als er die Hülle in seinen Händen hielt und drehte, schien sie eine goldene, schimmernde Färbung anzunehmen. Er versuchte sich vorzustellen, wie es wäre, wenn er Castor Troys Gesicht hätte, und dieser Gedanke elektrisierte ihn.

»Also gut. Jetzt, wo ich alle Fakten kenne«, meinte er, »laßt es mich noch einmal wiederholen: Ihr seid verrückt!«

Doch Brodie bemerkte, daß ein kaum wahrnehmbares Lächeln um Archers Lippen spielte und daß seine Augen funkelten. Noch ein weiterer Schubs in die richtige Richtung, und Archer würde zustimmen.

»Sean, Sie kennen Castor besser als jeder andere. Sie haben ihn über Jahre hinweg studiert.«

»Und Sie sind der einzige, der dies überhaupt durchziehen könnte«, fügte Miller hinzu.

Auf einmal erschien Archer das Ganze vollkommen absurd. »Nein«, sagte er. »Nein! Wo geht's hier raus?« Er tigerte auf und ab wie ein gefangenes Raubtier.

»Denken Sie nach«, sagte Miller. »Alles, was wir bis jetzt über diese Bombe wissen, deutet darauf hin, daß sie eine grausige Zerstörung bewirken wird. Sie wird viele Leben fordern, vielleicht zehntausend, vielleicht noch mehr.«

Archer lehnte sich an die Wand und wischte sich mit dem Ärmel den Schweiß ab. Brodie kam zu ihm hinüber.

»Sean,«, sagte er leise, »wir wissen von dem Schwur, den Sie abgelegt haben, als Ihr Sohn starb. Daß Sie nie wieder zulassen würden, daß Castor Troy ein weiteres Leben auslöscht. Nun, Sie haben wirklich versucht, diesen Schwur zu halten, aber es ist Ihnen nicht gelungen. Und nun haben Sie endlich die Gelegenheit, ihn doch noch zu erfüllen.«

»Sie verdammter Huren . . .« Archer unterbrach sich, als er begriff, daß Brodie die Unterlagen des Psychiaters durchgesehen haben mußte. Niemandem außer dem FBI-Seelenklempner hatte er je anvertraut, daß er diesen Schwur geleistet hatte. Da konnte einem doch wirklich alles hochkommen!

Archers Gesichtsausdruck verriet jedoch nichts von seinen Gedanken, als er sich an Brodie vorbeizwängte und nach draußen rannte.

»Ich fürchte, das ist nicht besonders gut gelaufen«, flüsterte Walsh.

»Vertrauen Sie mir, er wird zurückkommen«, antwortete Brodie.

Archer suchte vergeblich nach einer Herrentoilette, und als er sie nicht fand, rannte er in die Damentoilette. Ihm war kotzübel.

Es fiel Archer nicht schwer, eine komplette Liste von Castor Troys Komplizen zusammenzustellen. Innerhalb von vierundzwanzig Stunden hatte man sie alle herbeigeschafft und sie zum Verhör ins FBI-Gebäude gebracht.

Fitch Newton, der dem FBI kein Unbekannter war und mehrfach selbst schon unter Anklage gestanden hatte, trug eine Strickjacke aus Kaschmir. Er richtete seine Krawatte, während er jede nähere Verbindung zu Troy leugnete. »Für was für einen Superfreak halten Sie mich eigentlich?« warf er Tito vor. »Natürlich kannte ich Mr. Troy, er war ein amüsanter Plauderer auf Cocktailparties und teilte mein Interesse für die Blumenzucht. So haben wir uns auch kennengelernt, auf einer Orchideenschau in Santa Barbara. Er kannte sich sehr gut mit Orchideen aus – erstaunlich, nicht wahr? –, und er bevorzugte die Arten mit langen Blütenkelchen und auffallenden Staubgefäßen. Dafür verabscheute er alle fuchsienroten Züchtungen. Es war ein fürchterlicher Schock für meine Frau und mich, das können Sie mir glauben, als wir erfuhren, daß er ein gesuchter Verbrecher war...«

Tito und Archer verdrehten ungläubig die Augen. Sie hatten nicht den geringsten Zweifel daran, daß Newton Troy während der vergangenen zehn Jahre mit einem riesigen Waffenarsenal versorgt hatte. Außerdem war man beim FBI überzeugt, daß Newton und Castor Plutonium nach Pakistan verkauft hatten.

Doch selbst nach dieser unbarmherzigen Befragung gab Fitch lediglich zu, daß er Castor Troy einmal ein Bienenvolk verkauft hatte.

Aldo *Snow* Andino mit seinen Augen mit den schweren Lidern kleidete sich selbst an den heißesten Tagen in schwarzes Leder. Auch jetzt war er so gekleidet, und als er unter den grellen Scheinwerfern ins Schwitzen geriet und den Reißverschluß seines Hemdes aufzog, sah man, daß er das Leder auf der bloßen Haut trug.

Anfang der Achtziger hatte er eine gewisse Berühmtheit in Hollywood genossen, weil er Kokain höchster Qualität an Stars und Filmleute verkaufte. Jahrelang war es ihm gelungen, sich einer Verhaftung zu entziehen, was zum Teil auch daran lag, daß er absolut clean war. Blutuntersuchungen hatten ergeben, daß er lediglich ein Medikament nahm, daß der Arzt ihm gegen Depressionen verschrieben hatte.

Inzwischen war sein Kundenstamm, zu dem auch Troy gehörte, kleiner geworden, doch Andino gab lediglich zu, Troy flüchtig zu kennen. Er ließ sich nicht weichklopfen und schaffte es, zwei Stunden lang allen Fragen Archers auszuweichen, indem er stets nur mit Ja oder Nein antwortete. Als er sich schließlich erhob, sagte er nur: »Wißt ihr, was ihr mich könnt, ihr Nazis?«

Dietrich Hassler, der gelegentlich den Chauffeur für Castor Troy gespielt hatte, war so etwas wie eine Institution in Santa Ana und Hollywood Park. Er war ein Betrüger und für einige der größten Sensationen in der Geschichte des Pferdesports verantwortlich. Auf seiner Lohnliste standen vertrauensselige Stallknechte aus Oaxaca, Indios, die kaum Spanisch, geschweige denn Englisch sprachen. Sie waren ziemlich geschickt darin, kurz vor den Rennen den favorisierten Pferden unauffällig einige viertel Liter Blut abzuzapfen. Allerdings kam es nicht allzu häufig vor, daß Dietrich den Ausgang eines Rennens manipulieren konnte, doch wenn es ihm gelang, dann hatte auch Troy stets seinen Profit davon. Dietrich operierte von einer Kunstgalerie am Rodeo Drive aus. Scheinbar unbeeindruckt erhob er sich, als das Verhör beendet war, und drückte Archer und Tito seine Visitenkarten in die Hand. »Ich hoffe, ich konnte euch ein wenig helfen«, meinte er. »Ich habe übrigens gerade ein paar absolut hinreißende Seriendrucke von Lichtenstein hereinbekommen. Wenn ihr in meine Galerie kommt, kann ich euch einen Vorzugspreis machen. Himmel, ist das heiß hier drin!«

Er ließ einen japanischen Fächer aufschnappen und fächelte sich übertrieben dramatisch frische Luft zu, als er nach draußen ging, und dabei hielt er den Fächer geziert vors Gesicht.

Tito verzog das Gesicht, weil er genau wußte, daß Dietrich ihn damit provozieren wollte.

»Alles wahre Bilderbuchbürger«, sagte Archer, während er die Scheinwerfer abstellte und sich dann in einen Sessel fallen ließ. Tito blickte auf die »Gästeliste«.

»Wer ist als nächster dran?« wollte Archer wissen.

»Sie ist die letzte«, sagte Tito und zeigte auf eine Nische, in der eine Frau saß, die einen kleinen Jungen auf dem Schoß hielt. Mit den hohen Wangenknochen sah sie aus wie ein Model; die großen Augen wirkten wie die eines sanften Rehs. Ihre Kleider waren jedoch offensichtlich schon seit einigen Jahren aus der Mode. Ihr schönes Gesicht erinnerte an das einer slawischen Madonna, mit dem leidenden Zug um die Mundwinkel, als trüge sie einen geheimen Kummer mit sich herum.

»Sie ist Dietrichs Schwester, Sasha Hassler«, erklärte Tito. »Sie und Castor waren eine Weile zusammen.«

»Ich kenne Miß Hassler recht gut«, erwiderte Archer. »Schließlich hatte ich oft genug mit ihr zu tun.«

Archer beobachtete sie, während sie ein Malbuch so hielt, daß ihr Sohn malen konnte. Adam erinnerte Sean an Michael, genau wie alle Fünfjährigen dies taten. Archer verdrängte dieses Gefühl und näherte sich der Frau.

Als sie Archer bemerkte, fingen Sashas Augen zu

funkeln an, und sie schob trotzig das Kinn vor. Er konnte ihren Haß fast körperlich spüren, hatte das Gefühl, als würde er von tausend Nadeln durchbohrt.

Einen Moment lang glaubte Sasha zu sehen, wie Archers Gesicht weich wurde, als er ihren Sohn betrachtete, doch dann herrschte sie ihn an: »Was wollen Sie?« Sie senkte den Blick, und als Adam ihr den roten Stift gab, füllte sie unwillkürlich eine Fläche mit der Farbe.

»Wann haben Sie Castor Troy zum letzten Mal gesehen?«

»Wen interessiert das schon?« antwortete sie. »Er ist tot.« Kurz blickte sie zu Archer hin, und ihr ganzes Gesicht verzog sich vor Ärger.

»Beantworten Sie bitte meine Frage.«

Wieder sah sie ihn an. »Hören Sie, ich bin inzwischen clean. Ich unterrichte jetzt Kinder in Kunst. Ich . . .«

»Sie stehen immer noch unter Bewährung.«

Verdammtes Arschloch, dachte sie. Ich hätte mir denken können, daß er das aufs Tapet bringt. Sie setzte ihren Sohn ab und verschränkte die Arme. Archer erkannte, daß er einen wunden Punkt getroffen hatte, und er fuhr mit seinem Angriff fort. Er sah zuerst sie an, dann ihren Sohn und sagte: »Miß Hassler, es würde Ihnen doch sicher nicht gefallen, wenn Ihr Sohn in ein Kinderheim käme?«

Sie stürzte sich auf ihn, als wollte sie ihm mit den Fingernägeln das Gesicht zerkratzen. Archer packte sie an den Handgelenken und hielt sie fest.

»Natürlich nicht, Sie Hurensohn! Aber das ist typisch: sein Leben im Namen des Gesetzes zu zerstören! Was anderes könnt ihr Feiglinge ja nicht!«

Archer wirkte so kühl wie ein Gletscher. Er neigte ein wenig den Kopf zur Seite, und fast unmerklich wurde sein Gesicht eine Spur weicher, als könnte er nachempfinden, was es für sie bedeuten würde, wenn sie von ihrem Sohn getrennt wäre. Sie spürte vage so etwas wie Mitgefühl, als er sie ruhig fragte: »Wann haben Sie Castor Troy das letzte Mal gesehen?«

Sie sah ihm in die Augen, als sie erwiderte: »Ich habe ihn seit Jahren nicht mehr gesehen.« Archer war geneigt, ihr zu glauben. Dann erst bemerkte er, daß der Junge sich an eins seiner Beine geklammert hatte. Adam versuchte tapfer, nicht zu weinen, aber es gelang ihm nicht. »Bitte, Mister, tun Sie Mommy nicht weh!« schluchzte er, und Archer war völlig verblüfft. Der Junge fragte sich verzweifelt, warum die Männer seiner Mutter immer nur weh taten. Er war zu dem Schluß gekommen, daß alle Männer schlecht waren, und er war entschlossen, niemals selbst zu einem heranzuwachsen.

»Ich werde ihr nicht weh tun«, versprach Archer. Als er spürte, wie die Kampfeslust aus Sasha wich, löste er vorsichtig seine Griff um ihre Handgelenke, und sie wich vor ihm zurück.

Sasha kniete sich hin und nahm ihren Sohn beschützend in die Arme. Archers Gesicht wirkte wieder wie eine steinerne Maske, doch sein Herz war von Sorge erfüllt.

Archer war verschwunden, ohne Tito zu sagen, wohin er wollte und wann er zurückkommen würde. Er hatte sich in seinen Wagen gesetzt und einfach Gas gegeben, und irgendwann bemerkte er, daß er sich auf dem I-15 nach Las Vegas befand. Er überlegte, ob er nicht ein wenig spielen sollte. Er war noch ungefähr hundert Meilen von der Stadt entfernt und fuhr durch eine Wüstenlandschaft voller Felsbrocken, dorniger Bäume und Berge, die von der Sonne versengt und geborsten waren. Archer hielt an, weil er pinkeln mußte.

Er machte sich einen Spaß daraus, den ganzen Felsbrocken vollzupinkeln, jedenfalls solange, bis ein weißlicher Skorpion empört unter dem Felsen hervorschoß, den Stachel erhoben und weit nach vorn gebogen. Archer sprang in den Wagen und wendete. Was zum Teufel wollte er eigentlich in Las Vegas?

Archer umkreiste Castors behaarten, muskulösen Körper wie ein Raubtier seine Beute. Seine Zweifel wollten dennoch nicht weichen. Miller und Brodie hatten ihm etliche Male erklärt, wie die Transformation ablaufen würde, und sie hatten ihm die erstaunlichsten Vorher-Nachher-Bilder gezeigt. Als er den Körper zum x-ten Mal umrundet hatte, war er schließlich wieder zu dem Schluß gekommen, daß er gar keine andere Wahl hatte. Er zuckte leicht zusammen, als er die Sauerstoffmaske über Castors Gesicht anhob und das typische boshafte Grinsen sah, das wie eingemeißelt wirkte. Brodie und Miller standen geduldig da und warteten.

»Was ist mit Lazarro?« wollte Archer wissen. »Hat er wirklich diesem Plan zugestimmt?«

»Nein. Wir konnten ihn unmöglich einweihen«, antwortete Brodie. »Allein der ganze Papierkram hätte uns einen Monat gekostet. Außerdem ist dies eine Top-Secret-Aktion. Inoffiziell. Die Umwandlung wird auch nicht hier, sondern in Walshs privatem Labor stattfinden.«

»Wir wissen, wie eng Sie mit Tito befreundet sind«, meinte Miller. »Wenn Sie seine Unterstützung nötig haben, können Sie ihn einweihen, aber niemanden sonst. Nicht Lazarro, nicht Ihre Frau oder Ihre Mutter. Niemanden.«

Archer gefiel dies nicht. Diese Geheimnistuerei kam ihm übertrieben vor, und prompt fielen seine Zweifel wieder wie ein Heuschreckenschwarm über ihn her.

Eine ganze Weile lang sagte niemand etwas. Das einzige, was zu hören war, waren das Summen der Maschinen, die Troy am Leben erhielten, und das Ticken der Wanduhr. Plötzlich schien es Archer, als sei jede Sekunde ein Schritt, der sie unaufhaltsam einer fürchterlichen Explosion und dem Tod unzähliger Menschen näherbrachte. Er nickte kaum merklich und wandte sich seinen Partnern zu.

»Okay. Ich mache mit.«

Man sah, wie die Spannung aus Millers Körper wich. Erst jetzt fiel ihr auf, daß sie unwillkürlich den Atem angehalten hatte. Brodie schlug Archer auf die Schulter. »Fahren Sie jetzt nach Hause und ruhen Sie sich aus, Sean. Morgen sind Sie ein anderer Mann.«

Archer warf einen letzten Blick auf Castor Troy, hob dessen linkes Lid an und blickte in die glasige Pupille. Nein, sein Feind erwiderte seinen Blick nicht.

## 5.

Gerade als Archer aus seinem Wagen stieg, rollte der Basketball des Nachbarjungen herüber in die Einfahrt.

»Hier, Mr. Archer!« rief der schmächtige Teenager, der unter dem Korb stand, der an einem Telefonmast angebracht war.

Archer hob den Ball auf und setzte zum Wurf an. Doch er schien steifer als ein Toter zu sein; er schaffte es nicht, die Knie zu beugen und sich dann zu strekken. Der Ball erreichte noch nicht einmal die Höhe des Korbs und fiel in den angrenzenden Hof. »Tut mir leid«, meinte Archer schulterzuckend.

Kaum hatte Archer sein Haus betreten, wurde er von lauter, stampfender Musik überfallen, einer kreischenden Gitarre und einem ohrenbetäubenden Feedback. Er marschierte schnurstracks auf Jamies Zimmer zu, weil er sich unwillkürlich Sorgen um ihr Hörvermögen machte. Er hatte schon die Hand gehoben, um anzuklopfen, doch dann überlegte er es sich anders.

Er machte die Tür zum Schlafzimmer auf, und als er sah, daß Eve schlief, zog er die Tür leise hinter sich zu. Eve hatte die Arme um ein Kissen geschlungen, und Archers Blick wanderte über ihren schlanken Rücken hin zu dem knackigen Po, den er selbst nach all den Jahren immer noch toll fand. Er spürte plötzlich wieder, wie sehr er sie liebte, als er sich auf das Bett setzte und ihr Gesicht betrachtete, ihren Hals und die Fülle der lockigen blonden Haare. Wie friedlich sie wirkte – und wie friedlich er selbst sich in diesem Moment fühlte. Er sah, wie ihre Augäpfel sich bewegten und erkannte, daß sie träumte. Als Sean sie weckte, umklammerte sie das Kissen noch ein wenig fester.

»Eve? Wach auf, Eve!«

»Sean?« Sie legte ihren Kopf in seinen Schoß und fühlte sich auf einmal getröstet. »Ich hatte einen Alptraum.«

»Und was hast du geträumt?«

»Daß du fielst. Du hattest einen Fallschirm, aber er wollte sich nicht öffnen.«

Archer schwieg einen Moment, bevor er antwortete. »Und warst du da, um mich aufzufangen?«

»Nein.«

»Wieso nicht?«

»Ich weiß nicht . . . vielleicht, weil du meine Hilfe nie brauchst.«

Archer hob sie hoch, drehte sie zu sich herum und küßte sie. Heftig erwiderte sie seinen Kuß, während er ihr über den Rücken strich. Unfähig, ihren hungrigen Mund von seinen fordernden Lippen zu lösen, schob sie ihre Hände unter sein Hemd und fuhr mit den Nägeln leicht über seine Brust. Sie spürte, wie er sich unter ihrer Berührung anspannte, und es freute und erregte sie, daß die Zeit der »Dürre« endlich vorbei war. Ihr Herz klopfte heftig, als sie die breite runde Narbe nahe an seinem Herzen berührte.

Eve spürte, wie seine Muskeln sich verkrampften, und sie blickte fragend zu ihm auf. Sein Gesicht war völlig ausdruckslos. Sie kannte diesen Ausdruck, und sie wußte genau, daß er nur seine aufgewühlten Gefühle dahinter verbergen wollte. Archer ließ sich zurückfallen und wandte sich von ihr ab.

»Es ist alles in Ordnung, Sean.«

Er blickte auf den Deckenventilator. Er brachte es nicht fertig, sie anzusehen.

»Nach all den Jahren kann ich die Erinnerung immer noch nicht loswerden. Einen Millimeter weiter links, und Mikey würde noch leben.«

»Und du wärst tot.« Eve versuchte, ihm in die Augen zu schauen, aber er hielt beharrlich den Blick auf den surrenden Ventilator gerichtet. Der Schmerz, der unter seiner scheinbaren Unbeschwertheit schwelte, schien plötzlich ihr ganzes Dasein zu überziehen. Sie fühlte sich schwach und zitterte, doch sie bemühte sich um einen hoffnungsvollen Ton. »Glaub mir, es wird dir helfen, wenn du nicht mehr zu Einsätzen raus mußt. Es wird alles wieder in Ordnung kommen, jetzt . . . jetzt, wo dieser Mann endlich nicht mehr unser Leben überschattet.«

»Eve«, begann Archer, doch dann redete er nicht weiter. Er fühlte, wie sich tief in ihm alles anspannte, wie eine Feder, die gleich zu zerspringen drohte. Er war versucht, ihr alles zu erzählen, doch er kämpfte dieses Bedürfnis nieder. »Liebes, wenn es etwas gäbe, damit diese ganze Sache wirklich zum Abschluß käme . . . dann sollte ich es doch auch tun, nicht wahr? Egal, wie verrückt es wäre?«

Eve verschränkte die Arme. Auf ihrer Stirn hatte sich wieder jene steile Falte gebildet. »O nein, Sean – du hast doch nicht schon wieder einen Auftrag übernommen?«

Plötzlich schienen die Worte, die der Eheberater damals ausgesprochen hatte, in ihrem Kopf zu hämmern: Zwang zur Wiederholung, Probleme im Intimleben, Hang zur Besessenheit.

Archer legte eine Hand auf Eves Bauch. »Ein letztes Mal noch, Eve. Ich möchte, daß du mit Jamie zu deiner Mutter nach Santa Fé fährst, während ich fort bin. Es ist sehr wichtig . . .«

»Du hast gesagt, du würdest von jetzt an hier bleiben!« schrie sie ihn an. »Du hast es versprochen! Was könnte wichtiger sein als das?«

»Ich darf es dir nicht erzählen. Ich kann dir nur sagen, daß ich der einzige bin, der diesen Auftrag ausführen kann.«

Sie setzte sich auf, und ihre Augen funkelten vor Wut. »Du willst, daß ich dir sage, daß es in Ordnung ist, wenn du gehst? Also bitte, dann geh! Verschwinde!« schrie sie. Archer starrte sie verblüfft an.

»Ich sagte: *verschwinde*!« Ihre Stimme überschlug sich fast, und während sie wütend aufschluchzte, schubste sie Archer aus dem Bett. Er fiel auf seinen Hintern und tat sich am Steißbein weh. Sie wandte sich ab von ihm, schnappte sich wieder das Kissen und legte sich genauso hin, wie sie gelegen hatte, als er ins Zimmer gekommen war.

Er überlegte einen Moment, ob er sich eine Decke nehmen und auf der Couch schlafen sollte, doch dann wanderten seine Gedanken zu der Tür am Ende des Flurs. Die Tür zu Mikeys Zimmer stand stets einen Spalt offen, so wie damals, als er noch lebte. Er hatte Angst davor gehabt, bei geschlossener Tür zu schlafen; er hatte fest daran geglaubt, daß, falls irgendwelche Geister oder Monster durchs Fenster hereinkämen, sein Vater ihn nur retten könnte, wenn die Tür offen war.

Sean knipste die Ernie-und-Bert-Lampe neben dem Bett an und schlug die Decke mit dem Batman-Überzug zurück. Er schaute sich in dem Zimmer um, das so ordentlich und unbelebt wie ein Museum wirkte. Der

Finger, an dem sein Ehering saß, juckte plötzlich. Er drehte den Ring leicht. Morgen würde er ihn abnehmen müssen.

Er zwickte Ernies Nase, und das Licht ging aus. Da seine Beine zu lang für das Bett waren, war es wahrscheinlich, daß er in dieser Nacht nicht besonders gut schlafen würde. Oben an der Decke begannen Sterne zu glühen und verbreiteten einen sanften, angenehmen Schein.

Sean erinnerte sich an jenen Weihnachtsnachmittag, als er auf der Leiter gestanden und die Sterne an die Decke geklebt hatte. Ihre Anordnung war Michael damals noch zufällig erschienen, aber wenn er erst einmal lesen gelernt hätte, dann hätte er begriffen, daß sein Vater seinen Namen an den Himmel geschrieben hatte.

Auch an einem anderen Ort glühten Lichter, verbreiteten einen schwachen roten Schein, während am Zeitzünder die Sekunden tickten, hermetisch abgeschlossen in der flachen Box im Convention Center. Über dem Haupteingang flackerten die Leuchtbuchstaben. Morgen würden sie ausgetauscht, und dann würde man lesen können: »Welcome American Bar Association«.

Zutiefst schockiert blickte Tito Archer an, mit dem er in der Metro-Rail saß, die gerade durch den Tunnel unter dem Long-Beach-Hafen fuhr. »Das ist ein verdammter Wahnsinn, Sean! Wer hat dich überredet, dabei mitzumachen? So ein Schwachsinn, dich in einen anderen Menschen verwandeln zu lassen – und auch noch ausgerechnet in *ihn*!« Tito beendete sein Frühstück, einen Ananas-Doughnut und eine Diätcola. »Wir wissen doch noch nicht einmal genau, wo Erewhon liegt!« Während Archer noch einmal Castors Dossier durchblätterte, fielen die Fotos heraus, die er über die Jahre hinweg gesammelt hatte.

»Wir haben keine andere Wahl, als es durchzuziehen, Tito«, antwortete er. Wieder sah er sich die Seiten an – überflüssigerweise, denn er kannte den Inhalt auswendig. Die Lichter flackerten, als der Zug langsamer wurde. Als Tito aus dem Fenster blickte und einige Froschmänner sah, deren Anzüge feucht glitzerten, erkannte er, daß sie sich unter dem Meer befinden mußten. Die Männer erstatten einem Captain Bericht, der die Wartungsarbeiten in dem Tunnel überwachte.

Nervös, wie er war, stieß Tito sich das Bein an. Er stand auf, damit er Archer ins Gesicht sehen konnte, und hielt sich an einer Stange fest. »Du hast nicht die geringste Chance, Pollux Troy an der Nase herumzuführen. Castor hat getrunken, geraucht und ist vierundzwanzig Stunden am Tag mit einem Ständer herumgelaufen. Er war das genaue Gegenteil von dir.« Tito wandte sich ab, dann wirbelte er dramatisch wieder herum und warf zornig seine Coladose auf Archer, der sie mit Leichtigkeit fing und sie hin und her schwenkte.

»Was sollte das?«

»Du hast einen Fehler gemacht!«

»Wieso?«

»Castor Troy war Linkshänder.«

Archer blickte auf die Dose in seiner rechten Hand. »Keine Bange, ich werde meine Hausaufgaben schon erledigen. Wenn Walsh auch nur die Hälfte von dem kann, was er zu können behauptet, dann bringe ich Pollux zum Reden.«

Tito seufzte und kehrte zu seinem Platz zurück. Resigniert fügte er sich in Archers Entscheidung. Sean spielte mit seinem Ehering. Als er ihn abzog, bemerkte er den weißen Streifen Haut darunter. Auch darum würde Walsh sich kümmern müssen.

»Ich möchte, daß du das hier für mich aufbewahrst«, sagte Archer und reichte Tito seinen Ehering. Sein Freund grinste und erinnerte sich plötzlich an das andere Mal, als er diesen Ring aufbewahrt hatte: als Trauzeuge bei Archers Hochzeit. Nun steckte er ihn in eine Tasche, und als er dann Archer wieder anblickte, sah er für einen Moment Angst im Gesicht seines Freundes aufblitzen.

»Es ist schon okay«, meinte er und gab sich keine Mühe, seine Zuneigung und auch seine Sorge zu verbergen. »Es wird schon klappen.«

In dem Blick, den Archer seinem Freund zuwarf, konnte Tito lesen, daß Archer seine Zuneigung erwiderte.

Neben einem heruntergekommenen Ranchhaus und einer Scheune, die jeden Moment einzustürzen drohte, grasten Holsteiner Rinder die magere Weide ab. Archer und Tito saßen zusammengezwängt im Führerhaus eines Pick-up und blickten sich um. Der mexikanische Fahrer fuhr in die Scheune, in der Malcolm Walsh schon auf sie wartete, diesmal ohne Rollerblades. Dafür trug er ein Wonder-Woman-T-Shirt, und abwechselnd lutschte er an einem Kirsch-Lolly oder nahm einen Schluck Big Gulp.

»Hierher, Jungs!« rief er und winkte ihnen zu. Sie stellten sich neben ihn auf eine Metallplattform, die dann langsam nach unten sank und in einem Vorraum hielt.

Walsh atmete in eine Röhre, die seine DNA registrierte, und eine große, runde Tür glitt zur Seite. Archer und Tito folgten ihm durch eine langen, weißen Korridor. Hollis Miller machte noch hastig ein paar Züge an ihrer Zigarette, bevor sie mit den anderen den Operationsbereich betrat. Brodie versuchte sich abzulenken, indem er ununterbrochen Cornnuts kaute.

Ein Techniker nahm die letzten Justierungen an seinen Kameras vor, von denen aus Kabel zu zwei riesigen Wandbildschirmen führten. Archer blickte an der Wand hoch und sah das vergrößerte elektronische Bild von Castor Troys reglosem Körper. Er mußte eine plötzliche Welle der Übelkeit unterdrükken.

»Ziehen Sie sich aus, Sean!« bat Walsh.
»Wie bitte?«
»Angezogen nützen Sie uns nichts.«
Archer sah zu Miller hin, die mit den Schultern zuckte. »Da gibt es nichts, was ich nicht schon vorher gesehen hätte, Sean«, meinte sie.

Doch als er dann nackt dastand, bemühte Miller sich, nicht zu ihm hinzusehen, da männliche Körper ihr nicht besonders gut gefielen. Archer hatte dennoch die Hände über seinem edelsten Körperteil gefaltet, und er war ausgesprochen dankbar, als Tito ihm einen Bademantel überhängte.

Archer schlüpfte hinein, zog den Gürtel zu und ging zu Castors Körper hinüber. Er wirkte nicht schlaff, sondern schien noch gut in Form zu sein. Dann kam auch Walsh näher.

»Sollen wir anfangen, Sean?« fragte er.
Archer nickte.
Walsh saugte geräuschvoll den Bodensatz seines Getränks heraus. »Ihr habt verschiedene Blutgruppen, aber daran können wir nichts ändern. Der Größenunterschied ein halber Zentimeter ungefähr – ist unbe-

deutend. Form und Größe der Füße sind ähnlich genug. Penisgröße, in schlaffem Zustand, ist auch gleich – Durchschnitt.«

»Welchen Unterschied würde das denn machen?« wollte Archer wissen. »Es wird ihn doch eh niemand sehen.«

»Himmel, Sie gehen in den Knast, Sean! Dort wird jeder ihn sehen. Castor hat übrigens nur einen Hoden, deshalb müssen wir Ihnen einen abnehmen.«

»Was?« Archer schnappte nach Luft, und unwillkürlich legte er die Hände schützend vor sich.

»Kleiner Scherz«, meinte Walsh und zwinkerte ihm zu. Archer fand es nicht besonders komisch, aber er konnte sehen, wie Brodie und Tito im Beobachterraum lachten. Hollis Miller hatte sich abgewandt und sich eine neue Zigarette angezündet.

Wie ein Viehhändler befingerte Walsh Archers Hoden. »Was halten Sie von einer Abdomenplastik?« fragte er dabei.

»Einer Abdomen was?«

»Einer Bauchstraffung«, antwortete Walsh grinsend.

»Okay.«

»Gut. Ich werde sie so durchführen, daß sie der Muskulatur perfekt angepaßt ist.«

Walsh betrachtete Archers Brust, dann sah er ihm in die Augen. »Das muß weg«, meinte er und berührte die Narbe, die von jener verflixten Kugel herrührte. Archer spürte, wie sich sein Magen zusammenzog.

In diesem Moment bekam Walsh einen Anruf über sein Handy. »Hallo, Süße«, sagte er und grinste. Es war seine Frau, die in dem nahegelegenen Ranchhaus lebte. Archer hörte zu, wie Walsh mit ihr sprach und dachte dabei, daß die beiden eine glückliche Ehe führen mußten.

»Pecankuchen?« meinte Walsh gerade. »Kannst du ein Stück für mich aufheben? Ich bin für die nächsten vierundzwanzig Stunden beschäftigt ... Wir werden den Kuchen dann im Bett essen.« Dann hauchte Walsh einige Küsse ins Telefon. »Ich liebe dich auch. Bye.«

Eine Krankenschwester kam, um Archer den Bademantel abzunehmen. Die Anästhesistin rollte ihre Apparate herbei, und Archer legte sich auf den Operationstisch. Sein Kopf ruhte auf einem Kissen, das sich verfestigte, so daß er zwar bequem lag, sich aber nicht mehr bewegen konnte. Das gleiche passierte mit der Auflage auf dem Operationstisch. Zuerst fühlte es sich wie ein Wasserbett an, doch dann verfestigte es sich um seinen Körper und machte ihn so unbeweglich wie einen Felsen.

Als sich die Maske auf sein Gesicht senkte, nahm Archer einen scharfen Geruch wahr, vermischt mit Sauerstoff, der ihn an die Ölraffinerien in Elizabeth erinnerte. Als Junge hatte er öfter seine Cousine in New Jersey besucht, um in ihrem Pool zu schwimmen. Auch jetzt kam es ihm vor, als ob er in jenem Pool läge, als schwappte kühles Wasser gegen seinen Körper. Dann wirbelte das Wasser wie in einem Whirlpool, während er immer schläfriger wurde. Die ganze Welt um ihn herum schien sich zu drehen. Bevor er endgültig das Bewußtsein verlor, glaubte er Eve über sich gebeugt zu sehen, Eve, die die Operation durchführen würde. »Ich liebe dich, Honey«, wollte er sagen, doch seine Zunge gehorchte ihm nicht mehr. Und dann wurde um ihn herum alles schwarz.

Zwei massive Sensoren, die über einen Computer Mainframe verbunden waren, senkten sich über die Körper von Sean Archer und Castor Troy, begannen mit dem Abtasten und gaben die Daten ein. Diese Sensoren bestanden aus unzähligen, winzigen Videokameras, die ähnlich wie Insektenaugen funktionierten. Sie gaben in den einzelnen Bereichen solange ihre Daten durch, bis durch die chirurgischen Eingriffe die größtmögliche Übereinstimmung erreicht war.

Anders als ein normaler plastischer Chirurg nahm Walsh keine eigentlichen Schnitte vor, selbst als das Gesicht an die Reihe kam. Mit einem Laserskalpell wurden alle nötigen Änderungen vorgenommen, nachdem der Computer die exakten Daten vorgegeben hatte. Die Augenmuskeln brauchten eine leichte Korrektur, da die Augäpfel, die einen geringfügigen Unterschied aufwiesen, nicht selbst verändert werden konnten.

Die leichteren Eingriffe wurden von Assistenten vorgenommen, während Walsh ständig die Daten überprüfte. Archers Körper wirkte wie eine genaue Kopie von Castors, nachdem die notwendigen Korrekturen, unter anderem an Bauch, Beinen und Po vorgenommen worden waren. Walsh wandte eine neue antitraumatische Methode an, durch die die sonst unvermeidbaren Blutergüsse ausblieben.

Es war kein Problem für ihn, Castors Tätowierungen nachzuarbeiten – die einzige Herausforderung war, den richtigen Farbton zu treffen, so daß sie genauso verblichen wirkten. Er begann mit der großen Sphinx auf Archers Oberschenkel, danach kamen die Hängenden Gärten von Babylon an die Reihe. Walsh schnalzte leicht mit der Zunge, als er sich an das nächste der Sieben Weltwunder der Antike begab: den Koloß von Rhodos hatte man mit einer römischen statt mit einer griechischen Toga dargestellt, wie es korrekt gewesen wäre.

Schließlich kam die Augenfarbe an die Reihe. Walsh plazierte Mikronadeln in achtunddreißig verschiedene Sektionen von Archers Iris, damit er ihre Farbe von blau zu braun verändern konnte. Am Innenrand mußte ein gelbbrauner Ton eingefärbt werden, im linken Auge wurde ein dunklerer Fleck nachgeahmt, der die Form eines Apfels hatte.

Währenddessen arbeitete ein Assistent ruhig an Archers Fingerkuppen. Man hatte kleinere Hautstücke abgeschält – nicht von seinen Fingern, da man seine Fingerabdrücke bewahren wollte – und mit einer mild ätzenden Lösung behandelt, so daß man neue Linien eingravieren konnte. Dann wurden diese Stücke von Archers Haut mit Castors Fingerabdrücken darauf sofort wieder angeklebt.

Die Körperbehaarung nachzuahmen war einfach, aber langwierig. Man hatte ein genaues Muster der Anordnung der über vierzigtausend Brusthaare Castors erstellt und in ein Implantationsgerät eingegeben, das gleichmäßig vor sich hin summte, während nach diesem Muster Haare auf Archers Brust verpflanzt wurden. Um den Haaransatz über der Stirn anzugleichen, mußte Walsh bei Archer Haar wegnehmen und die Wurzeln veröden. Dann wurde hier und da noch ein wenig weggeschnitten, und schon hatte Archer die gleiche Senatorenfrisur wie Castor.

»Und nun«, meinte Walsh, während er die beiden Körper noch einmal verglich, »wollen wir sehen, ob ich irgend etwas vergessen habe, bevor ich mir die Hände wirklich schmutzig mache.«

Die Assistenten versammelten sich um die Körper von Archer und Troy und nickten zustimmend. Nur wenn man sehr genau hinschaute, konnte man noch einige unbedeutende Unterschiede in der Muskulatur und der Form der Hände und Füße erkennen, aber sonst waren die beiden Körper im Prinzip identisch.

Im Beobachterraum verfolgten Brodie, Miller und Tito fasziniert, wie die automatisch gesteuerten Laserskalpelle gleichzeitig die gleichen Operationen bei beiden Gesichtern durchführten. Miller grinste albern und mußte an eine Zwiebel denken, als Walsh vorsichtig begann, Archers Gesichtshaut und die Fettschicht darunter abzutrennen und sie dann abhob, wobei er oben am Schädel begann. Tito stürzte aus dem Raum und übergab sich.

Walsh legte Archers Gesicht in einen Vakuumbehälter aus Plexiglas, in dem es von künstlichem Blut umspült wurde. Alle fünf Minuten wurde das Blut ausgetauscht und durch einen Filter geleitet, wo es gereinigt wurde, um anschließend wieder zurückzufließen.

Dann öffnete ein Assistent den Behälter, und nachdem er mit Hilfe eines Computerrasterbildes die Lage der größten Venen und Arterien festgestellt hatte, verband er diese mit einem Netz feiner Schläuche, deren Blut ebenfalls regelmäßig durch den Filter lief. Archers blasse, losgelöste Züge wirkten plötzlich wieder lebendig, als die zweite Pumpe zu arbeiten begann; da, wo die Augen hätten sein sollen, schimmerte es blutrot.

Walsh befestigte die Schablone an Archers Schädel, dann wandte er sich Castor zu und hob dessen Gesicht ab. Alle beobachteten diesen Vorgang derart fasziniert, sahen zu, wie sich das Gesicht perfekt anschmiegte und rosa zu schimmern begann, daß niemand bemerkte, wie Castors Augen plötzlich wild zu rollen begannen. Das EEG schlug heftig aus. Castor Troy hatte geträumt, daß man ihm sein Gesicht vom Schädel riß, und als er dann für einen kurzen Moment aufwachte, mußte er feststellen, daß es beileibe nicht nur ein Traum gewesen war. Der unglaubliche Schock ließ ihn zurück ins Koma fallen, und seine EEG-Werte waren wieder wie zuvor.

6.

Als Archer aus der Narkose erwachte, fühlte er sich, als hätte er den Kopf voller Nebel. Der Pfleger, der neben seinem Bett saß und in einer Zeitschrift las, hörte ihn stöhnen.

»Willkommen zurück, Mr. Archer«, sagte der Pfleger. »Warten Sie einen Moment, ich werde Dr. Walsh holen.«

Archer konnte sich nicht erinnern, wo er war. Hatte er einen Unfall gehabt? Wo war Eve? Und Jamie?

Sean hörte, wie Walsh auf seinen Rollschuhen näherkam, und er empfand dieses Geräusch als seltsam beängstigend. Er konnte sich schwach daran erinnern, daß er einer Operation zugestimmt hatte, doch er wußte nicht mehr, was für eine Operation es gewesen war. Er begann gegen seine aufsteigende Panik anzukämpfen, als ihm plötzlich bewußt wurde, daß sein Gesicht brannte und unter Bandagen verborgen war.

»Setzen Sie sich auf, Sean«, bat Walsh. »Und halten Sie den Kopf still.« Die Verbände wurden entfernt. »So, dann wollen wir mal sehen«, fuhr Walsh fort, und auf seinem Gesicht zeigte sich Zufriedenheit über die Leistung, die er bewerkstelligt hatte. Er deutete auf einen Spiegel, der über dem Waschbecken hing, und Archer stand auf, um sein Spiegelbild zu betrachten.

Archer war nicht mehr im Wunderland. Als er in das Gesicht von Castor Troy schaute, hatte er das Gefühl, als befände er sich in einem dunklen, düsteren Land. Er hieb mit den Fäusten gegen das Bild im Spiegel. Und dann begann er zu schreien.

»Archer, um Himmels willen, was ist denn los?« rief Walsh, als Archer weiterhin auf den Spiegel einhieb. Das Glas zitterte, zerbrach jedoch nicht. Archer packte den Nachttisch und schleuderte ihn gegen den Spiegel – der immer noch standhielt.

Haßerfüllt starrte Archer das Bild seines Todfeindes an. Wütend und voller Panik hämmerte er mit dem Nachttisch gegen das Glas, bis es endlich splitterte. Einen Moment lang starrten ihn fünfzig Spiegelbilder Castor Troys an, bevor die Scherben zu Boden fielen.

»Ich bringe die Schweine um!« schrie Archer, als er sich plötzlich wieder an alles erinnerte.

»Warum brüllen Sie so, Sean?«

»Brodie und Miller! Ich werde sie umbringen!«

Archer hatte eine der größeren Scherben aufgehoben, um sich noch einmal zu betrachten. Walsh bekam Angst, als Seans Hand sich plötzlich um die Scherbe schloß, als hielte er einen Dolch.

»Sean, reißen Sie sich zusammen«, befahl Walsh. »Oder wollen Sie vielleicht, daß ich Ihnen ein Beruhigungsmittel verpasse?«

Archer kroch über den Boden und weinte wie ein Baby, doch dann riß er sich zusammen, verlegen, daß er sich so hatte gehen lassen, und setzte sich hin. Walsh und der Pfleger halfen ihm auf und setzten ihn auf das Bett.

»Tut mir leid«, stieß Archer heftig atmend hervor. »Es tut mir wirklich leid. Aber jetzt geht's mir wieder besser.«

Walsh zwang sich zu einem Lächeln und klopfte ihm

väterlich auf den Rücken. »Ich weiß, daß es Ihnen jetzt wieder besser geht. So, und nun etwas anderes. Wir werden uns heute mit Ihren Zähnen beschäftigen müssen. Es wird einige Stunden dauern, sie Troys Gebiß anzugleichen und sie dunkler zu färben. Sie wissen ja, daß Troy rauchte.«

Archer blickte an sich herab, auf den flachen Bauch und die haarige Brust. Schweigend schaute er auf, als Tito, Brodie und Miller den Raum betraten. Tito griff unwillkürlich nach seiner Waffe.

»Hey, ich bin's, Tito – Sean!«

Tito lachte über seine Reaktion.

»Es hat funktioniert«, meinte Archer und merkte beim Sprechen, daß ihn der Hals leicht schmerzte. »Nur die Stimme stimmt noch nicht. Ich höre mich immer noch wie ich selbst an.«

Walsh tippte mit dem Finger gegen Archers Adamsapfel. »Ich habe einen Stimmbänder-Modulator eingepflanzt, und ich denke, er wird funktionieren. Natürlich werden Sie sich erst einmal daran gewöhnen müssen, wenn ich den Mikrochip aktiviert habe. Trinken Sie das«, fügte er hinzu und drückte Archer einen Plastikbecher in die Hand. »Das wird Sie ein bißchen aufmöbeln.«

»Was ist es?«

»Kakao mit Sahne und viel Zucker.«

Nachdem der Chip aktiviert und die Zähne verändert worden waren, hatte Archers Stimme einen völlig anderen Klang bekommen. Und indem er mehr durch die Nase sprach und ein wenig nuschelte, hörte Archer sich ganz genau wie sein Feind an.

Doch einige der anderen Eigenschaften Castor Troys waren nicht so leicht zu erwerben. Archer trank höchstens einmal bei besonderen Gelegenheiten ein Glas

Wein, aber niemals Schnaps. Nun mußte er sich daran gewöhnen, Mescal hinunterzukippen, Castors Lieblingsgetränk, und ihm wurde fast schlecht dabei. Er fand, daß es wie Schuhpolitur schmeckte, und er schauderte unwillkürlich, als das scharfe Getränk sich den Weg durch seine Kehle brannte. Nach einem Glas fühlte er sich schon schummrig, nach zweien war er bereits betrunken. Doch es blieb ihm keine Zeit mehr, sich an den Alkohol zu gewöhnen. Fast schlimmer noch war's mit dem Rauchen.

Archer hatte bisher dem Rauchen gegenüber eine milde Verachtung gezeigt, und vom Passivrauchen bekam er Kopfschmerzen. Nun mußte er sich, auf Titos Rat hin, jede Viertelstunde eine Zigarette anzünden. Als er vor dem Spiegel das Rauchen übte, versuchte er gleichzeitig, Castors eisigen Killerblick nachzuahmen.

Anfangs paffte er die Zigaretten nur, bis Brodie zu lachen begann und ihm erklärte, wie man inhalierte. Archer wurde schwindelig davon, und wieder war ihm schlecht. Himmel, wie konnte jemand danach süchtig werden? Er hatte mit leichten Zigaretten angefangen, was er schon schwierig genug fand, und als Tito ihm dann die erste Gitanes gab, konnte er nicht mehr aufhören zu husten.

Natürlich gefiel Archer sein eigenes Aussehen viel besser, und an »Castor Troy« störten ihn vor allem zwei Dinge: daß sein Haaransatz viel weiter zurücklag und die vielen Haare auf seiner Brust. Er hatte sie sich schon ein paarmal in dem Reißverschluß seines Sweatshirts eingeklemmt, und ständig juckte es ihn.

Doch die größte Herausforderung war, daß Castor Linkshänder war. Obwohl Walsh die Sehnen in seinem linken Handgelenk auf irgendeine Weise manipuliert hatte, damit er so schreiben konnte wie Troy, gelang es Archer kaum, Castors Unterschrift so nachzuahmen, daß sie nicht wie das Gekrakel eines Kleinkindes aussah.

Aber als Tito ihm ganz unvermittelt einen Gegenstand zuwarf, flog seine linke Hand automatisch in die Luft. Dennoch hatte er sich nicht daran gewöhnt, alles mit links zu machen. So mußte er zum Beispiel beim Essen immer daran denken, daß er das Messer in die linke und nicht in die rechte Hand nahm.

Niemand und schon gar nicht Archer selbst, gab sich der Illusion hin, er sei genügend vorbereitet, doch sie konnten sich keine weitere Zeitverschwendung leisten. Archer packte gerade mißgelaunt seine Sachen zusammen, als Brodie sein Zimmer betrat.

»Ich habe gerade Lazarro angerufen und ihm mitgeteilt, daß Castor Troy aus dem Koma erwacht sei und in einem Gefängnis untergebracht werden müßte. Wir haben noch zweiundsiebzig Stunden.«

»Okay.«

»Das werden Sie nicht benötigen«, fuhr Brodie fort und zeigte auf die Tasche. »Von nun an werden Sie vom amerikanischen Justizsystem mit allem versorgt werden, was Sie brauchen. Würde es Ihnen etwas ausmachen, sich jetzt umzudrehen?«

Er legte Archer die Handschellen an, der ein Lachen unterdrücken mußte, als ihm seine Rechte vorgelesen wurden. Als sie nach draußen gingen, mußten sie den Intensiv-Bereich durchqueren, wo Castor Troys Körper noch immer lag und von Maschinen am Leben erhalten wurde. Irgendein barmherziger Mensch hatte Castors Schädel mit einer weichen Plastikmaske bedeckt. Die offenstehenden, lidlosen Augen blickten durch die Schlitze der Maske, und alle dreißig Sekunden wurden sie mit künstlichen Tränen befeuchtet.

Sean blieb bei Castor stehen und bat Brodie, die Maske anzuheben. Der Anblick erinnerte Brodie an Lon

Chaney in der ursprünglichen Stummfilmversion von
»*Das Phantom der Oper*«. Archer jedoch fand, daß Castor wie eines jener Spielzeuge von Michael aussah: wie Skeletor, He-mans Erzfeind.

»Wird der Müll hier eigentlich bis in alle Ewigkeit aufgehoben?« fragte Archer und zeigte auf Castor.

»Nur so lange, bis man alles entnommen hat, was noch verwendet werden kann. Seine Netzhaut soll einem kleinen Mädchen verpflanzt werden, das schon seit fünf Monaten darauf wartet, daß es wieder sehen kann.«

Archer empfand ein gewisses Gefühl der Genugtuung. Nun, wo er so gut wie tot war, würde Castor wenigstens einmal etwas Nützliches für die Menschheit leisten.

Wie eine zornige Wespe senkte sich der schwarze Helikopter aus dem wolkenverhangenen Himmel auf den Hubschrauberlandeplatz des FBI. Bewaffnete Agenten nahmen ihre Plätze rund um den viereckigen Platz ein. Archer beobachtete, wie eine zweite Gruppe herausmarschiert kam, angeführt von einem stolzgeschwellten Lazarro, der sich freute wie ein Schneekönig. Zu eben jener Gruppe eskortierte Tito den an Händen und Füßen gefesselten »Castor Troy«.

»Jetzt geht's los, Junge«, murmelte Tito. »Und wenn du innerhalb von drei Tagen nicht wieder draußen bist, dann gehe ich zu Lazarro.«

»Bis dahin werde ich wieder draußen sein.«

Die beiden Männer warfen sich noch einen letzten verstohlenen Blick zu, während sich ihnen zwei bewaffnete Beamte näherten.

»Der Mann ist gefährlich, also passen Sie gut auf, Gentlemen«, warnte Tito die beiden Männer. »Er reißt Ihnen die Eier ab, wenn er die Chance dazu bekommt.«

Bei diesen Worten versetzte er Archer einen harten Stoß, der prompt über seine Fußfesseln stolperte.

»Gottverdammter Ficker!« schrie Archer seinen Freund an. »Du hast doch gar keine Eier!«

Archer wehrte sich gegen die beiden Agenten und mußte mit Gewalt zum Hubschrauber gebracht werden. Tito schickte ein Stoßgebet zum Himmel, als die Türen des Hubschraubers geschlossen wurden und die Maschine abhob.

Archers Herz klopfte wie verrückt. Einer der beiden Agenten überprüfte Archers Fesseln. Er hatte rote Haare, abstehende Ohren und unzählige Sommersprossen und erinnerte Archer unwillkürlich an diesen Typ, der stets das Cover von *Mad* zierte.

»Hey, Jungs«, sagte Archer und bemühte sich, so gut er konnte, um einen von Castors Killer-Blicken, »vergeßt nicht, daß ich koscheres Essen bestellt habe.«

Alfred E. Neumann lächelte, wobei man den Spalt zwischen den beiden Schneidezähnen sah, bevor er Archer den Ellbogen in den Magen rammte. Ein anderer Agent zog eine Kapuze über Archers Kopf. Dann spürte Archer, wie eine Nadel in seinen Oberschenkel stach, er zuckte noch einmal und sank dann ohnmächtig zusammen.

Hinter den Fenstern, von denen aus man auf den Landeplatz schauen konnte, standen die Agenten aus Archers Team und beobachteten, wie der Hubschrauber immer kleiner wurde. »Schade, daß Archer ausgerechnet jetzt für eine Woche auf Übungsmission ist«, meinte Loomis, während sie alle zum Büro zurückgingen. »Sollten wir ihm nicht Bescheid sagen?«

»Vergiß es. Er hat strikte Order gegeben, daß niemand herauszufinden versucht, wo er sich aufhält«, erwiderte Wanda, als sie an Brodie und Miller vorbeikamen.

»So weit, so gut«, flüsterte Miller Brodie zu und zündete sich dann an der Kippe der alten eine neue Zigarette an. Brodie seufzte nur.

Als wäre ich von den Toten auferstanden, dachte Archer, als er langsam das Bewußtsein zurückgewann. Zum zweitenmal innerhalb weniger Tage war er in eine tiefe, traumlose Dunkelheit gefallen, die dem Tod näher schien als dem Schlaf. Im Schlaf war man lebendig und träumte – Blinde konnten wieder sehen, Lahme konnten laufen, manchem waren Flügel gegeben. Doch nun, als er aus dem Drogenschlaf erwacht war, kam er sich vor, als sei er aus einem dunklen und schweigenden Vakuum zurückgekehrt, und die Vorstellung, jemals wieder dorthin zurückkehren zu müssen, ängstigte ihn. Jedes Leben, egal, wie schlimm es auch sein mochte, war besser als *das*; selbst die Alpträume, die ihn immer wieder heimsuchten, waren erträglicher.

Er hatte seine Sehkraft noch nicht vollständig wiedererlangt, aber er nahm verschwommen in Orange gekleidete Männer wahr, die ihn in einen kleinen, bläulich schimmernden Raum stießen. Er brach auf dem harten, stählernen Boden zusammen und schlug mit dem Kopf auf. Seine Fesseln klapperten auf dem Metallboden, ein Geräusch, das ihm häßlich in den Ohren klang; die Handschellen schnitten ihm in die Handgelenke.

Ein Stück von sich entfernt nahm er eine weitere orangegekleidete Figur wahr, die etwas in beiden Händen hielt, was ihm auf den ersten Blick wie ein Elefantenrüssel erschien. Es war der Chef der Wache, der eine Wasserkanone auf Archer richtete. Erst später sollte Archer herausfinden, warum man ihn *Red* Walton nannte, obwohl er blond war. Walton war ein großer, blasser Mann mit einem grimmigen Gesicht, in dem der

Mund stets zu einem schmalen Strich zusammengepreßt war.

»Komm hoch!« befahl er unfreundlich.

Archer versuchte sich aufzurichten, aber er war zu schwach.

»Komm hoch!« widerholte Walton, doch Archer sackte erneut zusammen. Walton stellte den Wasserstrahl an, der genau auf Archers Gesicht gerichtet war. Schmerzhaft traf ihn das Wasser am Kinn und schleuderte ihn mit seiner Wucht gegen die Wand. Verzweifelt wandte Archer den Kopf zur Seite, um Luft zu holen – und schmeckte das Entlausungsspray im Mund. Spuckend und würgend schüttelte er den Rest seiner Betäubung ab.

Man warf ihm ein Paar schwere Metallstiefel zu, die merkwürdige Schließen hatten und kompliziert gemusterte Sohlen. Jeder Stiefel wog mindestens fünf Pfund.

»Zieh sie an!«

Archer beugte sich über die Stiefel, um sie zu betrachten und herauszufinden, welchem Zweck sie dienen mochten. Er schaute sich die Sohlen an und entdeckte kleine Sensoren. Innen hatten sie weiche Plastikpolster – um irgendwelche Leitungen zu überdecken.

»Du sollst nicht dran rumschnüffeln, Idiot, du sollst sie anziehen und dann aufstehen!« sagte Walton.

Archer rappelte sich auf und steckte dann die Füße in die Metallstiefel. Sofort schlossen sie sich eng um seine Füße, und die Verschlüsse schnappten um seine Knöchel zu.

»Sie sind zu eng«, krächzte Archer.

»Ist eine Schlinge um den Hals auch. Also halt die Klappe.«

Archer hob einen Fuß und hatte das Gefühl, als bewegte er sich unter der Schwerkraft des Jupiter.

»Diese Schuhe sind eure ganz speziellen Fesseln«,

sagte Walton. »Damit können wir in jeder Minute, jeder Sekunde des Tages feststellen, wo ihr euch gerade befindet. Beweg dich einmal da, wo du nicht hingehörst, und sie nageln dich an den Boden.« Dann sprach Walton in das Sprechgerät an seinem Handgelenk: »Nr. 2246 festsetzen!«

An seinen Füßen fühlte Archer einen milden elektrischen Stromfluß und merkte, daß die Schuhe plötzlich am Boden zu kleben schienen.

Walton zog einen langen, orangefarbenen Stab, der wie ein Rapier an seiner Seite hing, aus dem Holster. Dann stieß er mit dem stumpfen Ende in Archers Schenkel. Archer versuchte, zurückzuweichen, doch seine Schuhe bewegten sich nicht. Er schrie auf und fiel, als ein heftiger Elektroschock durch seinen Körper fuhr.

»Steh auf!« schrie Walton ihn an und berührte Archer ein zweites Mal mit dem Stock, diesmal an der Brust. Archer zuckte zusammen und versuchte krampfhaft, sich aufzurichten, obwohl er das Gefühl hatte, keine Luft mehr zu bekommen.

Eine zweite Wache, ein Philipino, betrat den Raum und begann, mit einer großen, batteriebetriebenen Schere Archer die Kleider vom Leib zu schneiden.

Inzwischen setzte Walton seine »Lektion« fort. »Du bist jetzt ein Insasse von Erewhon!« schrie er. »Ein Bürger im Niemandsland. Die ganzen Spinner, die ständig von Menschenrechten faseln, die Genfer Konvention – wir pfeifen drauf. Wenn ich sage, dein Arsch gehört mir, dann ist das auch so. Bück dich!«

Archer, der inzwischen nackt war, beobachtete entsetzt, wie Walton den Elektroschocker schwang. Er beugte sich vor – auf alles gefaßt. »Berühr deine Zehen!« befahl Walton, und als Archer hörte, wie der andere sich einen Gummihandschuh überzog, wappnete er sich gegen die Untersuchung. Einatmen, ausatmen, befahl er sich selbst, während Walton sich reichlich Mühe gab, dies alles noch unangenehmer zu machen, als es eh schon war.

»2246 an Sicherheit«, brüllte Walton in sein Sprechgerät, und einen Augenblick später spürte Archer, wie sich die magnetische Fessel seiner Schuhe löste. Er konnte sich wieder von der Stelle bewegen. Der Philipino warf ihm einen einteiligen Anzug zu, der breite schwarz-weiße Streifen hatte, wie die Sträflingskleidung früherer Zeiten. Die Tür des kleinen Raums sprang auf, und Archer wurde einen fensterlosen Flur entlanggeschubst.

Wände und Böden bestanden alle aus demselben grauen Stahl. Die Leuchtröhren an der Decke verbreiteten ein kaltes, hartes Licht, das in den Augen schmerzte. Sie gelangten zu einem Kontrollpunkt, von dem aus Archer einen Blick durch die Glasfront der Überwachungszentrale erhaschte, einem großen, runden Raum, in dem die orangegekleideten Wächter in bequemen Sesseln saßen und über Monitore jeden Winkel des Gefängnisses im Blick hatten. Die weißen Kreise mit den schwarzen Nummern in der Mitte stellten offensichtlich die Gefangenen dar. Da im Moment die weißen Kreise wie eine lange Kette wirkten, vermutete Archer, daß die Gefangenen gerade eine ihrer Mahlzeiten erhielten.

Walton packte Archers Hand und drückte dessen Daumen gegen eine elektronische Platte. Ein Computerbild Troys erschien neben dem Daumenabdruck und bestätigte die positive Identifizierung. »2246 zum Gemeinschaftsraum«, sagte Walton ins Sprechgerät. Als er sich dann Archer zuwandte, verzogen seine dünnen Lippen sich zur Nachahmung eines Lächelns. »Ich habe fünfzig Bucks darauf gewettet, daß du das Essen nicht lebend überstehst. Also entäusch mich nicht, Castor!«

Eine Tür sprang auf, und Archer wurde in einen Korridor gestoßen, der links und rechts von niedrigen, engen Zellen gesäumt war. In jeder befand sich eine Toilette aus Metall, die direkt aus der Wand ragte und, wie Archer später erfuhr, nur einmal am Tag, morgens, automatisch gespült wurde. Daneben gab es nur noch ein einziges Möbelstück, ebenfalls aus Stahl, ebenfalls aus der Wand ragend, etwas, das beim ersten Hinsehen ein Tisch zu sein schien, sich dann jedoch als Bett entpuppte. Archer sah seine eigene Zellennummer: 2246.

Er kam an einem weiteren orangegekleideten Wächter vorbei, der mit seinem Elektroschocker den Flur entlang auf den Raum zeigte, wo das Mittagessen, die einzige Mahlzeit des Tages, serviert wurde.

Archer wurde bis zum Ende der Warteschlange geschubst. Er nahm sich ein Tablett, dann bekam er zwei Teller. Einer war voller grauer Würfel, die weich, lauwarm und salzig waren. Der zweite Teller war kleiner und enthielt einige harte Würfel, die irgendwie süß schmeckten.

»Was ist das denn?« fragte Archer den Mann, der die Teller austeilte. Er war fett und trug eine Augenklappe. Auf seiner Wange prangte eine Tätowierung – ein Adler, der in seinen Klauen ein Hakenkreuz hielt.

»Hummer Thermidor, Süßer«, antwortete der Mann.

Archer sah ihn böse an. »Und wo bleibt das Besteck? Die Servietten?«

»Besteck?« Der Mann fing an zu lachen. »Servietten?« Immer noch lachend wandte er sich ab und teilte an den Nächsten das Essen aus.

Archer bekam nun einen Metallbecher, der mit Wasser gefüllt war. Der Rand des Bechers war breit und abgerundet, denn nichts in Erewhon hatte scharfe Kanten, es gab nichts, woraus die Häftlinge einen Splitter hätten brechen können.

Als Archer sich dem eigentlichen Speisesaal zuwandte, verstummten sämtliche Gespräche auf einen Schlag. Alle Augen richteten sich auf ihn. Der einzige Laut, den Archer hörte, war das Klappern seiner Stiefel auf dem Metallboden und das beständige Summen des Magnetfeldes.

Archer war sich überdeutlich bewußt, daß alle ihn anstarrten, und es dauerte nur einen winzigen Moment, bis er sich wirklich in Castor Troy verwandelte. Obwohl es in den schweren Metallschuhen nicht ganz einfach war, stolzierte er auf die gleiche provozierende Weise wie Castor in den Raum; stirnrunzelnd blickte er sich um und hielt nach Pollux Ausschau. Als er ihn nirgendwo erblickte, suchte er sich einen Platz und setzte sich auf eine der harten Metallscheiben, die auf einem Stahlrohr ruhten, das am Tisch befestigt war.

Archer sah, daß die anderen Gefangenen mit den Fingern aßen und machte es ihnen nach. Das graue Zeug war wahrscheinlich Tofu und schmeckte nach nichts, erzeugte jedoch einen leicht bitteren Nachgeschmack; wahrscheinlich, weil ihm eine Beruhigungsdroge beigefügt war.

Ein riesiger Mann mit einem struppigen Bart und fast grünen Zähnen warf Archer mordlüsterne Blicke zu, doch der tat so, als würde er ihn ignorieren. Wer mochte er sein, und was mochte Castor Troy ihm angetan haben?

Ein spitzbärtiger Mann mit roten Flecken auf der Stirn wandte sich Archer zu. Diese Flecken erinnerten an eine Karte von Neuseeland, und er sprach mit einem rauhen franko-kanadischen Akzent. Archer war froh, daß er nun seine Aufmerksamkeit auf jemand anderen lenken konnte.

»*Zut alors!* Castor Troy! Kannst du dich noch an mich erinnern?« fragte Neuseeland. Der Spitzbart war Archer nicht vertraut, aber an das Gesicht erinnerte er sich, und es fiel ihm ein, wer der Mann war.

»Fabrice Voisine – kein Zweifel. Ich . . .« Gerade noch rechtzeitig konnte Archer das unterdrücken, was er eigentlich hatte sagen wollen. ». . . ich glaube, dich hat auch dieser Sean Archer geschnappt, nachdem du fünf Abgeordnete des kanadischen Parlaments vergiftet hattest. Im Caesar's Palace in Atlantic City, stimmt's?«

»Dieser englischsprechende Abschaum hätte niemals gegen Quebec stimmen sollen. Wir hatten gehört, sie hätten dich umgelegt.«

Archer bemerkte, daß die anderen Häftlinge auf jedes Wort lauschten. »Sehe ich vielleicht aus wie eine Leiche, du kanadisches Arschloch?«

Fabrice war aus der Fassung gebracht. Er wollte keine Feinde hier in Erewhon, und schon gar nicht Castor Troy, denn er war der festen Überzeugung, daß Castor schon bald sämtliche Schiebereien, so selten sie auch möglich waren, fest unter Kontrolle haben würde.

»Nein, du siehst phantastisch aus, Castor. Wirklich. Hier – ich hab' da was für dich.« Er zog aus seinem Anzug eine seltene Kostbarkeit, ein Babynahrungsfläschchen voller Schnaps. Archer vermutete, daß er sie von einem der Wächter als Gegenleistung für Sex bekommen hatte.

»Mescal, Castor. Ist sogar der Wurm drin.«

Archer betrachtete den grünen Wurm in der Flüssigkeit, die ihn von der Farbe her an Urin erinnerte. Sein Magen zog sich jetzt schon zusammen, aber er wußte, daß alle darauf warteten, daß er das eklige Zeug trank.

Er leerte die Flasche in einem Zug, erwischte auch den Wurm und kaute darauf herum. »Volltreffer!« meinte er und streckte die Zunge heraus, auf deren Spitze die Reste des Wurms lagen. Fabrice und die anderen lachten, während Archer seinem Drang, sich zu übergeben, zu unterdrücken versuchte.

So war es fast schon eine willkommene Ablenkung, als der Kerl mit den grünen Zähnen Archer plötzlich ansprang und begann, mit den Fäusten auf ihn einzutrommeln. Archer zog einen Arm hoch, um sein Gesicht zu schützen, und sie fielen beide auf den Tisch, achteten nicht darauf, daß etliche Teller mit den grauen Würfeln herunterflogen.

Während der Kerl noch versuchte, Archer den Kopf vom Hals abzuschrauben, gelang es Archer, ein Knie hochzureißen und es dem Typ zwischen die Beine zu rammen. Ein Wärter, der keine besondere Eile zu haben schien, den Kampf zu unterbrechen, aktivierte schließlich sein Sprechgerät. »Zentrale«, meldete er, »im Gemeinschaftsraum gibt es ein kleines Ärgernis. Aktives Magnetfeld, bitte!«

Walton hörte ihn und grinste dreckig. »Einen Moment noch«, meinte er glücklich und machte sich auf den Weg zur Kampfstätte.

Während der Raufbold aufwinselte und sich mit einer Hand die Hoden hielt, holte er mit der anderen machtvoll aus und schleuderte Archer quer durch den Raum. Archer rappelte sich auf und sah, daß die anderen Gefangenen ihn gleichgültig anstarrten. Bis jetzt hatte er sie nicht beeindruckt.

Ein Mann gab sich besonders wenig Mühe, seine Verachtung zu verbergen, und als Archer noch einmal hinschaute, erkannte er Pollux Troy.

Der Kerl mit den grünen Zähnen stürzte sich erneut auf ihn, ragte wie ein wütender Bär über ihm auf, doch plötzlich erkannte Archer, daß sein eigener Vorteil in seiner Beweglichkeit lag. Als der Kerl einen Satz machte, sprang Archer blitzschnell beiseite, und bevor er sein Gleichgewicht wiederfinden konnte, warf Archer sich mit seinem ganzen Körper gegen ihn und benutzte seine Schulter, um den Kerl mit dem Kopf gegen die Wand zu stoßen.

Er spürte, wie die Stimmung der Männer sich zu seinen Gunsten veränderte. Grünzahn knurrte und wandte sich wieder seinem Gegner zu, der höhnisch feixte und tänzelte. Grünzahns Faust schoß vor wie ein Rammbock, doch Archer hatte damit gerechnet. Er wich dem Schlag aus, packte den Kerl am Arm und brachte dessen sämtliche dreihundertfünfzig Pfund aus dem Gleichgewicht. Wieder waren die Geschlechtsteile des Riesen völlig ungeschützt, und Archer trat mit aller Kraft zu.

»Niemals ... ins ... Gesicht ... schlagen«, sagte Archer und betonte jedes einzelne Wort mit einem weiteren stählernen Tritt in die Hoden.

Grünzahn krümmte sich schmerzerfüllt zusammen. Da Archer die Füße in den schweren Metallschuhen wehtaten, holte er mit der Faust zu einem vernichtenden Schlag aus und traf Kinn und Nase des Riesen. Der Schlag ließ den Kerl taumeln und schickte ihn zu Boden. Blut floß aus seiner zerschmetterten Nase. Archer genoß seinen Triumph, während sein Gegner ihn haßerfüllt anblickte. Um der Ehre willen rappelte sich der Riese noch einmal auf.

Red Walton, der bis dahin nur den unbeteiligten Zuschauer gespielt hatte, fand es nicht länger amüsant. »Setzt sie fest«, befahl er kühl.

Archer spürte wieder diesen milden Schock, und schon konnte er seine Füße nicht mehr bewegen. Der Riese ruderte hilflos mit den Armen. Blut floß aus seiner Nase und tropfte auf den schwarz-weiß gestreiften Anzug.

Archer stöhnte auf, als ein grauenhafter Schmerz seinen Körper durchlief. Walton hatte ihn mit dem Schocker am Rückgrat berührt. Er wurde nach hinten geschleudert, als Walton ihm mit der Faust in den Magen schlug.

»Warum ich?« flüsterte Archer. »Er hat angefangen!«

Walton antwortete darauf, indem er Archer noch einmal schlug, noch härter und gegen das Kinn. Archer brach zusammen, aber seine Füße waren am Boden festgenagelt, und durch seine Knöchel schoß ein scharfer Schmerz.

»Wenn ich hier rauskomme...« stieß Archer hervor.

»Was ist, wenn du hier rauskommst?«

»Dann sorge ich dafür, daß du gefeuert wirst!«

Walton sagte nichts darauf, schaute Archer nur neugierig an, dann begann er zu lachen. Ein Lachen, das die anderen ansteckte, zuerst die Wachen erfaßte, dann auch die Gefangenen.

Archer blickte sich um, betrachtete die lachenden Männer, die er durch diesen Kampf für sich eingenommen hatte. Von denen würde ihm jetzt wohl keiner mehr Ärger machen.

Auch Walton wußte, daß es keinen weiteren Ärger geben würde, und so richtete er seine geballte Feindseligkeit gegen den Riesen.

»Das waren mehr als drei Schläge«, fuhr er den Mann an, »deshalb darfst du von jetzt ab Höhenluft genießen, Dubov!«

Dem Gefangenen traten vor Entsetzen fast die Augen aus dem Gesicht, und Archer fragte sich, was Walton mit »Höhenluft« meinte. Mehrere Wärter bewegten sich auf den schreienden Dubov zu, die Schocker ausgestreckt in der Hand. Und dann war der Riese plötzlich verstummt, weil die Schocker auf Betäubung gestellt waren. Die Wärter packten den Riesen an Armen und Beinen und schleiften die reglose Gestalt fort.

Walton jedoch wandte sich noch einmal den anderen Gefangenen zu. »Die Herren möchten sich jetzt bitte in ihre Suiten begeben«, schrie er. »Sonst könnt ihr morgen euer Mittagessen vergessen!«

Die Gefangenen stöhnten auf, einige schüttelten den Kopf. Archer war bemüht, sich wieder aufzurichten, und Walton gönnte ihm noch eine letzte Bemerkung.

»Hab' extra die Flitterwochen-Suite für dich reserviert, Castor. Champagner eisgekühlt, herzförmiges Bett, Jacuzzi im Badezimmer.«

Archer machte ein mürrisches Gesicht, als er sich in die Reihe der Gefangenen einordnete. Pollux verlangsamte seine Schritte, damit sie miteinander reden konnten.

»Hallo, Bruderherz«, sagte Archer und mußte sich zusammenreißen, seine Abscheu nicht zu zeigen.

Pollux starrte ihn an, als wollte er ihm bis auf den Grund seiner Seele blicken.

»Bruderherz?« stieß er verächtlich hervor. »*Bruderherz*? O nein, du bist nicht mein Bruder!«

## 7.

Archer hielt unwillkürlich den Atem an, doch dann grinste Pollux. »Der Bruder, den ich kenne, hätte sich niemals von Archer, diesem verdammten Schnüffler, schnappen lassen!« Er sah Archer an. »Hoffentlich haben sie wenigstens nichts über die verdammte Bombe aus dir rausgekriegt!«

Archer stieß langsam, ganz langsam den Atem aus. »Nein, sie haben sie noch nicht gefunden«, sagte er. »Hör zu, Pollux...« Und obwohl es ihm widerwärtig war, legte er einen Arm um Pollux' Schulter.

Walton starrte sie böse an, drohte ihnen mit seinem Schocker, und beide hielten es für klüger, erst mal nicht mehr miteinander zu reden.

Archer kletterte über eine Leiter hoch zu seiner stählernen Zelle. Als alle Gefangenen in ihren Zellen waren, schlossen sich gleichzeitig alle fünfhundert Türen. Einem älteren Gefangenen mit einem langen weißen Bart war es nicht gelungen, rechtzeitig seine Zelle zu erreichen, die ganz oben lag, und sein ängstliches »Nein, nein!« hallte von den Wänden wider, als er von den Wärtern weggeschleppt wurde, um seine Strafe zu empfangen, welcher Art auch immer sie sein mochte.

Die Zelle war nicht hoch genug, um darin stehen zu können. In Erewhon gab es kein Radio und kein Fernsehen, keine Bücherei, keine Wäscherei oder irgendeine Werkstatt. Archer vermutete, daß das Gefängnis irgendwo tief unter der Erde lag, denn er konnte sich schwach daran erinnern, daß er einen unangenehmen Druck auf den Ohren verspürt hatte, genau wie in dem Expreßaufzug, der ihn hinunter nach Tartarus gebracht hatte. Er schwor sich im stillen, nie mehr in seinem Leben zu vergessen, welch ein Luxus ein mit Laken bezogenes normales Bett sein konnte.

»Castor«, sagte eine Stimme in der Zelle neben ihm. »Ich hab' hier was für dich!« Eine zitternde Hand reichte ihm vorn durch die Gitterstäbe ein Babynahrungsgläschen voller Scotch.

Das war nicht das einzige Geschenk, das Archer bekam. Ihm folgten andere Gläschen mit Bourbon und Gin, einige kostbare Zigaretten und ein paar der harten weißen Nahrungswürfel, die hier drin als Währung galten. Seine Mitgefangenen gingen davon aus, daß Castor Troy der neue Herrscher von Erewhon sein würde, und sie alle waren bemüht, sich bei ihm einzuschmeicheln.

Castor tauchte langsam aus der Dunkelheit auf. Es begann mit Schmerzen, stechenden, bohrenden, unerträglichen Schmerzen überall in seinem Gesicht. Irgend etwas Weiches, Matschiges lag darauf, und irgendwie hatte Castor das Gefühl, daß sein Gesicht sich leichter anfühlte. Seine Augen waren weit offen, und als er den Blick schweifen ließ, bemerkte er einige Monitore, auf denen ständig Daten erschienen. Etwas Feuchtes floß über seine Augäpfel, die wie verrückt juckten. Castor versuchte zu zwinkern – und konnte es nicht.

Warum konnte er nicht zwinkern? War er vielleicht gelähmt? Nein, er konnte seine Finger bewegen und ballte die Hand zur Faust. Er hob die Hand, um sich die Augen zu reiben und schob dabei die Maske herunter. Er befühlte seine Augen – und stellte fest, daß er keine Wimpern mehr hatte. Tastend glitten seine Hände über sein Gesicht – da war auch keine Nase, kein Mund, da waren keine Ohren. Alles, was er fühlen konnte, waren freiliegende Muskeln und Knochen.

Ohne nachzudenken, sprang er aus dem Bett und riß sich sämtliche Schläuche ab, die ihn mit den Maschinen verbanden. Schwäche überwältigte ihn, und er rutschte auf den Boden, stöhnte vor Schmerzen auf. Doch dann kämpfte er sich schließlich wieder hoch und tastete sich an der Wand entlang auf der Suche nach einem Lichtschalter.

Glühbirnen flammten auf, und Castor stolperte in einen Waschraum, in dem über einem Becken ein Spiegel hing. Langsam wankte er auf den Spiegel zu, er sah hinein – und er schrie und schrie voller Entsetzen, als er sein Bild darin erkannte.

Eine Fratze starrte ihn an, ein Gesicht ohne Haut mit einem weitaufgerissenen, lippenlosen Mund und bloßliegenden Muskeln. Ein Gesicht wie ein Schaubild aus einem medizinischen Lehrbuch.

Er konnte nicht mehr atmen. Es würgte ihn, und er hätte sich übergeben, wenn er etwas im Magen gehabt hätte. Er zitterte unkontrolliert.

Als er sich endlich wieder etwas beruhigt hatte, schaute er sich in dem Raum um, in dem er aufgewacht war. Auf einem Schreibtisch standen mehrere Familienfotos, von denen eines einen Mann mittleren Alters zeigte, dessen Haar zu einem Zopf gebunden war und der leidenschaftlich eine Frau küßte, irgendwo an einem schneeweißen Strand in Südostasien.

Vorsichtig begann Castor, seinen Kopf mit Verbänden zu umwickeln. Er mußte raus hier, so schnell wie möglich. Es dauerte nicht lange, bis er den Aufzug gefunden hatte, und einen Moment später stand er in der dunklen Scheune. Als er nach draußen trat, sah er, daß er sich auf einer Ranch nahe am Meer befand. Der Himmel war klar, samtblau und mit funkelnden Sternen gesprenkelt. Es war eine herrliche Nacht, eine Nacht, die Vincent van Gogh zum Malen inspiriert haben würde, dachte Castor. Oder dazu, sich ein Ohr abzuschneiden.

Castor hörte Grillen zirpen, hörte die Geräusche des Viehs im Stall. Und er hörte noch etwas anderes. Lachen. Wortfetzen eines Gesprächs. Er versteckte sich hinter einer Eiche und spähte durch das Fenster in die Küche des Ranchhauses. Dort saß der Mann von dem Foto, der mit dem silbernen Zopf; er und seine Frau trugen Hausmäntel, tranken Milch und aßen einen Kuchen.

Castors Blick glitt hinüber zum Briefkasten, zu dem Namen, der dort vermerkt war. Walsh, und dies hier war Ramsey Canyon Drive 1216. Sicher würden Lunt und Lars keine Schwierigkeit haben, diese Adresse auf dem Stadtplan zu finden. Er brauchte sie nur anzurufen. Castor blickte zum Pacific Coast Highway hinüber und sah, daß nicht weit entfernt eine Tankstelle geöffnet war. Daneben befand sich eine Telefonzelle.

Um Zigaretten zu bekommen, versuchte Castor es beim Tankwart mit der Mitleidstour, als das nicht klappte, wickelte er den Verband ab. Der Mann begann zu schreien, bückte sich hastig und schob Castor dann eine Stange Zigaretten und etwas Wechselgeld zu. »Hauptsache, Sie verschwinden!« rief er, und Castor ließ sich nicht lange bitten.

Lars und Lunt wollten zuerst nicht glauben, daß er es wirklich war – schließlich gingen sie wie alle anderen davon aus, daß er tot war. Und auch seine Stimme konnte sie nicht überzeugen, denn sie klang verzerrt –

ohne Lippen konnte er nicht richtig artikulieren. Sie glaubten ihm nicht ein einziges Wort, doch dieser merkwürdige Anruf hatte sie neugierig gemacht. Nicht zuletzt, weil dieser Mann, der behauptete, Castro Troy zu sein, sie fast anflehte. »Ich brauche euch, Jungs«, bettelte er. »Das ist etwas, was ich nicht allein erledigen kann.«

Eine Stunde später wurden die Walshs, die inzwischen ins Bett gegangen warne, plötzlich von quietschenden Reifen geweckt. Sekunden später hörten sie, wie die Haustür eingeschlagen wurde. Es hörte sich wie eine kleine Armee an, als die beiden Schweden die Treppe hinaufstürmten und die Schlafzimmertür eintraten.

Selena Walsh knipste die Nachttischlampe an und begann zu zittern, als sie sah, daß die Eindringlinge sie und ihren Mann mit automatischen Waffen bedrohten. Malcolm Walsh setzte erst einmal seine Brille auf.

»Wer sind Sie? Was wollen Sie hier?« fragte er.

Castor drängte sich zwischen den stämmigen Zwillingen durch. »Ich will mein Gesicht wiederhaben«, sagte er. Er hielt eine Zigarette zwischen den Zähnen, und es wirkte eher absurd als schrecklich, als der Rauch durch die Öffnung kam, wo seine Nase gewesen war.

Doch Selena begann zu schreien, als sie sein Gesicht sah – es waren die ersten von vielen weiteren Schreien in dieser Nacht.

Hm, dachte Castor. Vielleicht sollte ich es wie dieser Maler machen und mit ihrem Ohr anfangen.

Und schon hielt Castor ein Skalpell an Selenas Ohr, doch er konnte sich weitere Drohungen ersparen, denn Walsh versprach bereitwillig, ihn zu operieren. Als erstes gab er den Schweden Zugang zum Computer, auf dem er den Verlauf von Archers Operation aufgezeichnet hatte.

Sie riefen Castor zu sich herüber, dem es die Sprache verschlug bei dem, was er hier zu sehen bekam.

Den Gefangenen war jeden Tag eine Dreiviertelstunde zur körperlichen Ertüchtigung gestattet, doch die meisten nutzten die Zeit, um die eine Zigarette zu rauchen, die ihnen pro Tag zugeteilt wurde und die mit dem gleichen Beruhigungsmittel versetzt war wie das Essen. Der »Hof« war jedoch kein Hof, sondern ein weiterer großer Raum aus dem allgegenwärtigen bläulichen Stahl. Durch ein Oberlicht drang künstliches Licht herein, und an zwei gegenüberliegenden Wänden waren Basketballkörbe eingelassen. An einer dritten Wand befand sich auf einem überdimensionalen Videoschirm ein Bild des Ontario-Sees, dessen Wellen sanft gegen das pinienumsäumte Ufer rollten.

Jedes der beiden Teams wollte »Castor Troy« für sich gewinnen, denn Gerüchte über seine Fähigkeiten hatten bereits die Runde gemacht. Doch kaum hatte das Spiel begonnen, wurde er bereits von den Zuschauern mit Schmährufen bedacht. Als er den Ball zum zweiten Mal bekam, versuchte er einen Wurf von der Mittellinie aus. Doch der Ball wurde ohne Mühe von einem Gegner abgefangen und wanderte in Sekundenschnelle in den Korb von Archers Mannschaft. Seine Mitspieler, die immer noch von der Art und Weise beeindruckt waren, wie er Dubov fertiggemacht hatte, zögerten, ihn aus der Mannschaft zu werfen. Doch Archer gab freiwillig auf und gesellte sich zu Pollux, der auf einer der wenigen Metallbänke saß, die aus der Wand ragten.

»Ich kann dieses Bild nicht mehr sehen«, beschwerte sich Pollux. »Es kotzt einen an. Man könnte fast meinen, sie wollen uns zu einem Aufstand provozieren.« Pollux schaute sich in dem kahlen Raum um. »Ich würd' zu gern wissen, wo wir hier sind.«

Archer zuckte mit den Schultern, und Pollux reichte ihm seine angerauchte Zigarette. Himmel hilf! Doch er wußte, daß ihm nichts anderes übrigblieb, und als er einen vorsichtigen Zug machte, merkte er, daß Pollux ihn nachdenklich betrachtete. Archer behielt den Rauch so lange wie möglich im Mund, traute sich nicht, ihn in die Lunge zu ziehen, und als er es endlich doch tat, begann er prompt zu husten.

Pollux, der sonst ständig zuckte und sich bewegte, wurde plötzlich ganz still. Seine Augen verengten sich zu Schlitzen, und leise sagte er: »Ich habe dich beobachtet.«

Archer merkte, wie er sich anspannte, doch scheinbar ungerührt erwiderte er Pollux' Blick. »Ach ja?«

Pollux erinnerte nun wieder an einen schwirrenden Kolibri, und sein Tonfall nahm eine irritierende Melodie an. »Du kannst nicht mehr richtig Basketball spielen. Früher bist du wie ein Gockel herumstolziert, jetzt hast du keinen Schwung mehr. Du bewegst deinen Hintern wie ein katholisches Schulmädchen.« Pollux' Blick fiel auf Archers Hand. »Und warum kratzt du dich ständig da an dem Finger?«

Pollux war aufgefallen, daß Archer sich ständig an dem Finger rieb, an dem sonst sein Ehering gesessen hatte. Nun blickte auch Archer auf seinen Ringfinger und stellte erleichtert fest, daß Walsh den schmalen weißen Streifen der Farbe der restlichen Hand angepaßt hatte.

Er zuckte mit den Schultern und kratzte sich absichtlich noch ein letztes Mal an der Stelle, als wäre er nun endlich das lästige Jucken losgeworden. Pollux' Augen schienen nicht stillstehen zu können, als er sich zurücklehnte und die nächsten Worte wie ein Zischen hervorstieß:

»Irgendwie habe ich Zweifel daran, daß du du selbst bist!«

Archer hielt ganz still, als Pollux eine Hand ausstreckte und sein Gesicht berührte. Er zog das rechte untere Lid herunter, als wäre er ein Tierarzt und Archer ein kranker Basset.

Archer legte eine Hand um Pollux' Gesicht und schob ihn so heftig fort, daß er von der Bank fiel und auf dem Boden landete. Pollux sprang sofort wieder auf, und als er in Kampfstellung ging, machte er sein häßlichstes Gesicht. Herausfordernd schaute er seinen »Bruder« an, ob der es noch einmal wagen würde, ihn zu schubsen.

Archer überlegte, wie Castor wohl darauf reagiert hätte, dann begann er zu lachen. Pollux entspannte sich leicht, als er ein Kichern hörte, das sich schließlich zu schallendem Gelächter steigerte. Archer legte einen Arm um Pollux, der zusammenzuckte, dann aber nachgab.

»Du bist genauso paranoid wie immer«, brachte Archer, von Lachen unterbrochen, hervor. »Mann, du solltest mal endlich wieder deine Medikamente nehmen!«

»Und welche Medikamente genau habe ich immer bekommen, großer Bruder?«

Archer zuckte mit den Schultern – Himmel, das war doch kinderleicht! »Vivex. Placanol. Depren-B. Speziell zusammengestellte Beruhigungsmittel, damit du nicht immer zwischen den Extremen schwankst.« Er sah, daß die Zigarette noch nicht ganz aufgeraucht war, und so setzte er sie an die Lippen, nahm einen tiefen Lungenzug. Er hielt den Atem für einen Moment an und tat so, als würde er das Gift genießen, dann blies er Pollux den Rauch genau ins Gesicht.

»Pollux, ich habe im Koma gelegen! Meine Reflexe,

meine Wahrnehmungen, meine Erinnerungen – das alles ist ein verfluchtes Durcheinander. Ich kann dir noch nicht einmal sagen, warum Dubov gestern über mich hergefallen ist.« Archer entspannte sich, als er bemerkte, daß Pollux' Mißtrauen nachgelassen hatte.

»Wie konntest du *das* nur vergessen?« kreischte Pollux. »Du hast seine Alte noch am selben Tag geschwängert, als er in den Knast kam!«

»Das habe ich?«

»Ja!«

»War sie heiß?«

»Nicht mehr ganz so, als du sie an mich weitergereicht hast!«

»Mann, ich habe wirklich viel vergessen! Um so mehr brauche ich dich, um die Lücken zu füllen.«

Archer konnte spüren, wie Pollux wieder mißtrauisch wurde. Er rutschte näher an ihn heran und flüsterte ihm zu: »Schau dich um, Bruderherz! Weißt du, wie viele von den Freaks hier wir ganz schön über den Tisch gezogen haben? Kannst du dir vorstellen, was mit mir passiert, wenn sie spitzkriegen, daß ich mein Gedächtnis verloren habe? Und mit dir?«

Pollux betrachtete nachdenklich ihre Mitgefangenen. Sie alle beobachteten mehr oder weniger verstohlen die Troy-Brüder, sahen sie an wie hungrige Haie. Pollux sah zu den Sudnick-Cousins hinüber, die sie offen anstarrten. Die Cousins hatten den Troys blutige Rache geschworen, seit diese damals eine Schiffsladung Waffen, die für die Tschetschenen bestimmt waren, abgefangen und an die Russen verkauft hatten.

Rechts von ihnen saßen Annunzio Suarez und seine Leutnants, die sie nicht aus den Augen ließen und begierig darauf warteten, sich dafür zu rächen, daß die Troys einen ihrer Trucks mit einer Acht-Millionen-Dollar-Ladung entführt hatten. Und da waren noch die

Mitglieder der Chang-Gang, mit denen die Troys Blutsbrüderschaft geschlossen hatten – was sie allerdings nicht daran gehindert hatte, die Changs um illegale Software zu erleichtern.

Pollux' Blicke wanderten zu anderen Feinden weiter, doch da nahm Archer ihn in den Arm. Wie üblich wehrte Pollux sich, doch Archer gab nicht nach.

»Drück mich, Bruderherz! Zeig ihnen, daß wir nichts als Liebe füreinander empfinden!«

Pollux ging also zum nächsten Teil des Rituals über und ließ sich drücken. Als Archer ihn schließlich freigab, öffnete er den Anzug ein Stück, so daß man die Pyramiden von Gizeh auf seiner Brust sehen konnte. »Ich weiß, daß ich mir das hier an meinem zehnten Geburtstag hab' machen lassen, aber ich weiß nicht mehr, warum.«

Archer versuchte, ganz gleichmäßig zu atmen, während er darauf wartete, ob Pollux in die Falle ging oder nicht. Auf Pollux' Stirn erschien eine steile Falte, und er sah Archer an wie eine Kobra vor dem Biß.

»Nun komm schon«, meinte Pollux. »Das war der schlimmste Tag unseres Lebens.« Er sagte dies wieder in diesem merkwürdigen Singsang.

Archer tat so, als müßte er mit seiner Erinnerung kämpfen. Er versuchte, betrübt dreinzuschauen, und so dachte er an Mikey – und hätte sich dafür treten können, daß er die Erinnerung an seinen Sohn so mißbrauchte.

»Ja, natürlich – Dad kam wegen einer Überdosis ins County General«, sagte er.

Pollux begann hektisch mit dem Kopf zu wackeln. »Ja, und er hat gezuckt und sich die Seele aus dem Leib gekotzt – und diese Bastarde haben noch nicht mal versucht, seinen verdammten Hintern zu retten. Du hast Mund-zu-Mund-Beatmung bei ihm probiert.

Mann, selbst damals hattest du schon eine Menge drauf!«

Archer bemühte sich, seine Irritation zu verbergen – dieser unerwartete Zug an Castor Troy erstaunte ihn.

Pollux' Augen schimmerten plötzlich feucht, und er sagte: »Weißt du noch, was du mir damals beim Begräbnis geschworen hast?«

»Hm ... daß ich die Ärzte umbringen würde?« riet Archer.

»Danach«, meinte Pollux und wirkte auf einmal wie ein kleines Kind. Er hatte die Hände ineinander verkrampft, und auf seinem Gesicht lag ein ganz eigenartiger Ausdruck. Dann blickte er zur Seite und ließ einen Finger über Archers Schulter wandern. »Du hast versprochen ... daß du dich immer um mich kümmern würdest.«

Archer spürte, wie ihm schlecht wurde. Von allen schlimmen Dingen, die er in der letzten Woche erlebt hatte, widerte diese Szene ihn am meisten an. Und dies würde der Prüfstein sein, ob es ihm gelingen würde, selbst die heftigste Übelkeit zu beherrschen.

Er räusperte sich. »Und ich habe dieses Versprechen gehalten«, antwortete er, und irgendwie gelang es ihm, Pollux in die Augen zu schauen.

»Das einzige, das du niemals gebrochen hast.«

Pollux starrte ihn aus großen, glänzenden Augen an, und die Zuneigung, die aus diesem Blick sprach, schien »Castor« wie eine Decke einzuhüllen.

Archers Lächeln verblaßte – auch seine Beherrschung hatte Grenzen. Und er rettete sich, indem er zu dem Thema zurückkehrte, das ihn am meisten interessierte.

»Scheiß auf die Vergangenheit«, stieß er hervor. »Wir müssen in die Zukunft blicken.« Er zog die Gläschen mit dem Alkohol aus seinem Anzug und schob Pollux das mit dem Scotch zu. »Wir können uns immer noch auf Samstag freuen«, meinte er mit einem Grinsen.

»Na ja«, erwiderte Pollux und kippte den Whiskey hinunter. Archer schob ihm eine neue Zigarette zu und sah, daß Pollux nachdenklich wurde. »Zehn Millionen Bucks!« Pollux seufzte. »Und die dürfen die Scheißkerle vom Cali-Drogenkartell jetzt behalten.«

Das Cali-Drogenkartell? Archer hätte sich in den Hintern beißen können. Niemand beim FBI hatte auch nur den geringsten Hinweis darauf erhalten. Er benutzte seinen Ärger darüber, um seinen nächsten Worten den richtigen Tonfall zu verleihen.

»Aber das ist ja noch nicht das schlimmste, Pollux.«

Pollux' Augen wurden schmal. »Und was könnte noch schlimmer sein, als zehn Millionen Dollar zu verlieren?«

Archer grinste. »Daß wir hier in diesem Scheißloch feststecken, wenn die Bombe hochgeht. Was du da zustandegebracht hast, ist wirklich ein Kunstwerk. Eins, das eigentlich in ein Museum gehört.« Es gelang ihm, Pollux so anzuschauen, als wäre *dieser* ein Kunstwerk.

Pollux strahlte und sog tief den Rauch seiner Zigarette ein. »Ja«, meinte er. »Aber so müssen wir uns eben mit dem L. A. Convention Center zufriedengeben.«

Archer nickte. Dann lächelte er. »Danke, Pollux!«

Pollux schaute ihn verblüfft an. »Wieso ›danke‹?« fragte er. Er wußte nicht, was er davon halten sollte, denn als er Archer anschaute, fühlte er, daß sich hinter dessen Stirn ein Geheimnis verbarg – ein Geheimnis, wo keines sein sollte.

Archer wußte, daß er einen Fehler begangen hatte, aber es störte ihn nicht. Zu sehr genoß er seinen Triumph. Daß er von irgend etwas begeistert war, war nun ganz offensichtlich, doch Pollux fand dies ausgesprochen alarmierend – und verstand es auch nicht.

Archer fand, daß alles, was er hatte durchmachen müssen, dies wert gewesen war. Seine Gedanken schlugen Purzelbäume. Er überlegte sich, daß er ein Buch schreiben könnte und wieviel es ihm einbringen würde, wenn man die Geschichte an Hollywood verkaufte. Mit dem Geld könnte er Jamie aufs College schikken und Eve mit einer großen Tour durch Europa verwöhnen.

»Ich fürchte, sie haben dir wirklich das Gehirn aus dem Kopf gerissen und verkehrt herum wieder reingesteckt!« sagte Pollux zu seinem »Bruder«. Er sah ihn wachsam an.

Doch Archer war so aufgeregt, da er vergaß darauf zu achten, was Pollux denken mochte. Er nahm das Glas und trank vorsichtig einen kleinen Schluck, wie eine schüchterne alte Lady.

Entsetzt starrte Pollux ihn an, ließ seine Blicke zwischen Archers Gesicht und dem Glas mit dem Alkohol hin und her wandern.

Und endlich riß Archer sich zusammen. Er hatte einen großen Fehler gemacht. Castor Troy nippte nicht an Alkohol – niemals. Er kippte den Rest in einem Zug hinunter, doch es war schon zu spät.

Pollux war unruhig geworden. Heftig kratzte er sich am Hals, an den Ohren, unter den Achseln.

In diesem Augenblick verblaßte das Bild auf dem Bildschirm und wurde durch ein zwei Meter großes Bild von Red Walton ersetzt.

»Ich bitte um Ihre Aufmerksamkeit, meine Herren«, sagte er spöttisch, um gleich ganz kühl zu werden. »Caspar Dubov, Gefangener Nr. 1456, hat die Drei-Schläge-Regel verletzt und wird für den Rest seiner lebenslangen Haft in die Strafsektion überführt.«

Tödliche Stille breitete sich unter den Männern aus, und auch Archer und Pollux schwiegen, während die

Kamera einen Schwenk machte. Sie zeigte nun Walton, wie er neben einem großen, fast ganz aus Glas bestehenden Behälter stand, in dem sich Dubov befand, mit Stahlbändern gefesselt. Dubov hatte sich die Stimme rauh geschrien, während er um Erbarmen flehte, und seine Worte klangen wie die eines Kindes: »Nein, nein! Bitte! Ich will auch nie wieder böse sein!«

Archer war sich nicht sicher, was mit Dubov passieren würde, dennoch wurde er von Mitleid fast überwältigt.

Walton drückte auf einige Schalter und sagte dann in sein Sprechgerät: »Trockenbehälter 125 aktivieren!« Er zwinkerte in die Kamera, bevor diese einen weiteren Schwenk machte und näher an den Behälter heranging.

Etliche Schläuche, an deren Ende sich wie in Büscheln angeordnete, subkutane Nadeln befanden, wurden in Dubovs Körper geschoben. Seine nicht endenwollenden Schreie waren nun, nachdem sich der Glasdeckel auf den Behälter gesenkt hatte, nur noch gedämpft zu vernehmen, doch Archer kam es so vor, als würde er sie nur noch lauter hören, und fast hätte er sich abgewandt.

Eine Maschine begann zu summen, und gelbe Flüssigkeit floß durch die Schläuche an Dubovs Körper in ein Gefäß oberhalb des großen Behälters. Dubovs Schreie brachen ab. Innerhalb von Sekunden war er in einen ausgetrockneten Besenstiel verwandelt worden.

Dann wurde der Behälter langsam nach oben gezogen. Ein hydraulischer Lift schob ihn in eine Halterung unterhalb der Decke. Die Kamera fing das Bild von unten ein, und Dubovs Gesicht wurde kleiner und kleiner. Oben an der Decke sahen die Gefangenen Hunderte solcher Behälter, in denen andere erbarmungswürdige Männer gerade eben noch am Leben gehalten wurden. Dann glitt die Kamera zu Walton zurück.

»Vielen Dank für Ihre Aufmerksamkeit, Gentlemen. Und vergeßt eins nicht: Da oben kann niemand hören, wie ihr schrumpft!«

In seiner engen Zelle machte Archer einige Push-ups. Ihm war langweilig, und er fühlte sich unbehaglich, dennoch war er von der nervösen Zufriedenheit eines Mannes erfüllt, der ein wichtiges, gefährliches Geheimnis erraten hat. Er hatte gerade mit ein paar Sit-ups angefangen, als Walton mit seinem Schocker gegen die Metallstäbe der Zellentür hieb.

»Besuch!« brüllte Walton, und Archer lächelte.

Dieses eine Mal würde ihm Brodies Affengesicht wie der lieblichste Anblick der Welt erscheinen, und es würde ihn auch nicht stören, daß dessen Mantel stets ein wenig nach Mottenkugeln roch. Miller würde sicher auch da sein, und er würde sie küssen, ob es ihr gefiel oder nicht. Himmel, wenn es nötig war, würde er sogar Brodie küssen! Sie würden auf dem Rückweg bei irgendeiner Bar einen Halt machen und sich sinnlos betrinken – nein, trinken würden sie erst, wenn die verdammte Bombe entschärft war.

Walton sprach ein paar Worte in sein Sprechgerät, und Archers Zellentür schwang auf. Diesmal stolzierte er tatsächlich, als er in seinen schweren Metallschuhen den langen Gang hinunter zum Befragungszimmer ging. So zu gehen, war gar nicht so schlecht – vielleicht sollte er das beibehalten, wenn er wieder er selbst war.

Kaum hatte er den Raum betreten, da spürte er, wie seine Schuhe ihn an den Boden fesselten. Archer grinste immer noch, als sich die Sicherheitstür öffnete. Doch aller Triumph wich aus seinem Gesicht, als er in die blauen Augen seines Besuchers blickte.

Archer kam sich plötzlich vor, als hätte man ihn auf den elektrischen Stuhl gesetzt und einen Stromstoß durch ihn gejagt, ihn jedoch nicht damit getötet. Er blickte in sein eigenes Gesicht. Er konnte seinen Blick nicht von diesem so vertrauten Gesicht lösen, und er hoffte inbrünstig, daß dies alles nichts als ein schlechter Traum war, aus dem er jede Minute erwachen würde. Doch er wußte, daß dies kein Traum, sondern grausame Wirklichkeit war.

»Was ist denn los? Gefällt dir mein neues Ich denn überhaupt nicht?« fragte der Besucher mit Archers eigener Stimme.

Während Archer sein früheres Ich anschaute, versuchte er zu verstehen, was passiert war. Er sah das Grinsen, er erkannte das spöttische Zwinkern. Und dann begriff er plötzlich, und Entsetzen erfüllte ihn.

»Castor?« Archers Stimme war nicht mehr als ein rauhes Krächzen.

»Nicht länger«, kam die zufriedene Antwort, und ein häßliches Lächeln verzog die Lippen, die einmal die von Archer gewesen waren.

## 8.

Archers Knie wurden weich, und er wäre gefallen, wenn ihn die Schuhe nicht festgehalten hätten. »Aber das kann doch nicht sein«, flüsterte er. »Das ist einfach unmöglich!«

»Wenn ich mich recht erinnere, dann hat auch Dr. Walsh so etwas wie ›höchst unwahrscheinlich‹ gemurmelt«, spottete Castor. »Wer weiß? Vielleicht hat das traumatische Erlebnis, daß man mir mein Gesicht gestohlen hat, mich ins Leben zurückgerufen. Oder vielleicht hat der Teufel sich höchstpersönlich eingemischt und die Zügel übernommen. Ich hab' hier was für dich – schließlich weiß ich, daß man hier keine Zeitungen bekommt.«

Castor schmiß ein Exemplar der *Los Angeles Times* auf den Boden, und als die Zeitung sich entfaltete, konnte Archer die Schlagzeile lesen. *Zehn Tote im Inferno*. Neben dem Artikel war ein Bild von Malcolm und Selena Walsh eingefügt.

»Schreckliche Tragödie«, meinte Castor mit falschem Bedauern. »Walsh war ein wahres Genie, aber so eigensinnig, wenn es um seine Kunst ging. Ich mußte doch tatsächlich zuerst seine Frau foltern, bevor ich ihn davon überzeugen konnte, diese geniale Operation auch an mir vorzunehmen.«

Archer war todschlecht. »Du hast sie alle umgebracht?«

»Natürlich habe ich sie umgebracht, Idiot. Und auch den allerletzten Beweis verbrannt, der einen Hinweis darauf geben könnte, wer du wirklich bist.« Castor zündete sich eine neue Gitanes an. »Find dich damit ab, Süßer: Du wirst den Rest deines Lebens hier verbringen.«

Archer bekam keine Luft mehr, er spürte, wie sich seine Kehle zusammenzog. Sein Herz klopfte, als wollte es zerspringen. Er hatte Mühe, seine Tränen niederzukämpfen – es wäre der totale Triumph seines ärgsten Feindes gewesen, wenn er vor ihm geweint hätte. »Was wirst du jetzt tun, Castor?« fragte er schließlich.

Castors Augen wurden schmal, und er zeigte mit dem Finger auf Archer. »Laß uns eins klarstellen, Süßer: Ich bin Archer. Du bist Castor.«

»Was wirst du jetzt tun?« schrie Archer. Sein Gesicht war vor Wut dunkelrot angelaufen, doch Castor lachte nur und sog genüßlich an seiner Zigarette.

»Du hast mir eine Freiheit verschafft, wie ich sie seit Jahren nicht mehr gehabt habe, und mir stehen jetzt Möglichkeiten offen, von denen ich niemals auch nur geträumt hätte. Aber so ist Amerika, nicht wahr? Den einen Tag ist man noch ein Nichts, am nächsten schon ein Prinz. Und das alles verdanke ich nur dir!«

Castor warf die qualmende Kippe zwischen Archers Stiefel. »So, und wenn du mich jetzt entschuldigst – ich muß noch einen wichtigen Regierungsjob für meine Zwecke mißbrauchen und eine wunderschöne Ehefrau bumsen. Oh, Entschuldigung – es heißt natürlich: mit ihr Liebe machen! Schönen Tag noch!«

Archer kam sich vor wie eine sprudelnde Ölquelle, die von einem unlöschbaren Feuer verzehrt wurde. Er versuchte vergeblich, sich auf Castor zu stürzen, als dieser zur Tür ging, denn seine Schuhe nagelten ihn fest. »Komm zurück, du mieses Stück Scheiße!« brüllte er.

»Sean, bitte, was ist denn das für eine Ausdrucksweise!« rügte Castor und drückte auf den Knopf, mit dem er Walton herbeirufen konnte. Walton kam hereingestürzt, und als er sah, wie Archer mit den Armen ruderte, stellte er den Schocker auf Betäubung und schickte Archer in eine gnädige Bewußtlosigkeit. Archer brach sofort zusammen, und es gab einen häßlichen Laut, als er mit dem Kinn auf den Boden schlug.

»Tut mit leid, Sir«, sagte Walton.

»Ist schon in Ordnung!« erwiderte Castor. »Aber man weiß bei diesen Psychopathen eben nie, auf welche Ideen sie kommen.« Mit diesen Worten wandte Castor sich auf dem Absatz um und ging.

Als Sean langsam wieder zu sich kam, bemerkte er, daß Blut aus seinem Kinn sickerte. Walton und einige Wächter zerrten ihn in seine Zelle zurück, und Walton gab sich alle Mühe, ihm dabei den Arm auszukugeln.

»Du solltest dich lieber gut benehmen«, meinte Walton. »Könnte verdammt einsam hier für dich werden, Castor, jetzt, wo Pollux nicht mehr da ist.«

»Pollux ist was nicht mehr?« murmelte Archer, als er hochgehoben und in seine Zelle geschoben wurde.

»Sean Archer hat ihn zu einem Handel überredet – Pollux stellt sich als Kronzeuge zur Verfügung. Er ist entlassen worden.«

Die Gittertür schloß sich vor der Zelle. Archer klammerte sich an die Stäbe, als Walton sich zu gehen anschickte. »Walton, Sie müssen mich anhören – hetzt sofort!«

Walton drehte sich um und bedachte Archer mit einem schmallippigen Lächeln. »Und wenn nicht – was dann? Dann willst du mich feuern lassen? Einzelhaft, bis ich etwas anderes sage!«

Als Archer mit seinen Protesten fortfuhr, murmelte Walton etwas in sein Sprechgerät, und plötzlich sank eine Stahlplatte vor Archers Zelle herab und schloß alles Licht und jeden Laut aus. Archer ließ sich in der Dunkelheit auf den Boden fallen – noch nie in seinem Leben hatte er sich so einsam und verloren gefühlt. Er fuhr sich übers Gesicht und zog dann angewidert die Hände fort – als ihm einfiel, daß dies ja nicht sein eigenes Gesicht war.

Castor war eine Weile lang um den Block herumgefahren. Er hatte Archers Wagen benutzt, und er hatte sorgfältig dessen Adreßbuch studiert.

Anson, Titos Freund, gönnte sich einen Einkaufsbummel. Freunde von ihnen hatten eins jener armen rumänischen Kinder adoptiert und wollten mit der Kleinen zum Essen vorbeikommen. Anson wollte dem Mädchen zuliebe typische Landesgerichte kochen, doch ihm fehlten Knoblauch und frische rote Beete.

Tito hatte den Auftrag bekommen, Bier zu kaufen, ein rumänisch-englisches Wörterbuch zu besorgen und ein Poster von Nadia Comaneci aufzuhängen, und als er nun zurückkehrte, bückte er sich an der Haustür, um die Zeitung aufzuheben und mit hereinzunehmen.

Tito reagierte schnell, als er sah, daß jemand in seiner Küche saß und Mescal aus der Flasche trank. Er ließ die Tüte fallen, zog seinen Revolver, doch dann lachte er ein wenig nervös, als er sah, daß es »Sean Archer« war.

»Himmel, Sean, hast du mich vielleicht erschreckt. Was ist denn passiert?«

»Sag du's mir! Schließlich bist *du* der Geheimagent«, erwiderte Castor, der die Füße auf den Tisch gelegt hatte und einen weiteren tiefen Schluck aus der Flasche trank. Würde Tito den Köder schlucken, den er ausgeworfen hatte?

Tito senkte die Waffe und sah Castor stirnrunzelnd an. »Meine Güte, hast du vielleicht eine Laune!« Er bückte sich, um die Tüte wieder aufzuheben. »Was passiert ist? Keine Ahnung. Wahrscheinlich hat sich Pollux nicht eine Sekunde lang an der Nase herumführen lassen, und du mußtest so schnell wie möglich verschwinden. Stimmt's?«

Castor lächelte, und Tito griff in seine Tasche, um etwas herauszuholen. »Hey, du solltest nicht ohne das hier nach Hause gehen«, meinte er und legte Archers Ehering auf den Tisch.

Castor betrachtete den Ring mit Widerwillen, dann streifte er ihn sich mit Gewalt über den Finger, der nicht schmal genug war. Der Ring schnitt unangenehm ins Fleisch.

Als Tito beobachtete, wie Castor sich mit dem Schmuckstück abmühte, erwachte plötzlich ein merkwürdiges Gefühl in ihm – als ob hier etwas ganz und gar nicht in Ordnung wäre.

»Danke«, sagte Castor. »Bin mir ohne den Ring irgendwie wie ein ganz anderer Mensch vorgekommen. Hast du vielleicht ein Bier für mich?«

»Zuerst Mescal. Jetzt Bier«, murmelte Tito vor sich hin, während er die Tüte auspackte. Dann nahm er die Zeitung in die Hand – und erstarrte, als er die Schlagzeile über Walshs Tod las. Sein Atem beschleunigte sich unwillkürlich. Er wußte, daß er sich jetzt zusammenreißen mußte.

»Das Bier kommt gleich«, sagte er, während er eine Büchse aus der Packung zog. Dann wandt er sich ganz unvermittelt um und warf Castor die Büchse zu. Castor hob die rechte Hand, wollte fangen, doch es gelang ihm nicht, und die Büchse fiel auf den Boden. Bier zischte aus einem Riß, und Tito griff nach seiner Waffe.

Doch Castor war schneller. Er hatte in der linken Hand bereits seinen Revolver gehalten, und er feuerte, bevor Tito auch nur zielen konnte. Die erste Kugel drang in Titos Hals, Blut strömte aus seinem Mund, als ihm die Waffe aus der zitternden Hand fiel.

Castor betrachtete nachdenklich die Bierdose. »Ich denke, das werde ich noch ein wenig üben müssen«, sagte er. Die zweite Kugel traf Tito zwischen die Augen.

Castor nahm die restlichen Bierdosen mit. Es überraschte ihn nicht, daß ein so umsichtiger Typ wie Sean Archer einen Stadtplan im Handschuhfach hatte, und so bereitete es ihm keine große Mühe, den Weg zu Archers kleinem Vorstadtparadies zu finden. Der Wagen fuhr langsam zwischen den Häusern mit den gepflegten Rasenflächen hindurch. Kinder spielten Fangen, die Frauen hielten mit der Nachbarin ein Schwätzchen, die Männer jäteten Unkraut oder beschnitten den Oleander.

»Himmel, was für ein ödes Leben«, murmelte Castor vor sich hin, während er den Hals reckte, um die Hausnummern besser erkennen zu können. »Wahrscheinlich krieg' ich hier nie mehr einen Streifen!«

Eve, die sich schon für die Arbeit fertiggemacht hatte, beobachtete ungerührt, wie der Wagen am Haus vorbeifuhr. Sie biß sich auf die Lippen, als der Wagen zurückgesetzt wurde, dann erstarb der Motor.

Castor schob das Bier unter den Sitz, sprang aus dem Wagen und lächelte Eve strahlend an. Eve mochte es, wenn er lächelte, was er viel zu selten tat, doch im Moment hatte sie keine Lust, sein Lächeln zu erwidern.

»Ich hatte schon lange befürchtet, daß es nur eine

Frage der Zeit wäre, bis du vergißt, wo wir wohnen«, sagte sie.

»Tut mir leid, aber es war wirklich ein mörderischer Tag heute.«

Castor konnte einfach nicht aufhören zu grinsen. Sie war noch viel sexier, als er erwartet hatte. Sie ging zu ihrem Auto, und er wartete einen Moment, bevor er ihr folgte, damit er ihre Rückansicht besser betrachten konnte. Nicht schlecht . . . eine schmale Taille, ein knakkiger kleiner Hintern. Sie setzte die Sonnenbrille auf und wandte sich von ihm ab.

»Ich hatte dich nicht so bald zurückerwartet. Was ist aus deinem so wichtigen Auftrag geworden?«

»Was weißt du davon?« fragte er. Verfluchter Mist – würde er sie auch umbringen müssen?

»Was ich davon weiß? Nichts – wie üblich.«

Wieder konnte Castor sein Bastard-Grinsen nicht unterdrücken. »Nun, es hat nicht ganz so geklappt, wie sich das alle vorgestellt hatten. Wohin willst du?«

Sie zuckte mit den Schultern. »Ich muß ins Krankenhaus zu einer Operation.«

Castor blickte besorgt drein. »Eine Operation? Wieso? Hast du denn irgendwas Schlimmes?«

Sie blickte ihn über den Rand der Sonnenbrille an und verdrehte dann die Augen. Jetzt erst bemerkte Castor ihre Arzttasche. O je!

»Spar dir deine dummen Witze. Ich bin immer noch sauer.« Sie ging weiter zu ihrem Wagen. »Im Kühlschrank sind noch Reste. Pizza, glaub ich. Und was aus dem Thai-Restaurant.«

»Viel Spaß bei der Arbeit«, wünschte Castor.

Eve warf ihre Tasche in den Wagen und setzte sich schweigend ans Steuer.

»Hey, Baby, warte einen Moment!« rief er und tat so, als sei er tödlich verletzt.

»Was ist?« fragte sie und ließ den Motor an. Castor trat ans Fenster, legte eine Hand auf ihren Nacken und gab ihr einen Kuß.

Mit offenem Mund starrte sie ihn an. »Was ist denn mit dir los?« wollte sie wissen.

»Gebe ich meiner Frau etwa nicht immer einen Abschiedskuß?«

»Nein!«

Eve lenkte den Wagen aus der Einfahrt, und Castor blickte ihr nach, als sie davonfuhr. Unwillkürlich leckte er sich die Lippen. Verdammt, die Kleine schmeckte gut. Er wußte, daß sie genau wie all diese anderen Karriereweiber reagieren würde: Sag ihnen, wie wunderschön sie sind und schenk ihnen ein paar Klunker, und sie schmelzen dahin wie Butter in der Sonne.

Er sah nicht mehr, wie Eve den Kopf schüttelte. Täuschte sie sich, oder hatte sie bei diesem Kuß wirklich den Geschmack von Zigaretten und Bier auf den Lippen ihres Ehemanns gespürt?

Castor nahm sich Zeit, Archers Haus gründlich zu inspizieren. »Was für eine Bruchbude«, murmelte er vor sich hin. Dieses Haus war so verdammt *alt*. Er betrat das Wohnzimmer und blickte sich um. Überall standen dunkle Möbel im Stil der Jahrhundertwende. Castor fand die Einrichtung mitsamt der Tiffanylampen und sorgfältig ausgewählten Bilder öde und häßlich.

Als er einen weiteren Raum betrat, erkannte er sofort, daß dies Archers Arbeitszimmer sein mußte. Er registrierte die Sporttrophäen, betrachtete die FBI-Handbücher, schenkte den Tom-Clancy-Romanen kaum einen Blick. Er setzte sich an Archers Schreibtisch und zog eine Schublade nach der anderen auf.

*Wer mag der kleine Junge sein, dessen Bilder hier überall stehen? Muß der Knabe sein, den ich umgelegt habe.* Castor stöberte in alten Weihnachtskarten, Bankauszügen –

FBI-Agenten bekamen wirklich nur einen Hungerlohn – und fand schließlich ein Notizbuch mit persönlichen Eintragungen. Zwischen den Seiten fand er Fotos und Zeitungsberichte über Archer und dessen Mannschaft. Endlich konnte er die Namen, die er im Adreßbuch gefunden hatte, den dazugehörigen Gesichtern zuordnen. Er betrachtete Wanda Tan, Buzz Williams, Loomis und Victor Lazarro.

Da er Appetit auf eine Zigarette hatte, schob Castor die Schubladen wieder zu und begab sich auf die Suche nach Tabak. Er dachte, daß die Küche nicht der schlechteste Ort wäre, um damit anzufangen, und durchsuchte sämtliche Schubladen in dem sonnigen Zimmer. Eve hatte eine Vase mit frischgeschnittenen Dahlien auf den Tisch gestellt.

Seine Verzweiflung wuchs, als er nichts fand und nur noch eine Schublade übrig war. In dieser lagen Kerzen und Formen, um Plätzchen auszustechen. Doch ganz hinten entdeckte er plötzlich einige schmale Heftchen. Als er das oberste aufschlug, sah er, daß die Seiten mit einer klaren Frauenhandschrift bedeckt waren. Auf der ersten Seite stand eine Warnung: »Dieses Tagebuch gehört Eve Donovan Archer. Es wäre ein Vertrauensbruch, sollten mein Ehemann, meine Tochter oder Freunde es wagen, meine persönlichsten Gedanken zu lesen. Bitte, legt das Buch wieder weg und lest nicht weiter!«

Castor jedoch blätterte ungerührt weiter und hielt bei der letzten Eintragung an, die erst ein paar Tage alt war.

*Sean hat schon wieder unsere Date-Night verpaßt. Ich bin mir wie eine Närrin vorgekommen, weil ich extra zu Jurgenson's gefahren bin, um Engelwurz für neunzehn Dollar das Viertelpfund zu kaufen, nur um für ihn den Kuchen zu backen, den er so gern mag. Ich muß einfach aufhören, ihm die Schuld für den Frust zuzuschieben, den*

*ich empfinde. Himmel, ich weiß doch, daß er nichts für seinen Job kann, also sollte ich aufhören, ständig irgendwelche Erwartungen zu haben.*
*Aber trotzdem ... irgendwie hatte ich gehofft, ein romantisches Dinner, ein pfirsichfarbener BH und der passende Spitzenslip würden etwas ändern. Es ist fast zwei Monate her, seit wir zum letzten Mal miteinander geschlafen haben ...*

Castor grinste vor sich hin. Archer war wirklich ein verdammter Verlierer!

Das Telefon klingelte, und Castor zuckte zusammen. Aber ... verdammt, es war jetzt *sein* Telefon, und deshalb sollte er abnehmen. Aber wer mochte dran sein?

Er hörte, wie eine Tür geöffnet wurde und legte Eves Tagebuch schnell zurück. Von seinem Standort aus konnte er die schlanken, schöngeformten Beine eines jungen Mädchens sehen, das die Treppe herunterraste und das Gespräch annahm. An die Wand gedrückt, beobachtete er, wie Jamie sich kichernd mit jemandem unterhielt. Sie trug nur einen Slip und ein T-Shirt.

Castor machte das Licht an, und Jamie drehte sich zu ihm um. Als sie sah, daß es ihr Vater war, rümpfte sie die Nase und wandte ihm den Rücken zu.

Nicht schlecht, dachte Castor. Archers Frau hat einen großartigen Arsch, und die Kleine Superbeine. Als Jamie merkte, daß ihr »Vater« sie immer noch beobachtete, nahm sie das schnurlose Telefon mit in ihr Zimmer und knallte die Tür hinter sich zu. Dann machte sie sich erst einmal eine Zigarette an.

Als Castor den Rauch roch, wurde ihm der Mund trocken, und er nahm gleich zwei Stufen auf einmal. Doch erst einmal legte er das Ohr an die Tür und lauschte.

»Mein Vater ist zu Hause«, hörte er sie sagen. »Ich

Noch hat Jon Archer alles, was sich ein Mann nur wünschen kann: eine schöne Frau, einen phantastischen Sohn und einen verantwortungsvollen Job beim FBI.

Castor und Pollux - die beiden Brüder werden dafür bezahlt, Drogenfahnder des FBI zu ermorden.

Castor Troy ist ein skrupelloser Terrorist. Er geht über Leichen - wenn es sein muß über mehrere Millionen.

Castor berichtet den beiden Leibwächtern Lars und Lunt, daß er die Bombe, die Los Angeles in die Luft jagen soll, gut deponiert hat.

Archer und sein Sohn Matthew während ihrer letzten gemeinsamen Sekunden. Der Mord an Matthew verändert Archers Leben.

Castors Flucht endet auf dem Flughafen, wo Archer ihn stellt.

Jon Archer und Castor Troy - Erzrivalen, die lange darauf gewartet haben, sich Auge in Auge gegenüberzustehen.

Castor wird in dem Flugzeughangar »ausgeschaltet«, und eine waghalsige Mission mit getauschten Gesichtern beginnt.

Archer beichtet seiner Frau, daß er sein Versprechen brechen muß, sie nie wieder allein zu lassen.

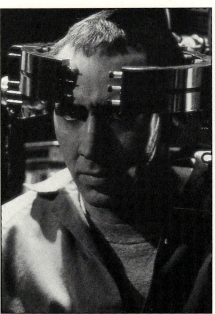

Der Plan gelingt: Mit Castors Gesicht wird Archer ins Gefängnis geschleust - ein Tag, den er noch bereuen soll.

Castor - mit Archers Gesicht - mißbraucht die plötzlich gewonnene Macht. Niemand ahnt auch nur, wer er tatsächlich ist.

Archers Lage in dem Hochsicherheitsgefängnis wird lebensgefährlich.

Archer flieht in dem verzweifelten Versuch, seine verlorene Identität wiederzuerlangen.

*hasse* ihn! . . . Ja, ich habe deine e-Mails bekommen . . . Das Gedicht war wirklich süß. Hast du das echt selbst gemacht? Wirklich?«

Castor klopfte an die Tür.

»Bleib einen Moment dran«, sagte sie leise, dann legte sie die Hand über die Sprechmuschel und rief zur Tür hin: »Was ist denn?« Als sie sah, wie die Tür geöffnet wurde, rannte sie hin und versuchte, sie wieder zuzudrücken, doch Castor hatte schon den Fuß dazwischen.

»Karl, ich rufe dich zurück«, sagte sie und legte auf. Dann lehnte sie sich gegen die Tür. »Hey, du respektierst meine Privatsphäre nicht, Supervater!«

»Hör gefälligst auf, so mit mir zu reden . . . junge Dame!« Castor redete so, wie er sich vorstellte, daß ein Vater mit seiner Tochter reden würde. »Komm schon, Jamie, laß mich rein!«

Castor drückte ein wenig fester und stürmte dann in den Raum. Er sah, wie das Mädchen ihn mit einer Mischung aus Neugier und Verachtung betrachtete.

»*Jamie?*« wiederholte sie und verzog den Mund.

Doch was Castor dann machte, verunsicherte sie zutiefst. Er betrachtete sie von Kopf bis Fuß und blickte sie schließlich auf ganz merkwürdige Weise an. Verführerisch? Sie hatte plötzlich Angst und kam sich klein und verletzlich vor.

Über ihre Schulter hinweg erspähte Castor ein Kissen, auf dem ihr Name eingestickt war. »Hast wohl deine Ohren nicht gewaschen, was, *Jamie*? Hör zu, du hast etwas, was ich haben möchte.«

Das Mädchen stand wie erstarrt da und versuchte mit den merkwürdigen Gefühlen fertigzuwerden, die ihr »Vater« in ihr ausgelöst hatte. Im Moment wirkte er wie ein Raubtier – und sie hatte das dumme Gefühl, daß sie die Beute war. Falls er wirklich versuchte, sie anzufassen, was sollte sie dann tun?

Castor streckte den Arm nach ihr aus ... Jamie starrte wie hypnotisiert ... doch dann griff er an ihr vorbei nach etwas anderem. Er nahm sich die Schachtel und schüttelte eine Zigarette heraus.

»Oh ... die hat Penny hier liegenlassen«, sagte sie.

Castor zuckte mit den Schultern, legte den Kopf ein wenig schräg und lächelte sein charmantestes Lächeln. Er schloß halb die Augen, als er den ersten Zug machte und den Rauch dann langsam und genießerisch wieder ausstieß.

»Wenn du Mom nichts sagst, verrate ich ihr auch nichts«, meinte er.

Sie sah ihn völlig verblüfft an, kaum in der Lage zu antworten. »Wann hast du denn zu rauchen angefangen?«

Ihre Verblüffung wuchs, als sie sah, wie er dastand, die Füße verschränkt, eine Hand lässig in die Hüfte gestützt. Er grinste sie an, während er noch ein paar Zigaretten aus der Schachtel nahm und sie in seine Tasche steckte. »Hier wird sich in der nächsten Zeit noch eine Menge Neues tun«, antwortete er. »Ihr werdet glauben, ihr hättet einen ganz neuen Daddy bekommen.«

Castor drehte sich um und stolzierte hinaus. Jamie starrte ihm hinterher. »Daddy?« flüsterte sie vor sich hin, dann ließ sie sich auf ihr Bett fallen.

Castor war sich nicht sicher, wann Archer normalerweise im Büro auftauchte, aber er fand, daß niemand etwas gegen neun Uhr haben könnte. Geh, als hättest du einen Stock verschluckt, ermahnte er sich, als er den Kontrollpunkt im Erdgeschoß des Gebäudes betrat und sein strenges »Archer-Gesicht« aufsetzte. Er nickte dem fetten Sicherheitsmann zu, der gerade dabei war, ein Sandwich zu essen.

Castor hörte plötzlich die Stimme des Mannes hinter sich. »Mr. Archer, Sie haben nicht eingecheckt!«

Eingecheckt? Castor drehte sich um und sah, wie ein anderer Agent den Daumen zur Identifikation gegen eine Platte drückte. »Tut mir leid ... Edward«, sagte er, nachdem er auf dem Namensschild den Vornamen des Mannes gelesen hatte.

»Edward?« wiederholte der Mann, und als er lächelte, konnte man erkennen, in welch fürchterlich schlechtem Zustand seine Zähne waren. »Seit wann sind wir denn so formell?«

»Tut mir leid ... Eddie«, erwiderte Archer und legte den Daumen auf die Platte. Einen Moment lang wurde seine Gelassenheit auf eine harte Probe gestellt – was war, wenn Walsh ihm nicht die richtigen Fingerabdrücke gegeben hatte? Es dauerte einen scheinbar endlos langen Moment, bis der Monitor von Rot zu Grün wechselte und Castor durchgewunken wurde. Auf seinem Weg begegnete er Wanda Tan und begrüßte sie ausgesprochen höflich.

»Auch Ihnen einen schönen guten Morgen«, antwortete sie leicht überrascht. Normalerweise grunzte Archer ein kaum verständliches »Hallo«, bevor er sich in seinem Büro vergrub.

»Wo ist Pollux Troy?« wollte er wissen.

»Mit Lazarro im Verhörraum.«

Castor hatte sich schon nach rechts gewandt, als er Wanda hinter sich sagen hörte: »Im *Verhörraum*, Sean!«

»Ach ja«, meinte Castor und wandte sich in die entgegengesetzte Richtung. Man hatte ihn einmal zum Verhör hierher gebracht – ging es wirklich hier entlang? Der Korridor schien sich endlos zu erstrecken, von endlos vielen Büros gesäumt. Schließlich entdeckte er ein Zimmer, auf dessen Tür jemand barmherzigerweise ein Schild mit der Aufschrift »Verhörraum« hatte anbringen lassen.

Außerhalb des eigentlichen Verhörraums stand Lazarro, die Hände auf dem Rücken verschränkt, und beobachtete durch einen Spiegel, wie Pollux von einem anderen Agenten verhört wurde.

Vor Pollux auf dem Tisch stand ein Teller mit Fritten und einem Käseomelette, und er verrenkte sich, um mit seinen gefesselten Händen essen zu können.

Castor hatte keine Schwierigkeiten, dank Archers Fotos den Mann neben sich als Victor Lazarro zu identifizieren. »Was macht denn unser Star-Zeuge, Victor?« fragte er.

»Hat uns überhaupt noch nichts erzählt, außer daß er Ketch-up zu Fritten haben will.« Nervös verschränkte Lazarro die Finger. »Wenn ich daran denke, daß die Bombe immer noch irgendwo da draußen ist und uns die Zeit unter den Händen verrinnt! Verdammt, Sean, wenn sie hochgeht, gibt es eine Katastrophe!«

»Victor, geben Sie mir fünf Minuten mit ihm allein«, bat Castor. »Vertrauen Sie mir. Ich kriege ihn herum!«

Lazarro hieb wütend mit einer Faust in die andere Handfläche. »Ich weiß, daß Sie Ihrem Instinkt vertrauen können, Sean. Aber daß Sie ausgerechnet mit diesem Psychopathen einen Handel abgeschlossen haben...« Lazarro machte ein paar Schritte von Castor weg, wandte sich ihm dann aber wieder zu. »Mir gefällt das nicht, Sean. Mir gefällt das überhaupt nicht!«

Als er fort war, betrat Castor den Raum, in dem Pollux saß – ließ die Jalousien herunter und stellte die Mikrofone ab.

»Pollux, du sitzt hier, damit du was verrätst! Damit ich wie der große Held erscheine!«

»Wie der große Held? Himmel, wenn ich dieses Gesicht sehe, könnte ich kotzen!« Er schob den Teller mit

dem Omelette angewidert von sich, und Castor machte sich gierig darüber her.
»*Du* könntest kotzen? Was meinst du, wie mir zumute ist, jedesmal, wenn ich an einem Spiegel vorbeikomme und mir diese häßliche Visage anschauen muß! Meine Augen, mein Kinn, meine schöne Nase – alles weg! Genausogut hätten sie mir meinen Hintern auf den Schädel nähen können.«
Castor blickte zu dem Spiegel hin und betrachtete noch einmal das Gesicht, das sicher viele Menschen attraktiver als sein eigentliches fanden. »Dieses Arschloch hat mir mein Leben genommen, also nehme ich ihm jetzt seins auch weg.«
»Was?« fragte Pollux. Er rollte nervös mit den Schultern, und er kratzte sich an der Innenseite seiner Schenkel.
»Du hast mich doch gehört, oder? Ich habe große Pläne, Bruderherz.«
Pollux starrte seinen Bruder an. »Hat Archer dir eigentlich auch das Gehirn rausschneiden lassen?«
»Mann, denk doch mal nach. Dillinger als J. Edgar Hoover. Unser Terroristenfreund Carlos leitet Interpol. Gaddafi als Leiter des Mossad . . .«
Es dauerte einen Moment, bis Pollux begriffen hatte, doch dann hörten all seine nervösen Bewegungen auf einen Schlag auf, als er sich ausmalte, welche Möglichkeiten sich ihnen boten.
»Ich hätte die größte private Armee aller Zeiten zu meiner Verfügung«, fuhr Castor fort. »Und das beste daran ist, ich bin der *brave* Junge.«
»Nein«, meinte Pollux und grinste von einem Ohr zum anderen. »Das beste daran ist, daß du einen Regierungsjob hast und nicht gefeuert werden kannst!« Doch dann sah er auf seine Handschellen, und sein Grinsen verschwand. »Und was ist mit mir, Castor?«

Castor hörte auf zu kauen und nickte. Er sah schon alles ganz genau vor sich. »Du wirst ›beichten‹. Ich werde der Held sein und zur Belohnung eine Beförderung bekommen.« Castor zündete eine Zigarette an und steckte sie in Pollux' Mund. »Und du, Pollux ... du wirst dann ein freier Mann sein.«

Hätte das FBI die Bombe von allein gefunden, wäre es schwierig, aber möglich gewesen, sie zu entschärfen. Castor jedoch hatte sich noch einmal heimlich in das Gebäude geschlichen, um die Bombe zu manipulieren und Fallen anzubringen, die dazu dienen sollten, den Bombentrupp zu verwirren. Als er das erledigt hatte, ließ er Pollux noch einmal zum Verhör rufen und verkündete dann, daß Pollux gesungen hätte. Dann schloß er sich dem Bombentrupp an, der innerhalb kürzester Zeit an Ort und Stelle war.

Nachdem die Porzellanhülle entfernt worden war, betrachteten die Bombenspezialisten verwirrt das Muster der Drähte, in dem sie keine Logik erkennen konnten. So ungefähr, stellten sich die Männer vor, mußten die Schaltkreise in der Kontrollzentrale eines außerirdischen Raumschiffs aussehen.

Kleine Lämpchen glühten düster auf, und der Leiter des Trupps begriff, daß die Schaltkreise voller Fallen steckten, die davon ablenken sollten, welche Schaltungen die Bombe wirklich zur Zündung bringen sollten. Das einzige, was die Fachleute auf den ersten Blick erkannten, war ein Vibrations-Detektor.

Der Captain wurde blaß und spürte, wie seine Knie nachzugeben drohten. Und auch der beste Techniker der Mannschaft wurde totenbleich. Ihnen blieben nur noch knapp vier Minuten – und sie wußten, daß sie mit ihrem Latein am Ende waren. Castor wartete draußen ungeduldig auf sie und nahm seine Schutzmaske ab.

»Herr im Himmel!« sagte der Captain erschüttert. »Hat irgend jemand irgendwelche Vorschläge?«

»Ja. Wegrennen, und zwar so schnell wie möglich«, antwortete der Techniker. Er spürte, wie seine Muskeln sich verkrampften, kalter Schweiß rann ihm den Rücken hinab.

Castor machte ein grimmiges Gesicht. »Der Zünder ist durch einen Vibrations-Detektor geschützt«, begann der Captain zu erklären. »Wenn wir auch nur einen Draht durchschneiden, dann . . .« Er sprach den Satz nicht zu Ende.

»Evakuieren Sie ihr Team, Captain«, sagte Castor so gelassen wie möglich.

»Aber, Sir, Sie *können* sie nicht entschärfen . . .« wandte der Techniker ein.

»Verschwinden Sie!« brüllte Castor, und die Männer, die erleichtert waren, daß sie gehen konnten, rannten davon wie die Hasen.

Castor überzeugte sich davon, daß er wirklich allein war, und zog dann aus seiner Tasche ein Handy, das modifiziert worden war. Pollux hatte neue Drähte angebracht und es zu einer Fernsteuerung umgewandelt. Castor drückte auf einen Knopf, und die düsteren Lichter an der Bombe hörten auf zu glühen. Er schaute auf den Zeitzünder, der anzeigte, daß noch sechsundzwanzig Sekunden bis zur Explosion blieben.

Hm, soll ich jetzt schon? dachte er und legte einen Finger an die Lippen, während er sich die verschiedenen Möglichkeiten überlegte. Dann drückte er einen anderen Knopf, und die Bombe war wieder aktiviert. Er wartete, bis nur noch vier Sekunden blieben, dann deaktivierte er die Zündung erneut.

Das ist besser, dachte er zufrieden, während er eine

kleine Flasche Evian aus der Tasche zog und sich Gesicht und Hemd damit benetzte, dann nahm er den Zünder, zwei kleine Behälter mit unterschiedlichen Flüssigkeiten, die sich nun niemals mehr vermischen würden. Ein kleiner Handgriff genügte, und die Fernbedienung verwandelte sich wieder in ein normales Telefon. Nun konnte er Lazarro benachrichtigen.

»Ich hab's geschafft«, verkündete er. Wenn er aus dem Gebäude trat, würden ihn hoffentlich die Kamerateams schon erwarten. Grinsend dachte Castor, daß er es einem ganz bestimmten Gefangenen gönnen sollte, ausnahmsweise einmal die Nachrichten zu sehen.

So elend wie noch nie in seinem Leben, umrundete Archer das Geviert, in dem seine Mitgefangenen Basketball spielten. Diese Dreiviertelstunde am Tag war die einzige Zeit, in der ihnen erlaubt wurde zu laufen. Das Bild auf dem Videoschirm war stets dasselbe, jene Ansicht vom Ontario-See.

Aber es war immer noch besser, seine Aufmerksamkeit auf dieses Bild zu richten als in die Gesichter der anderen Häftlinge zu schauen, die um Archer herumzuwirbeln schienen, Rattengesichter, Fischgesichter, Affengesichter. Er war sorgsam darauf bedacht, eine gewisse Distanz stets beizubehalten, er achtete darauf, immer kampfbereit zu wirken und pochte auf sein Recht, dort zu gehen, wo er gehen wollte. Bisher hatte sich noch niemand gegen ihn gestellt, aber einige der anderen Insassen hofften, daß »Castor« ohne Pollux irgendwann schwächer werden würde. Dann würden sie ihm nicht länger Alkohol und Zigaretten schenken müssen, und sie brauchten ihm auch nicht mehr den Nachtisch zu überlassen.

Archer hatte immer stärker das Gefühl, daß er langsam aber sicher wahnsinnig wurde, doch er wehrte sich dagegen und beschleunigte seinen Schritt, als wollte er seinen Gefühlen davonrennen.

Plötzlich blinkte der Wandschirm hell auf, und ein Summton alarmierte die Gefangenen. Würden sie heute schon wieder jemanden austrocknen? Red Waltons Gesicht füllte den Schirm aus, und Archer lief unwillkürlich ein Schauder über den Rücken.

»Heute, Gentlemen, wird Ihnen ein besonderes Privileg gegönnt. Agent Sean Archer von FBI hat angeordnet, daß ihr heute fernsehen dürft.«

Die Häftllinge jubelten, doch Archer spürte, wie sein Herz heftig zu klopfen begann. Auf dem Bildschirm sahen sie nun einen Bericht des Cable News Network.

Ein schweißnasser Castor Troy, der erschöpft, aber dennoch gelassen wirkte, trug vor sich her die entschärfte Bombe aus dem Convention Center. Der Nachrichtensprecher kommentierte die Szene. »Ein FBI-Agent wird heute als Held gefeiert. Nur Sekunden, bevor sie hätte explodieren sollen, ist es Agent Sean Archer gelungen, eine Bombe von enormer Sprengkraft im Convention Center von Los Angeles zu entschärfen. Valerie Rice wird uns das Neueste darüber berichten.«

Anfangs hielt Castor noch für die Medien die Rolle des widerstrebenden Helden durch, doch dann sonnte er sich in der Bewunderung, dem Licht der Scheinwerfer, der Wißbegier der Reporter. Eine attraktive blonde Reporterin stand im Vordergrund und berichtete. Und obwohl die meisten der Gefangenen Archer aus tiefstem Herzen haßten, nahmen sie das Bild der blonden Frau mit Begeisterung auf, sie pfiffen und johlten.

»Es scheint, daß Eduardo Castillo, Vorsitzender des Obersten Gerichtshofs Kolumbiens, das eigentliche Ziel der Bombe war. Castillo hatte vor, heute einen Überraschungsbesuch hier abzustatten«, erzählte Valerie, dann wandte sie sich Castor zu und hielt ihm das Mikrofon unter die Nase, als er an ihr vorbeigehen wollte. Er murmelte irgend etwas wie »Muß zurück an meinen Schreibtisch und mit der Arbeit weitermachen« vor sich hin.

»Mr. Archer, wissen Sie, wer die Bombe gelegt hat?« wollte sie wissen.

Archer beobachtete, wie Castor das hübsche Gesicht der jungen Frau betrachtete und stehenblieb, um ihr zu antworten.

»Das darf ich Ihnen leider nicht verraten, denn es ist geheim«, antwortete Castor charmant. »Aber falls der Verantwortliche in diesem Augenblick zuhören sollte, dann habe ich eine Botschaft für ihn.« Castor blickte nun genau in die Kamera. »Guter Versuch. Aber inzwischen sollte er wissen, wer das Sagen übernommen hat – endgültig.« Und dann hob er die Hand ans Gesicht – und streichelte es.

Archer hätte es niemals für möglich gehalten, daß ein Mensch eine solch wilde Wut empfinden konnte, wie er sie in diesem Moment verspürte. Nein, es konnte nicht sein, daß jemals schon ein anderer Mensch einen so heißen Zorn und so glühenden Haß empfunden hatte, daß die Hölle daneben wie ein schattiger, kühler Ort erschien.

Und dann sah Archer, daß Castor seine Kleider trug, und er fürchtete, er würde jeden Augenblick explodieren. Als er endlich wieder genug Luft zum Atmen bekam, sah er zufällig, wie einer der Wärter seinen Daumen auf den Sicherheitsscanner drückte, um in einen Korridor zu gelangen, der für die Gefangenen gesperrt war.

Archer spürte, wie sich ein Hauch von Hoffnung in ihm regte und betrachtete nachdenklich seine Finger. Unter den aufgesetzten Hautstücken, in die Castors

Fingerabdrücke eingraviert waren, befanden sich immer noch seine eigenen. Ob der Computer hier mit dem FBI-Mainframe in Washington verbunden war? Wenn ja, dann konnte er den Scanner vielleicht mit seinen eigenen Fingerabdrücken überlisten.

Doch dann fiel Archer wieder ein, daß nichts hier in Erewhon scharfe Kanten hatte. Als er endlich in seine Zelle zurückgekehrt war, setzte er seine Idee in die Tat um: Er grub seine Schneidezähne in seinen rechten Daumen, dort, wo das Hauttransplantat saß. Er zerrte und zog solange, bis es ihm gelungen war, das Hautstück abzuziehen. Es schmerzte höllisch, und er verzog das Gesicht, als er auf das rohe, pochende blutige Fleisch sah. Doch darunter konnte Archer seine eigenen, unverwechselbaren Linien erkennen.

Der fette Sicherheitsmann strahlte, als Castor ins FBI-Gebäude zurückkehrte. Als er den langen Gang hinabstolzierte, spürte Castor die Aufmerksamkeit der anderen Agenten und sonnte sich im Vorgefühl des zu erwartenden Lobes und der Begeisterung.

Zwar machten einige das Siegeszeichen, doch blieben sie alle an ihren Schreibtischen sitzen. Sie alle wußten, daß es klüger war, Archer nicht zu applaudieren. Castor blieb plötzlich am Kaffeeautomaten stehen und blickte in die ausdruckslosen Gesichter um sich herum.

»Sagt mal, habt ihr Jungs eigentlich nicht die Nachrichten gesehen?« rief er. »Wo bleibt das Empfangskomitee? Schafft Alkohol her und holt ein paar von den Nutten aus den Zellen!«

Nun starrten alle Castor erst recht an, ein paar sogar mit unverhüllter Abscheu, alle jedoch mit offensichtlicher Überraschung.

Castor begriff plötzlich, daß man hier weder soff

noch hurte, und deshalb begann er zu lachen, als ob das alles nur ein Scherz gewesen wäre. Einige sahen »Archer« zum ersten Mal lachen, und sie fanden, daß es ihm stand. Einige der Frauen fanden ihn plötzlich ausgesprochen sexy. Loomis, der Neuling, kam grinsend auf Archer zu und begann zu klatschen. Er hielt Castor die Hand hin, und dieser ergriff sie und schüttelte sie herzlich. Dann begannen auch einige andere zu applaudieren, und schließlich brandete begeisterter Beifall auf. Castor schüttelte auch anderen die Hände und verbeugte sich leicht. Als der Applaus schließlich aufhörte, wandte er sich den »Kollegen« zu.

»Loomis, Buzz und Wanda . . . ich möchte mich bei euch allen aus tiefstem Herzen bedanken. Dafür, daß ihr mich all die Jahre ertragen habt, als ich ein unerträglicher, sauertöpfiger Bauer war. Doch ab heute seht ihr einen anderen Menschen vor euch.«

Er blickte sich um und sah, daß ihnen allen die Spukke weggeblieben war. Loomis begann von neuem zu applaudieren, diesmal sogar noch lauter.

»Danke, vielen Dank«, sagte Castor und zog sich in sein Büro zurück. Wanda und Kim Brewster schauten ihm genauso fassungslos wie alle anderen hinterher.

»Leute, haltet die Zeitungspressen an!« sagte Wanda. »Archer ist endlich menschlich geworden und hat eine neue Persönlichkeit bekommen.«

»Wahrscheinlich haben sie die ihm erst transplantieren müssen«, murmelte Kim vor sich hin, dann blickte sie auf die Unterlagen, die sie in ihrer Hand hielt, und konnte sie plötzlich gar nicht schnell genug ihrem Boß ins Büro bringen.

Castor sichtete gerade die e-Mail, als Kim hereinkam. Er sprang auf, gab ihr einen Klaps auf den Po und sagte: »Hallo, Kim!« Sie konnte ihn nur in sprachloser Verwirrung ansehen. »Ich geh' mir einen Kaffee holen«, fuhr er fort. »Wollen Sie auch einen?«

»Nein . . . nein danke«, stammelte sie und blinzelte, als er aus dem Büro eilte.

Als er zurückkehrte, sah Castor Lazarro an seinem Schreibtisch sitzen. Er richtete seine dunklen, düsteren Augen auf Castor, der abrupt stehenblieb, den Blick jedoch ungerührt erwiderte.

Lazarro hob ein Blatt Papier hoch. »Ich sehe, Sie haben die Unterschrift für Ihren neuen Job schon geübt«, sagte er und warf das Blatt auf den Schreibtisch.

Castor zuckte mit den Schultern. Er hatte schlicht und einfach Archers Unterschrift nachzumachen versucht. »Was ist los, Victor?« fragte er und lehnte sich lässig gegen die Wand.

Lazarros Stimme klang plötzlich ein bißchen schriller, und die Worte stürzten aus ihm hervor. »Sie wissen sehr genau, ›was los ist‹! Sie haben hinter meinem Rücken gehandelt und Ihre Berichte darüber, wie Sie die Bombe gefunden und entschärft haben, direkt nach Washington geschickt. Sie sind sich ja wohl im klaren darüber, in welchem Licht das mich erscheinen läßt.«

Castor zuckte erneut mit den Schultern und schlürfte einen Schluck Kaffee. »Wie einen Idioten?« schlug er ungerührt vor.

»Ja, genau. Wie einen Idioten!« schrie Lazarro. »Wie einen inkompetenten, alternden, sträflich nachlässig handelnden Idioten!«

»Victor, ich habe mich lediglich an die Vorschriften gehalten!«

»Vorschriften? Sie haben einen Bericht nach Washington gesandt, in dem steht, daß ich der Meinung gewesen sei, es hätte keine Bedrohung durch eine solche Bombe gegeben!«

»Sie *haben* doch daran gezweifelt, daß es diese Bombe wirklich gab, nicht wahr?«

Lazarro wirbelte den Stuhl herum und starrte aus dem Fenster. »Himmel, Sean, Sie wußten doch genau, daß denen jeder Grund recht sein würde. Wie konnten Sie mir das nur antun, nachdem wir fünfzehn Jahre lang Freunde waren? Ich habe Ihnen alles beigebracht, was Sie wissen. Sie wußten, daß die dort nur auf einen Grund gewartet haben, um mich abzuschieben.«

Lazarro seufzte und tat so, als würde er interessiert einen Müllwagen betrachten, zu dem zwei Männer einen Abfallcontainer rollten.

Auch Castor wandte sich nun dem Fenster zu. »Ich habe nichts mehr dazu zu sagen«, antwortete er und wich Lazarros Blick aus.

Lazarro hatte das Gefühl, als hätte er gerade den Todesstoß bekommen. Bemüht, wenigstens den letzten Rest seiner Würde zu bewahren, stand er auf, straffte die Schultern und sah den Mann an, der ihm plötzlich so fremd geworden war. »Glauben Sie bloß nicht, daß ich kampflos aufgeben werde«, drohte er.

Castor wandte sich um, als er glaubte, daß Lazarro endlich gegangen wäre, doch der andere Mann stand in der Tür und wartete auf seine Antwort. Castor konnte gerade noch ein höhnisches Grinsen unterdrücken, bevor er sich erneut dem Fenster zuwandte.

Lazarro gab es auf und ging, fest davon überzeugt, daß »Archer« irgend etwas verbarg. Und er würde herausfinden, was es war, selbst wenn das bedeutete, daß sie beide untergingen.

Castor wandte sich einem Bücherregal zu und nahm ein Familienfoto der Archers in die Hand. Es bereitete ihm einige Mühe, Archers steifes Lächeln für den Fotografen nachzuahmen. Als er in den Spiegel blickte, um zu überprüfen, wie gut es ihm gelungen war, schenkte er sich selbst ein warmes Lächeln. *Sean Archer, endlich ist deine Karriere in Gang bekommen!* dachte er zufrieden.

Als er das Foto zurückstellte, fiel sein Blick zufällig auf ein verstaubtes Buch mit dem Titel: Du und das FBI – eine Einführung für Anfänger. Er schloß die Tür und setzte sich an seinen Schreibtisch.

Das Buch war mehr als ermüdend, und wann immer Castor sich zu sehr gelangweilt fühlte, schweiften seine Gedanken ab und wandten sich seinem Lieblingsthema zu: Sex. Unwillkürlich kam ihm Kim Brewster in den Sinn. Der enge kurze Rock, den sie trug, wirkte wie eine Einladung – aber nein. Er war hinter einer Beförderung her, und da konnte er sich Ärger einhandeln, wenn irgendsoeine Tussi behauptete, er hätte sie sexuell belästigt.

Er schaffte es, sich für einige Seiten erneut zu konzentrieren, doch dann verspürte er schon wieder Verlangen nach einer Frau.

Und plötzlich fiel ihm etwas ein – war er nicht ein verheirateter Mann?

## 9.

Jamie übte draußen im Hof Freiwürfe, als Castor mit Einkäufen aus dem Supermarkt nach Hause kam. Sie hatte ihr Haar schwarz gefärbt, knallroten Lippenstift aufgetragen und die Augen mit einem dicken schwarzen Stift umrandet und den Strich am Ende hochgezogen. Irgendwie bot sie einen merkwürdigen Anblick – Cleopatra, die sich im Basketball versuchte. Sie verfehlte den Korb gerade ein weiteres Mal, als Castor fragte: »Wie wär's mit einem kleinen Spielchen?«

Sie schnaubte verächtlich und verdreht die Augen. »Du willst doch nicht schon wieder haushoch verlieren, oder? Das ist schädlich für meine jugendliche Psyche – weil die noch in der Entwicklung ist!«

»Oder hast du Angst, daß *du* mal verlieren könntest?« fragte Castor und stellte die Einkaufstüten hin.

Sie warf ihm den Ball zu, er schnappte ihn – und der Ball senkte sich in einem eleganten Bogen in den Korb. Jamie starrte Castor an und warf ihm einen hohen Ball zu. Castor dribbelte, dann kam der zweite Treffer. Jamie holte sich den Ball und grinste ihren »Vater« an. Sie holte gerade zu einem Wurf aus, als Castor sie aufhielt.

»Laß den Ball in einem höheren Bogen kommen«, sagte er. »Und straff die Schultern, wenn du wirfst.«

Sie preßte ärgerlich die Lippen zusammen, aber er

konnte sehen, daß sie auf seinen Rat hörte. Sie warf den Ball genauso, wie er es vorher getan hatte, und machte einen Korb. Ihr Gesicht entspannte sich, obwohl sie sich Mühle gab, ihre Freude nicht zu offen zu zeigen. Castor grinste und wollte gerade wieder die Tüten nehmen, als ein Auto hupte und dann in die Auffahrt bog.

»Ich muß los, Daddy. Karl ist da.«

*Daddy*, dachte er und freute sich, daß sie nicht wieder »Supervater« gesagt hatte, doch dann fragte er sich, *weshalb* er sich eigentlich freute. Schließlich war sie nicht seine Tochter. Und der Triumph schwand vollends, als er Karl sah. Ein glattrasierter Yuppie, auf dessen Polohemd deutlich sichtbar das Markenzeichen prangte. Das Hemd steckte sorgfältig in gebügelten Khakihosen. Als er Castor zuwinkte und lächelte, sah man strahlend weiße Zähne, die von der Kunstfertigkeit seines Zahnarztes zeugten. Castor haßte sein rotbraunes Haar, kurzgeschnitten und glänzend, und die schmierige Art, wie er in übertriebener Weise die Beifahrertür für Jamie aufhielt. Das gepflegte Äußere des Jungen täuschte Castor nicht eine Sekunde. Er spürte, daß er und Karl eine Menge gemeinsam hatten. Und daß der Typ sich an Jamie heranmachen würde, bevor er, Castor, die Chance dazu gehabt hatte.

Die Sonne war fast schon im Westen untergegangen, als sie nach Hause fuhr, und Eve überlegte, daß sie Jeopardy sehen und dabei ein Sandwich im Bett essen würde. Seans Wagen stand in der Einfahrt, aber das Haus war dunkel. Wahrscheinlich, so dachte sie, ist er schon im Bett.

Eve war so müde und erschöpft, daß sie die fünf Stufen bis zur Tür kaum schaffte. Im Haus war es stockdunkel, und sie tastete nach dem Lichtschalter. In diesem Augenblick hörte sie, wie ein Streichholz angezündet wurde, dann flammte auch schon das Licht auf. Der flackende Schein beleuchtete das Gesicht ihres Mannes. Er trug immer noch seinen Anzug, dazu eine Krawatte, die seit Jahren ein unbeachtetes Dasein im Schrank geführt hatte und niemals zuvor umgebunden worden war. Castor zündete mehrere Kerzen an, in deren Schein sie einen perfekt gedeckten Tisch erkennen konnte.

Castor lächelte liebevoll, als er ihre Verwirrung bemerkte. »Sag mir nicht, daß du es vergessen hast, Eve.«

Der verständnislose Ausdruck auf ihrem Gesicht verriet ihm, *daß* sie es vergessen hatte.

»Heute ist Date-Night!« Er sang die Worte fast, dann schenkte er ihr Wein ein und reichte ihr das Glas. Während sie den ersten Schluck trank, schmolz die Wärme in seinem Blick etwas Kaltes, Dunkles in ihrem Inneren. Vorfreude erfüllte sie, und ein Schauer lief ihr über den Rücken, als er ihr den Stuhl zurechtschob und ihr einen Kuß auf den Nacken hauchte, nachdem sie Platz genommen hatte.

Und dann flammte plötzlich Mißtrauen in Eve auf, doch sie bemühte sich, es zu unterdrücken, weil sie dies alles so lange wie möglich genießen wollte – ganz bestimmt führte er etwas im Schilde.

Castor sah sie bewundernd an, dann ging er in die Küche und kam gleich darauf mit einem raffiniert zubereiteten Salat zurück. Eve probierte einen Bissen und stellte fest, daß er köstlich schmeckte. Danach überraschte »Sean« sie mit Pasta mit einer Soße aus Tomaten und Schalotten, die mit Sahne verfeinert war.

»Warum komme ich mir nur vor wie bei einem Überraschungs-Date?« fragte Eve.

Castor lächelte sie an und tupfte sich mit der Serviette den Mund ab. »Es ist wichtig, daß man einige kleine Geheimnisse für sich behält«, antwortete er. »Sonst ist alles grauer Alltag. Auf diese Art bleibt alles ein wenig ... unvorhersagbar.«

Nachdenklich betrachtete Eve ihn, als er ihr zuprostete. Doch ihr Lächeln verblaßte, als sie plötzlich zu verstehen glaubte.

»Unvorhersagbar?« wiederholte sie. »Du? Himmel, du bist so vorhersagbar wie der Wechsel von Ebbe und Flut.« Sie legte die Gabel beiseite, trank einen Schluck und stellte das Glas hart auf den Tisch zurück. »Nun sag schon, Sean – wie lange wirst du diesmal fort sein?«

»Fort?« Der erstaunte Ausdruck auf seinem Gesicht war genauestens einstudiert.

»Veranstaltest du denn nicht deswegen diesen ganzen Zauber? Den Wein, das Essen – wann mußt du los zu deinem nächsten Auftrag?«

Castor griff nach der Hand, mit der sie nervös auf den Tisch trommelte. »Ich gehe nirgendwohin, Eve.«

»Das behauptest du jedesmal. Und dann bist du wieder fort.«

Castor blickte Eve sanft an. »Ich schätze, das habe ich verdient«, antwortete er, und seine Stimme klang tief und sinnlich dabei. »Ich wette, Sean Archer ist der am wenigsten leidenschaftliche und aufmerksame Ehemann der Welt.«

Unwillkürlich senkte Eve den Blick. »Das stimmt nicht, Sean«, widersprach sie, aber sie brachte es nicht fertig, ihm dabei in die Augen zu schauen.

Castor drückte ihre Hand. »Natürlich stimmt das«, sagte er. »Aber ich versuche wirklich, mich zu ändern. Ich habe das alles arrangiert, weil ich mit dir allein sein wollte. Ich wollte sehen, wie das Kerzenlicht in deinen schönen ...«

Er unterbrach sich. Verdammt, welche Farbe hatten ihre Augen nur? Er beugte sich vor, schaute sie verliebt an und versuchte, in dem dämmrigen Licht ihre Augenfarbe zu erkennen, doch weil es so dunkel war, war um die Pupille nur noch ein schmaler Rand der Iris zu sehen. Waren sie braun?

». . . braunen Augen tanzt«, vollendete er, und er mußte richtig geraten haben, denn sie zuckte nicht zusammen. Er stand auf und ging zu ihr hinüber. Er roch ihr Haar, ihre Haut, dann strich er ihr zärtlich über den Nacken.

Obwohl sie immer noch mißtrauisch war, war sie doch so erregt, daß sie bereit war nachzugeben.

Und dann spielte Castor seinen letzten Trumpf aus. »Außerdem wollte ich, daß dies ein besonderer Abend wird, weil ich dir etwas Besonderes zu sagen habe. Ich werde befördert.«

»Was?«

Er kniete nun vor ihr und schaute sie bewundernd an. »Es ist noch nicht offiziell, aber es sieht ganz so aus, als hätte Lazarro sich dazu entschlossen . . . sich zurückzuziehen. Und rate mal, wer seine Stelle einnehmen wird!«

»Aber, Sean, das ist ja wundervoll!« Sie freute sich wirklich, aber eine kleine Unsicherheit blieb.

Sean legte einen Arm unter ihre Knie, den anderen um ihre Schultern. »Also, glaubst du mir jetzt, daß ich nirgendwohin gehen werde?« fragte er. »Außer nach oben – mit dir.«

Und plötzlich ließ Eve ihren Gefühlen freien Lauf. Sie lehnte den Kopf an seine Schulter, als er sie hochhob und sie die Treppe hinauf trug. Er betrat mit ihr das Schlafzimmer, doch dann ging er mit ihr zum Bad. Sanft setzte er sie in der Dusche ab und stellte das Wasser an, obwohl sie noch ihre Kleider trug.

»Sean, du hast immer noch deinen guten Anzug an . . .«

»Darf ich nicht einmal spontan sein?« fragte er mit

einem verführerischen Lächeln. Schnell war die kleine Kabine voller Dampf. Castor küßte Eve entschlossen, während er ihr gleichzeitig die nasse Bluse auszog. Sie lehnte sich gegen die Kacheln, als er sie losließ, um sich die Schuhe und die Hose auszuziehen.

»Baby, mir kommt es vor, als würde ich dich das erste Mal nehmen«, sagte er.

Und Eve, die aufgehört hatte zu denken, ergab sich etwas Dunklem, Aufregendem, von dem sie wußte, daß es keine Liebe war. Sie dankte Gott im Himmel dafür, daß Castor Troy tot war. Denn sein Tod hatte eine wilde, animalische Seite in ihrem Mann freigesetzt, eine ungestüme, fast schon rücksichtslose Leidenschaft, und Eve zitterte vor Lust, als er sie mit seinen Händen und Lippen erregte. Als er dann mit ihr schlief, zeigte er die Kraft und die Ausdauer eines wilden Hengstes.

»Alle Gefangenen werden gebeten, ihre gesamte Kleidung abzulegen, um die wöchentliche Dusche zu absolvieren« – aus allen Lautsprechern erklangen diese Worte.

Diese wöchentliche Dusche war Pflicht, und Archer beobachtete, wie die anderen sich auszogen, sich auf die kalten Stahlliegen setzten und warteten. Als dann die Stahltüren vor den Zellen geöffnet wurden, kam Archer sich ziemlich merkwürdig vor – er trug nur noch seine Metallstiefel. Er schloß sich der Reihe der Häftlinge an, die zum Sanitätsbereich gescheucht wurden.

Sie mußten sich entsprechend den Nummern aufstellen, die man ihnen zugeteilt hatte, und wer nicht auf die richtige Reihenfolge achtete, wurde mit dem Elektroschocker bestraft und für drei Tage Einzelhaft in seine Zelle zurückgebracht.

Während die Schlange sich zwischen den stählernen Wänden weiterschob, träumte Archer von seinem Zuhause. »Ist denn überhaupt noch warmes Wasser übrig, wenn wir drankommen?« fragte er Nummer 2245. Der Mann war von zwergenhaftem Wuchs und hatte langes, schmutzig-graues Haar. Eine seiner Augenhöhlen war leer, das Lid mit einem schwarzen Faden zugenäht worden.

»Warmes Wasser? Sag mal, was glaubst du eigentlich, wo du hier bist? Im Ramada Inn? Sie haben eine einzige Düse, und die bleibt jeweils genau dreißig Sekunden an. Du hast noch nicht mal genug Zeit, dir den Arsch zu waschen.«

»Lassen sie uns wenigstens die Stiefel ausziehen?«

»Nein. Das erlauben sie nie«, antwortete der Zwerg. »Du kriegst sie nur dann abgenommen, wenn sie dich in die Idiotenkammer stecken.«

Archer überlegte. »Und wie kommt man da rein?« wollte er dann wissen.

»In den Trockenbereich? Spinnst du? Die lutschen dich aus wie eine Zitrone!«

»Spuck's endlich aus!«

»Prügle dich, teile mehr als drei Schläge aus, und du bist reif für die Idiotenkammer.« Nummer 2245 senkte die Stimme. »Du kannst natürlich auch einem Wärter eins in die Schnauze hauen.«

»Hört auf zu quatschen«, sagte der philippinische Wächter und legte eine Hand an seinen Elektroschokker.

Schließlich kam Archer an die Reihe. Panik erfüllte ihn plötzlich, Adrenalin jagte durch seine Adern. Er kam sich vor wie ein Stück Vieh, das zur Schlachtbank geführt wird.

Sean war nicht überrascht, als er Red Walton neben der Dusche stehen sah. Er hielt ein PDA in der Hand, auf dem er die einzelnen Gefangenen registrierte. Sobald das Signal an der Wand auf Grün schaltete, brüllte er »Duschen!«.

Nummer 2245 rannte unter den kalten, harten Strahl, hob die Arme und rieb sich dann blitzschnell ab. Der Monitor wurde rot, und der Wasserstrahl versiegte. »Raus!« kommandierte Walton.

Als Nummer 2245 wegtrottete, konnte Archer sehen, daß seine Stiefel voller Wasser waren. Es platschte bei jedem Schritt, den er machte. Er gesellte sich zu den anderen nassen, frierenden Gefangenen, die schon ungeduldig darauf warteten, daß Archer fertig wurde. Handtücher galten als überflüssiger Luxus, und sie wollten endlich ihren wärmenden Anzug wieder anziehen.

Das Licht wurde grün. »Duschen!« brüllte Walton, das Wasser begann zu laufen. Archer jedoch blieb einfach stehen.

»Hältst wohl Ausschau nach Ärger, was, Castor?«

»Ja«, antwortete Archer, und dann schoß seine Faust auch schon gegen Waltons Kinn. Der Mann flog gegen die Wand, und der Aufprall war so hart, daß er das Bewußtsein verlor.

Die anderen Gefangenen begannen zu jubeln, als sie sahen, daß ein dünner Blutfaden aus Waltons Mundwinkel lief und das Blut auf den nassen Boden tropfte. Sofort wurde der Magnetboden aktiviert, so daß die Gefangenen sich nicht mehr von der Stelle rühren konnten.

Als Archer die Faust wieder öffnete, tat ihm die Hand höllisch weh. Er vermutete, daß er sich etwas angebrochen hatte, aber das war es wert gewesen. Als sich dann orange gekleidete Wärter wie eine Mauer um ihn schlossen, hob er die Hände über den Kopf, denn er wußte, was als nächstes kommen würde.

Trotzig schaute er sie an, als sie ihm die Schocker in den Leib rammten, in die Oberschenkel, sein Rückgrat, seinen Magen. Archer zitterte und zuckte grauenhaft, bevor er erneut in die Bewußtlosigkeit versank.

Als er langsam wieder aus der Schwärze auftauchte, spürte er, wie man ihn zu der hydraulischen Tür zerrte, die den Trockenbereich abtrennte. Sie öffnete sich, und einen Moment lang hüllte ihn die warme Luft, die aus dem Raum drang, wie eine weiche Decke ein. Er verrenkte sich den Hals, um zu den Trockenbehältern hochschauen zu können, die schwach von orangefarbenem Licht beleuchtet wurden.

Wie Dörrpflaumen wirkten die ausgetrockneten Schädel der Opfer, in ihren hervortretenden Augen lag Mitgefühl, als sie sahen, daß sie einen weiteren Leidensgenossen bekommen würden. Die Behälter waren mit Kabeln an der Decke befestigt; Schläuche führten dem Körper Nahrung zu, durch andere Schläuche wurde wer weiß was wieder abgesaugt.

Noch mehr Adrenalin raste durch Archers Körper, als er sich umschaute. Schließlich entdeckte er etwas Wichtiges: Hoch oben, fast an der Decke, war eins der Sichtfenster der Überwachungszentrale.

Ein leerer Behälter wurde von oben heruntergelassen. Archer tat so, als würde er in Ohnmacht fallen, und ließ sich auf den Boden sinken, als der Deckel des Behälters geöffnet wurde.

Die Wachen hoben Archer auf und legten ihn in den Behälter. Ein Bioingenieur verband die Kanülen mit seinem Körper und aktivierte den Drehhydrierungsvorgang. Archers Arme und Beine befanden sich noch außerhalb des Behälters.

Wann werden sie mir endlich die Schuhe ausziehen? dachte Archer. Er spürte, wie seine Haut sich anspannte, als eine gelbe Flüssigkeit durch die Schläuche aus seinem Körper floß. Endlich spürte er, daß die Schuhe deaktiviert wurden. Die Verschlüsse des ersten wurden gelöst, dann wurde ihm der Stiefel ausgezogen. Der zweite wurde geöffnet. Archer schlug die Augen auf, als er merkte, daß an dem Schuh gezerrt wurde.

Doch bevor er ganz ausgezogen werden konnte, hob Archer blitzschnell das Bein und trat dem Wächter gegen das Kinn. Der zweite Wächter lockerte seinen Schocker, doch Archer hatte den Mann schon am Kragen gepackt und schmiß ihn voller Wucht gegen die Glasscheibe des Behälters. Das Glas bekam Risse wie ein Spinnennetz, dort, wo der Wächter aufgeprallt war und es durch die Wucht nach innen gedrückt hatte. Archer schob den Kopf des Mannes weiter hinein, und als er sich befreien wollte, zerschnitten ihm die Scherben das Gesicht. Archer befreite sich von dem verhaßten Schuh.

Der Bioingenieur, der ohne Waffe war, hatte sich hingekauert und wich nun zurück, als Archer den Schokker aufhob. Archer betäubte den Mann damit, dann trat er an den Dehydrator, verband die Kanülen erneut mit seinem Körper und stellte die Maschine auf Umkehrfunktion. Innerhalb von Sekunden wurde seinem Körper die Flüssigkeit, die ihm entzogen worden war, wieder zugeführt. Dann riß Archer sich die Schläuche ab, und da er immer noch nackt war, streifte er dem Techniker den orangefarbenen Anzug ab und zog ihn sich selbst über.

Während Archer noch dabei war, den Reißverschluß hochzuziehen, unterbrach einer der Wärter in der Überwachungszentrale, der am Computer Blackjack gespielt hatte, sein Spiel, und stellte entsetzt fest, was sich im Trockenraum ereignete. Sofort löste er den Alarm aus, einen gräßlichen Ton, der immer lauter anschwoll.

Die Gefangenen hatten diesen schrillen Ton noch nie

gehört, ahnten aber, daß jemand einen Fluchtversuch gewagt hatte. Walton, der sich in sein Büro zurückgezogen hatte, litt noch unter den Nachwirkungen des Schlages, den Archer ihm versetzt hatte, doch als er den Alarm hörte, sprang er auf und rief die besten seiner Leute zusammen. Gemeinsam rannten sie zur Trockenkammer.

Archer sah, daß die Tür immer noch offenstand. Hektisch suchte er die Wand ab und fand schließlich den Knopf, auf den er drücken mußte, um sie zu schließen. Er hieb mit der Faust darauf, und die Tür ging zu. Dann benutzte er den Schocker wie einen Schlagstock und hieb die Platte weg, auf der der Knopf saß, so daß die Schaltungen des Öffnungsmechanismusses freilagen. Er stellte den Schocker auf die höchste Stufe ein und stieß ihn in das Kabelgewirr. Für den Moment war er sicher, doch um zu entkommen, blieb ihm nur der Weg nach oben.

Walton schrie den Leuten in der Überwachungszentrale über sein Sprechgerät Befehle zu. »Macht endlich diese gottverdammte Tür auf!« brüllte er, und nun wurde endlich deutlich, woher er seinen Spitznamen hatte – wenn Walton zornig war, dann nahm sein Gesicht eine tiefrote Farbe an.

Wie bei einem defekten Lift ging die Tür teilweise auf, um sich dann gleich wieder zu schließen. »Erschießt ihn!« schrie Walton, als die Tür für einen Moment aufglitt. Die Wärter zögerten, und schon war die Tür wieder zu. Walton drängte sich durch die Männer, schob sie mit den Ellbogen zur Seite und legte seine automatische Waffe an. Er schoß, als die Tür sich erneut ein wenig öffnete.

Archer hatte die Zeit genutzt, um sich an den Versorgungskabeln nach oben zu hangeln. Es gelang ihm, den Kugeln in dem Gewirr aus Schläuchen auszuweichen, durch die Sauerstoff und Nahrung zu den bedauernswerten Geschöpfen in den Behältern geleitet wurden, während andere Urin und Fäkalilen abtransportierten. Eine Kugel zerriß den Hauptableitungsschlauch für Urin, und die Flüssigkeit spritzte heraus.

Als die Tür das nächste Mal aufglitt, stemmte Walton seinen Schocker dazwischen, und der Spalt war breit genug, daß seine Männer sich durchzwängen konnten.

Archer befand sich nun oberhalb der Behälter, und er benutzte die Hauptnahrungsleitung, um sich auf einen der Glaskästen zu schwingen. Die Behälter schwangen hin und her, als er über sie kroch. Die Wachen, die sich unten in der Kammer versammelt hatten, schossen weiterhin auf ihn, doch die Kugeln trafen höchstens die Schläuche, zerrissen deren Ummantelungen. Ein wahrer Regen ging auf sie hernieder, blendete sie. Walton schrie auf, als sein Gesicht besudelt wurde. Er feuerte ziellos weiter, schoß ein paarmal in einen Behälter, dessen Glaswand brach und den Gefangenen freigab, der auf die Wachen stürzte.

Es war schrecklich. Der ausgemergelte Körper zerbarst buchstäblich in Stücke. Arme, Hände, Beine und der Kopf brachen vom Rumpf. Dickflüssiges Blut sikkerte aus dem Körper. Die Wachen wichen voller Entsetzen zurück.

Als Walton sich den Schmutz aus dem Gesicht gewischt hatte, sah er, daß Archer den letzten Behälter vor dem Überwachungsraum erreicht hatte.

Archer blickte auf das Display, auf dem die Daten des Gefangenen vermerkt waren: *PUCK, MILES M. Verbrechen: Vergewaltigung – 32 Verurteilungen. Strafmaß: 204 Jahre. Verbleibende Haftzeit: 197 Jahre, 4 Monate, 3 Tage, 2 Stunden, 27 Minuten. Die Sekunden tickten weiter.*

»Jetzt wird ein bißchen geschaukelt, Puck«, murmelte

Archer vor sich hin, während er sich an den Schläuchen festhielt und den Behälter zum Schwingen brachte, bis er gegen das Fenster krachte. Erst nachdem er dreimal dagegen geknallt war, brach das Glas; die Scherben fielen nach innen.

Und dann stand Archer in der Überwachungszentrale. Der Deputy und der Sicherheitschef wichen in eine Ecke zurück, und es dauerte einen Moment, bis sie begriffen, daß sie diesen Gefangenen festnehmen sollten.

Der Deputy zog seinen Schocker, während Archer sich die größten Scherben griff und wie Dolche seinen Gegnern entgegenschleuderte. Das Glas schnitt die Brust des Deputies auf, der aufschrie und dann zusammensackte. Gerade noch rechtzeitig wandte Archer sich um, um zu sehen, wie der Sicherheitschef seinen Schocker nahm. Archer hob blitzschnell den Elektroschocker des Deputies auf, sah, daß er auf Betäubung eingestellt war, und schwang ihn wie einen Säbel.

»Komm ruhig!« murmelte Archer und nahm eine Angriffshaltung ein.

Der Sicherheitschef griff an. Doch er hatte sich noch nicht ganz aufgerichtet, als Archer schon den Schocker mit seinem eigenen abblockte, und bevor der Mann seinen Schocker in eine neue Angriffsposition bringen konnte, hatte Archer ihn bereits an der Schulter getroffen. Und dann, so fest wie er konnte, drückte er dem Mann den Elektroschlagstock in den Hals.

Der Sicherheitschef brach zusammen, als der Strom durch seinen Körper schoß. Zuckend fiel er in das zerbrochene Glas, die Augen traten hervor, sein Kopf rollte unkontrolliert hin und her, sein Haar wurde zu einer blutigen Masse.

Archer rannte zu einer dreidimensionalen Grafik und entdeckte, wonach er gesucht hatte: eine schematische

Übersicht des Gefängnisses. Es war offensichtlich, daß der einzige Weg nach draußen der nach oben war. Die Grafik zeigte eine Reihe von Räumen, die zu einem langen Korridor führten, der der Eingang für das Personal sein mußte.

Während er noch überlegte, wie er am besten nach oben gelangen könnte, bemerkte Archer die Öffnung eines Kabelschachts. Archer blickte in den Schacht und sah, daß er sich würde durchzwängen können, wenn er die Kabel beiseite schob.

Sich an den Kabeln festhaltend, stemmte er sich nach oben und gelangte an eine weitere Öffnung, die in den Generatorenraum des Gefängnisses führte. Die Tür aus diesem Raum führte in einen Gang. Archer rannte, so schnell er konnte, doch als er an der Cafeteria vorbeikam, wurde er von einigen Wärtern entdeckt, die sofort die Verfolgung aufnahmen.

Archer wußte, daß er längst noch nicht ganz oben angekommen war, er mußte auf die nächste Ebene. Er kam zu einer Tür, auf der EMERGENCY EXIT stand und die durch einen Kontrollmonitor gesichert war. Er hörte, daß die Wachen bereits um die Ecke bogen. Er schickte ein Stoßgebet zum Himmel und drückte den Daumen gegen die Fläche. Unwillkürlich hielt er den Atem an. Die Wachen kamen näher.

Der Monitor wurde rot, und die Buchstaben ABDRUCK NICHT IDENTIFIZIERBAR flammte auf. Archer steckte den Daumen in den Mund und probierte es noch einmal.

IDENTIFIKATION ERFOLGT BITTE CODE EINGEBEN. Archer hatte den Finger schon nach der Zwei ausgestreckt, als er ihn schnell wieder zurückzog. Fast hätte er seine Gefangenennummer eingegeben.

»Verdammt, reiß dich zusammen!« schrie er sich selbst an. Eves Geburtstag war der vierundzwanzigste

November, und sie hatten am zweiundzwanzigsten April geheiratet. Eine Kugel pfiff an seinem Ohr vorbei, als er 11-24-4-22 eintippte.

Die Wachen hatten ihn fast erreicht, schossen auf ihn, doch da glitt endlich die Tür auf. Archer warf sich durch den Spalt, und gerade, als Walton schon auf ihn angelegt hatte, schloß sie sich wieder. Während dieser noch den Daumen auf den Monitor drückte, hetzte Archer eine schmale Wendeltreppe nach oben, drei Stufen auf einmal nehmend.

Wo um Himmels willen führt die hin? dachte er. Er kam sich vor wie der Fuchs, der von den Jägern verfolgt wird – sie würden ihn nicht mit einer Kugel umbringen, sondern ihn hetzen, bis es sein Herz zerriß.

Es kam Archer vor, als wären nur Sekunden vergangen, bis Walton und seine Männer in den Turm stürzten. Archer konnte ihre Schuhe auf den Metallstufen unter ihm klappern hören. Kugeln pfiffen um seine Ohren, Querschläger prallten von dem Metall ab. Am Ende der Treppe hing ein Schild: NOTAUSGANG NICHT OHNE SICHERHEITSLEINEN BETRETEN.

Ein Stück oberhalb hing eine schmale Leiter an der Wand, und Archer mußte springen, um sie zu packen. Als er höherkletterte, sah er über sich eine Bodentür, durch die schmalen Ritzen drang Licht. Er stieß die Luke auf – und ein Schwall Seewasser schlug ihm ins Gesicht. Er verschluckte sich, hustete und blickte sich verwirrt um. Grelles Sonnenlicht blendete ihn. Möwen kreisten über ihm. Archer kroch über eine Metallplattform und richtete sich dann auf.

Er hatte keine Zeit, um erstaunt zu sein, aber es verblüffte ihn dennoch, als er sah, daß das Gefängnis sich mitten im Ozean befand. Wenn er sich nicht täuschte, dann war das hier eine ausgediente Ölplattform.

Was sollte er jetzt machen? Sich in die Wellen werfen

und hoffen, daß er schwimmend entkommen konnte? Was aber, wenn sich die Plattform zu weit nördlich befand, in eisigem Wasser, in dem hungrige Haie nur auf ihre nächste Mahlzeit warteten?

Er wandte sich um und entdeckte einen Transporthubschrauber; wahrscheinlich benutzten die Wärter ihn, um zu diesem höllischen Ort und wieder zurück zu gelangen. Ob die Schlüssel steckten? Archer rannte zur Maschine hinüber und kletterte ins Cockpit. Er blickte sogar unter den Sitz. Nichts. Keine Schlüssel. Er betätigte einige Schalter. Nichts.

Die Luke wurde aufgeschlagen, und Walton, der als erster herausdrängte, schoß wild um sich. Archer kletterte aus dem Hubschrauber und schaute sich um. Er konnte auf eine tiefergelegene Ebene der Plattform springen und sich so vor den Kugeln in Sicherheit bringen. Er sprang, und der Fall, obwohl er nur Sekunden dauerte, kam Archer endlos vor. Er prallte hart auf den rostigen Metallboden und rollte gegen einen breiten Hochdruckwasserschlauch. Sein Blick folgte dem Verlauf des Schlauches, registrierte das Druckventil, das durch ein Rad verschlossen wurde. Die Wachen standen am Rand der oberen Plattform und schossen auf Archer, der begonnen hatte, das Rad aufzudrehen.

Der Schlauch schoß vorn fast senkrecht hoch, und Archer gelang es kaum, ihn festzuhalten. Fest stemmte er die Füße in den Boden, während er mit dem Schlauch kämpfte, als wäre es eine Boa Constrictor, die ihn umschlingen wollte. Schließlich hatte er ihn soweit unter Kontrolle, daß er ihn auf die Wachen richten konnte. Das Wasser traf ihre ungeschützten Augen, riß ihnen die Waffen aus den Händen und schwemmte einige von ihnen ins Meer.

Der Strahl hochkomprimierten Wassers traf Walton genau an der Brust, und der Druck spülte ihn an die äußere Kante der Plattform, wo er verzweifelt darum kämpfte, nicht den Halt zu verlieren.

Aus den Augenwinkeln nahm Archer eine Bewegung auf dem Wasser wahr. Er wandte sich um und sah einen Schlepper, hinter dem ein Beiboot dümpelte. Er schien gerade erst abgelegt zu haben.

Dadurch, daß Archer abgelenkt war, ließ für einen Moment der unerbittliche Druck nach, und Walton nutzte die Atempause, um sich hochzuziehen und nach der Waffe, die ihm aus der Hand gefallen war, Ausschau zu halten.

Archer ließ den Schlauch los und duckte sich, als dieser wild hin und her schlug und sich aufrichtete wie ein wasserspeiender Drachen. Er kletterte auf einen Stapel Rohre, stieß sich den Kopf an einem Kranhaken und konnte gerade noch den Kugeln ausweichen, die Red Walton in seine Richtung geschickt hatte.

Archer drehte sich, packte den Haken mit beiden Händen und trat die Rohre weg. Er schwang sich über das Wasser hinaus, und als er spürte, daß er den höchsten Punkt des Bogens erreicht hatte, ließ er los. Er nutzte den Schwung, um sich vorzubeugen und die Beine zu strecken, und tauchte dann kopfüber in die Wellen des Ozeans. Er schoß hoch an die Oberfläche, zerteilte die Wellen mit seinen Armen, als er auf sein Ziel zukraulte. Kugeln ließen das Wasser neben ihm aufspritzen, und er konnte das Zischen hören, wenn sie durch die Luft schnitten.

Er wartete einen Moment, bis die Wellen das Beiboot in die günstigste Richtung gedreht hatten, dann packte er den Rand und stemmte sich hoch. Das Boot war mit einem schweren Seil an den Schlepper gebunden, und immer wieder mußte Archer sich ducken, um den Kugeln auszuweichen, während er sich bemühte, den Knoten zu lösen.

Schließlich hatte er es geschafft. Er ließ den Motor an, und das Boot schoß davon. Zu gern hätte Archer sich jetzt ein wenig Ruhe gegönnt, doch er wußte, daß es noch nicht vorbei war. Er lenkte das Boot Richtung Osten, dann überprüfte er den Tank und mußte feststellen, daß nicht mehr allzu viel Treibstoff darin war. Wie weit mochte es bis zum Land sein?

Etwa zehn Minuten später kam ein Küstenstreifen in Sicht, und Archer erkannte die Hügel von San Pedro. Ein Schatten glitt über das Boot, und für einen Moment geriet Archer in Panik. Doch als er aufblickte, stellte er erleichtert fest, daß er sich ins Bockshorn hatte jagen lassen – es war nur ein Pelikan, der ins Wasser stieß und dann mit einem Fisch im Schnabel wieder auftauchte. Archer beobachtete, wie der Vogel den Fisch hinunterschlang, und plötzlich verspürte er nagenden Hunger. Himmel, frischgegrillter Fisch wäre jetzt eine Delikatesse, ein Glas kühlen, klaren Wassers die größte Köstlichkeit – an ruhigen, entspannten Schlaf wagte er erst gar nicht zu denken.

Sein schöner Traum endete abrupt, als der Außenbordmotor zu stottern anfing und dann erstarb. Archer zuckte mit den Schultern und nahm die Ruder. Sein ganzer Körper schmerzte bei der Anstrengung des Ruderns, und er hatte das Gefühl, daß die Sehnen in seinen Armen gleich reißen würden.

Er war noch nicht allzuweit gekommen, als erneut ein Schatten die Sonne verdunkelte. Und diesmal war es kein harmloser Vogel. Der Transporthubschrauber kam senkrecht herunter, und Walton, seine Nemesis, das Gesicht so rot wie der Teufel, zielte mit einer Maschinenpistole auf Archers Kopf.

Archer blickte sich in Panik um und entdeckte eine Reihe von Bojen. Eine verzweifelte Idee kam ihm, als er die Inschrift entzifferte: *Metro Transit Authority*. Er ließ die nun nutzlos gewordenen Ruder los und sprang ins Wasser.

Das kühle Wasser erfrischte ihn, er spürte, wie plötzlich neue Energie durch seinen Körper floß. Eine merkwürdige Zuversicht erfüllte ihn. Mit fast entspannten Bewegungen schwamm er ungefähr zwei Meter unter der Oberfläche, während die Besatzung des Helikopters darauf wartete, daß er auftauchte, so daß sie seinen Kopf mit Kugeln durchsieben konnten.

Bis jetzt war es ihm jedes Mal gelungen, sie zu überlisten, und er wußte, daß ihm das auch nun wieder gelingen würde – aber er brauchte dringend Luft. Langsam begann er nach oben zu steigen, achtete auf den Schatten des Hubschraubers, der dicht über dem Wasser stand und kleine Wellen aufwirbelte. Wenn er direkt unter dem Helikopter auftauchte, dann konnte er Atem holen, ohne daß ihn jemand sah.

Unbemerkt durchbrach er die Oberfläche, atmete ein paarmal tief durch, pumpte dann soviel Luft in seine Lungen, wie nur möglich war, und peilte die nächste Boje an. Inzwischen war er sich ganz sicher, was sie markierten.

Archer hielt sich an der Kette der Boje fest und zog sich daran nach unten, auf den Schatten zu, den er vage ausmachen konnte. Der Druck auf seinen Ohren wurde unerträglich. Kugeln peitschten das Wasser um ihn herum auf, doch Archer ließ sich immer tiefer sinken, bis er die Tunnelröhre der Metro erreicht hatte.

Archer zwang sich, dort unten in dem trüben Wasser zu bleiben, statt hoch ans Licht und die Sonne zu schießen, und schließlich fand er, was er gesucht hatte – eine grell gelb gestrichene Wartungsluke. Er zerrte an dem Riegel, der sie verschloß, doch in seinen Armen war kaum noch Kraft. Seine Lungen brannten.

Archer stellte sich das gräßliche Bild vor, wie Castor

mit Eve schlief und versuchte es ein letztes Mal. Der Riegel bewegte sich schwerfällig. Archer stemmte die Beine gegen die Außenwand, und langsam, ganz langsam, Zentimeter für Zentimeter, gelang es ihm, die Luke aufzuziehen.

Über ihm entschloß Walton sich, kein Risiko einzugehen. Er löste die Schalterschutzhülle von einer Wurfrakete. Diese Raketen waren nicht dafür gedacht, unter Wasser zu detonieren, aber das war Walton egal. Wohin auch immer »Castor Troy« verschwunden sein mochte, es nutzte ihm nichts. Solange er sich noch in einem Umkreis von hundert Metern befand – und wie wollte er weiter gekommen sein? –, würde die Explosion ihn garantiert umbringen.

Die Rakete schoß aus dem Abschußbehälter. Archers Lungen standen kurz vorm Zerplatzen, als er endlich die Luke ganz aufgezogen hatte. Er schwamm gerade in den Raum dahinter, als draußen die Rakete an ihm vorbeijagte. Sie grub sich in den Meeresboden, explodierte in einer Muschelkolonie und Perlmutt wirbelte in einem schimmernden Sturm durchs Wasser.

Der Sauerstoffmangel brachte Archer an den Rand des Deliriums. Sein Gehirn hatte aufgehört, vernünftig zu denken. Das Wasser in der Depressionskammer wurde durch Lampen erleuchtet. Er sah Lichterwirbel vor sich, und bevor alles schwarz wurde, blitzte Eves Gesicht noch einmal vor ihm auf. Einen Moment, bevor er die Oberfläche durchbrach, konnte er sein Verlangen zu atmen nicht mehr beherrschen. Er schluckte Wasser, doch gleichzeitig sog er herrliche, lebensspendende Luft in seine Lungen.

Archer hustete und spuckte, doch dann atmete er von neuem die süße, kostbare Luft ein, schwelgte geradezu in dem Luxus, ausreichend Sauerstoff in seine Lungen zu ziehen. Er war gerettet – fast. In seiner Erschöpfung rollte er sich auf den Rücken und ließ sich auf dem Wasser treiben. Dabei entdeckte er an einer Seite der Kammer eine schmale Leiter.

Er mobilisierte das bißchen Kraft, das ihm noch geblieben war, kletterte zu der Tür hinauf, die sich am Ende der Leiter befand, und stieß sie auf. Ein heftiger Luftzug, der entstand, als draußen ein Zug vorbeirauschte, hätte ihn fast wieder nach unten geworfen.

Eng an die Wand gepreßt, bewegte sich Archer auf dem schmalen Steg in die Richtung, wo er die nächste Station vermutete. Zwanzig Minuten später, als sich die Türen eines Zuges öffneten, starrten die Passagiere verblüfft auf einen tropfnassen Mann ohne Schuhe in einem orangefarbenen Jumpsuit, der sich erschöpft auf einen Sitz sinken ließ.

Als der Zug losfuhr, konnte Archer nur noch eines denken – wie schaffe ich es, mit Eve Kontakt aufzunehmen?

## 10.

In dieser Nacht bemühte Castor sich, Eves sexuellen Hunger zu stillen, denn sie hatte eine geradezu unersättliche Gier entwickelt. Er konzentrierte sich ganz auf ihre Wünsche und ihren Genuß und trieb sie in Höhen der Lust, wie sie sie nie zuvor erlebt hatte.

Später, nachdem sie eine Weile eng aneinandergeschmiegt geschlafen hatten, weckte er sie und begann erneut mit seinen aufregenden Liebesspielen, bis sie schließlich glücklich und erschöpft wieder einschlief.

Doch Castor konnte keine Ruhe finden, und so stand er auf, zog sich Hemd und Hosen über und blieb dann noch einmal am Bett stehen, um Eve zu betrachten. Er empfand Triumph und Befriedigung, und er wußte, daß es ganz allein an ihm lag, sich dieser Chance zu bedienen. Nutz es aus oder verlier alles, Sean Archer, dachte er.

Er schlich sich aus dem Schlafzimmer ins Arbeitszimmer, um eine Zigarette zu rauchen. Er begann, in dem FBI-Handbuch zu lesen, das er nach Hause mitgenommen hatte, doch über der letzten Seite schlummerte er ein und erwachte erst wieder, als die Sonne schon aufgegangen war. Er trank den kalten Kaffee vom vergangenen Tag, dann wusch er sich und zog sich frische Sachen an.

Er ging zu seinem Wagen und wollte sich gerade eine

Zigarette anzünden, als er Eve auf dem Beifahrersitz des alten Autos entdeckte. Schnell steckte er die Zigarettenschachtel in seine Hosentasche, bevor sie sie bemerken konnte, und setzte sich sich dann hinters Lenkrad. Eve schien düsterer Stimmung zu sein. Sie trug dunkle Kleidung und hielt den Bügel der Tasche, die auf ihrem Schoß lag, fest umklammert. Nichts erinnerte mehr an die wilde Tigerin, als die sie sich in der vergangenen Nacht gezeigt hatte.

Es kam Castor schon fast ein bißchen unheimlich vor, daß sie ihm keinen Blick geschenkt und nicht einmal »Guten Morgen« gesagt hatte – sie schien ins Nichts zu blicken.

Aber dann sagte sie doch etwas. »Heute nacht habe ich gedacht . . .« Sie hielt inne und setzte sich ihre Sonnenbrille auf. »Heute nacht habe ich fast daran gezweifelt, daß du wirklich mein Ehemann bist.«

Castor erstarrte zu Eis und sagte nichts.

»Doch dann stand ich mitten in der Nacht auf und entdeckte, daß du an deinem Schreibtisch eingeschlafen warst.«

Er zuckte mit den Schultern. »Ich konnte nicht einschlafen. Du schläfst unruhig. Ziemlich unruhig sogar,« fügte er hinzu und steckte den Zündschlüssel ins Schloß. »Aber egal, ich bin spät dran.«

Eve fand, daß es merkwürdig war, daß er *dieses* Thema ausgerechnet jetzt zur Sprache brachte. Ihre Angewohnheit, sich nachts von einer Seite auf die andere zu werfen, hatten sie schon am Anfang ihrer Beziehung abgehakt.

»Sean, hast du denn vergessen, welcher Tag heute ist?« fragte sie und wartete auf eine Reaktion.

Er starrte sie nur an und hoffte, daß sie ihm wenigstens einen kleinen Hinweis geben würde.

Diese plötzlich abweisende Haltung ihres Mannes

war Eve vertraut, dies war ein Sean Archer, den sie kannte.

»Sean, ich weiß, daß es dir schwerfällt, aber wir müssen trotzdem hin.«

Wohin? Wollte sie ihn vielleicht zu einer Eheberatung schleppen? Oder Schuhe kaufen?

»Können wir es nicht einmal ausfallen lassen?« flehte er. »Schließlich muß ich ›schützen und dienen‹, wie du weißt.«

Schützen und dienen? dachte Eve verwundert. Das war das Motto des Los Angeles Police Department, nicht des FBI. Merkwürdig. »Schützen und dienen kannst du nachher auch noch!« fuhr sie ihn an. »Du wirst dich *nicht* drücken!«

Er schwieg einen Moment. »Also gut, wenn du darauf bestehst«, meinte er, zog den Zündschlüssel wieder ab und warf ihn ihr in den Schoß. »Aber dann fahr du!«

Eve wandte sich westwärts und lenkte den Wagen auf den Pacific Coast Highway. Bei Agua Caliente fuhren sie ab. Die Straße wand sich durch einen Canyon, und Eve bewunderte wieder einmal die Sykomoren, die am Ufer eines kleinen Flüßchens wuchsen. Selbst nach all den Jahren hatte sie sich immer noch nicht an diese Bäume gewöhnt. Sie waren hoch, wirkten aber wie verdreht, da die Äste in den unmöglichsten Winkeln abstanden. Sie erinnerten Eve immer an alte Männer, die verzweifelt versuchten, ihre schwachen, dürren Arme nach oben zu recken. Und die rauhe Rinde – grau und grün mit allen möglichen Farbschattierungen dazwischen wirkte wie welke Haut.

Castor war von Unruhe erfüllt, vermißte den morgendlichen Nikotinstoß. Er erinnerte sich daran, wie süß Jamie aussah, wenn sie eine Zigarette rauchte. Doch dann runzelte er die Stirn, als ihm einfiel, daß sie am vergangenen Abend mit Karl ausgewesen war.

»Sag mal, wer ist eigentlich diese Ekel, dieser Karl, mit dem Jamie ausgeht?«

»Ekel?«

»Ja, Ekel. Der Junge taugt nichts, das kann ich spüren. Wetten, daß er nicht ganz sauber ist?«

»Nett, daß du über die Gesellschaft unserer Tochter urteilst, Sean. Auf mich hat er den Eindruck eines netten jungen Mannes gemacht. Sein Vater ist Weinhändler, hat gerade ein großes Stück Land verkauft, auf dem ein Golfhotel entstehen soll.«

»Okay, dann ist er reich – na und? Er ist auf jeden Fall ein bißchen zu alt für sie.«

»Ich weiß nicht. Sie sind ungefähr in dem gleichen Alter wie wir damals, als wir uns kennenlernten. Kannst du dich noch an den Zahnarzt mit der Vierundzwanzig-Stunden-Praxis erinnern?« fragte sie lächelnd.

Er blickte auf ihre strahlend weißen Zähne und erwiderte ihr Lächeln. »Natürlich«, behauptete er. »Wie könnte ich das vergessen?«

Sie wollte gerade weiterreden, doch er ließ sie nicht zu Wort kommen, weil er das Thema wechseln wollte. Er legte eine Hand auf ihren Schenkel und ließ sie weiter nach oben wandern. »Sag mal, heute nacht, hat es dir da eigentlich gefallen...«

In diesem Augenblick begann der Peeper zu piepsen. Castor fuhr fort, ihren Oberschenkel zu streicheln, dann knabberte er an ihrem Hals und sog den Duft ihres Haares ein. Er ignorierte es genauso, als der Peeper sich ein zweites Mal meldete.

»Willst du nicht antworten?« fragte Eve.

Castor nahm den Peeper heraus und stellte ihn ab. Er strich mit einem Finger über ihre Lippen, so, wie er es in der vergangenen Nacht auch getan hatte, als Vorspiel zu ganz anderen Dingen, doch sie wandte den Kopf ab. Sie war so angespannt wie ein Drahtseil, und in ihrer Stimme lag ein Zittern.

»Sean, bitte, dies ist weder der richtige Ort noch die richtige Zeit.« Vage empfand Eve eine Art Scham, so wie damals, als sie Sean gegenüber zum ersten Mal alle Hemmungen hatte fallen lassen, ihr wildes Verlangen gezeigt hatte, ihre Lust, Dinge zu tun, die »ein anständiges Mädchen nicht macht«. Was hatte dieses Gefühl ausgerechnet jetzt wieder hervorgerufen? In der vergangenen Nacht hatte sie sich Sean unglaublich nahe gefühlt, aber heute morgen hatte sie nichts als eine schmerzliche, beängstigende Distanz empfunden.

Als Eve das Tempo verlangsamte, blickte Castor sich um und stellte fest, daß sie in einen Friedhofspark abbogen. Sie fuhren an einer Kirche vorbei und folgten dem Weg, der sich die Hügel von St. Mary's-by-the-Sea hochwand. Eve war in tiefes Schweigen versunken. Als sie anhielt, blieb Castor sitzen, bis sie ausgestiegen war, denn da er nicht die geringste Ahnung hatte, wohin sie wollte, mußte er ihr folgen.

»Nun komm schon!« sagte sie. Sie wußte, daß sie jetzt genug Kraft für sie beide aufbringen mußte. Sie hielt ihm die Hand hin, und Castor verließ endlich den Wagen. Sie durchquerten jenen Teil des Friedhofs, der als Land's End bekannt ist, stiegen einen steilen Hang hinauf und gingen zwischen einigen Grabsteinen hindurch. Sie konnten das Meer sehen und weiter entfernt die dunstverhangenen Klippen. Es war herzergreifend schön hier, beeindruckend und traurig, und Eves Herz war voller Tränen. Castor stellte sich neben sie, als sie an einem Grabstein stehenblieb und in ein stilles Gebet versank. Er las die Worte, die in den Marmor graviert waren:

MICHAEL NOAH ARCHER
UNSER GELIEBTER SOHN UND BRUDER
WIR WERDEN DIR IMMER EIN LIEBE-
VOLLES ANDENKEN BEWAHREN!

Erstaunt und mit einer milden Verblüffung stellte Castor fest, daß er offensichtlich wirklich ganz anders als andere Menschen sein mußte. Glücklicherweise anders, denn er konnte die Gefühle dieser Frau für jemanden, der seit acht Jahren tot war, nicht verstehen. Wie konnte sie nach so langer Zeit noch so starke Empfindungen haben? Wie konnte Archer noch dermaßen besessen von der Erinnerung an einen toten Jungen sein, daß es seinen Haß auf den Mörder beständig anheizte?

Eve kniete sich ins Gras, zupfte Unkraut weg und sammelte trockenes Lauf auf. »Alles Gute zum Geburtstag, Mikey«, flüsterte sie und öffnete ihre Handtasche. Dann setzte sie ein paar Spielsachen ins Gras: einen Bulldozer, einen Gummihai, ein Raumschiff, und zum Schluß legte sie noch ein Päckchen Kaugummi dazu.

Als sie wieder aufstand, wirkte ihr Gesicht wie eine steinerne Maske. Doch plötzlich wandte sie sich Castor zu und warf sich in seine Arme. Er hielt sie fest an sich gedrückt, während sie ihrem Kummer freien Lauf ließ. Schließlich wurde aus ihrer Trauer Zorn.

»Er hat uns unser Baby genommen, Sean. Unseren süßen kleinen Jungen.«

Castor war sauer. Am liebsten hätte er ihr ins Gesicht geschrien: »Halt den Mund, dumme Kuh!« Sein Körper versteifte sich, aber er hielt sie weiter fest, während er auf das Grab des Jungen starrte, den er überhaupt nicht hatte umbringen wollen. Sean Archer hätte sich niemals auf diesen Kampf mit mir einlassen sollen, dachte er. Und dann stieg für einen Moment etwas Fremdartiges, etwas merkwürdig Schmerzhaftes in Castor

Troys Brust hoch: das Gefühl eines unwiederbringlichen Verlustes.

Ihm schoß die Erinnerung an seinen Vater durch den Kopf, an den viel zu frühen Tod jenes Vaters, den er geliebt und gehaßt und dem er schließlich gleichgültig gegenübergestanden hatte. Jener Vater, der vielleicht noch am Leben wäre, wenn die überheblichen Ärzte im Krankenhaus ihn nicht als unwichtigen, drogensüchtigen menschlichen Müll betrachtet und vernachlässigt hätten.

Castor erinnerte sich daran, wie sein Vater seinen Söhnen das Stehlen beigebracht hatte, wie er sie mit einem Lächeln und mit Süßigkeiten belohnt hatte, wenn sie ihm die Mittel verschafft hatten, sich neues Heroin zu kaufen. Einmal, als Castor an seinem gut versteckten Drogenvorrat herumgeschnüffelt hatte, hatte er eine gewaltige Ohrfeige von seinem Vater bezogen. »Wage es bloß nicht!« hatte sein Vater ihn angeschrien.

»Und warum nicht?« hatte Castor gefragt, der bereits eine angenehme, wärmende Betäubung empfand. »Du hast doch genug!«

»Weil ich nicht will, daß ihr so endet wie ich«, hatte sein Vater geantwortet, und es war einer jener wenigen Momente gewesen, in denen Castor mit Sicherheit gewußt hatte, daß sein Vater ihn liebte.

Castors Gedanken wanderten zu Sasha Hassler weiter, der einzigen Frau, die zu mögen er sich gestattet hatte. Sie hielt sich für eine Amateur-Psychologin, nachdem sie einige Kurse am City-College besucht hatte. Sie hatte behauptet, daß der Tod seines Vaters der entscheidende Moment gewesen wäre, in dem er begonnen hatte, sich gegen die ganze Menschheit zu stellen und von dem an er kein Gesetz mehr akzeptiert hatte.

Vielleicht hat sie ja nicht so unrecht damit, aber ich scheiß' trotzdem drauf! dachte er voller Zorn, und plötzlich empfand er das wütende Bedürfnis, Sasha genauso zu erdrosseln wie Eve und seine eigene Mutter, die wahrscheinlich jetzt so sturzbetrunken wie jeden Morgen vor dem Fernseher saß und sich die Spielshows reinzog.

Eve weinte noch immer in seinen Armen, als Castors Wut sich genauso schnell, wie sie gekommen war – nein, nicht auflöste, sondern sich in etwas anderes verwandelte: in Traurigkeit.

»Hör auf zu weinen, Eve«, sagte Castor leise und strich ihr übers Haar. »Hör auf zu weinen – *bitte*!«

»Sie haben sich aber einen verdammt schlechten Tag ausgesucht, um Ihren Peeper abzustellen«, sagte Wanda, kaum daß Castor durch die Tür gekommen war. Er versuchte immer noch, diese merkwürdige Stimmung abzuschütteln, die ihn erfaßt hatte, und er wollte nicht mit ihr reden. Wenn schon, dann wollte er ihr höchstens eine reinhauen.

»Was ist denn los?« fragte er.
»Castor ist abgehauen!«
»*Abgehauen?* Aus Erewhon?«
Sie nickte. Buzz gesellte sich zu ihnen und drückte Castor eine schriftliche Mitteilung in die Hand. Castor taumelte und fühlte, wie sich alles schmerzhaft in ihm zusammenzog. Wanda sah, wie er totenblaß wurde. Man hatte ihm die Augen verbunden, als er nach Erewhon geflogen worden war, aber er wußte, daß der Flug im Helikopter nicht länger als zwei Stunden gedauert hatte. Archer *mußte* in Los Angeles sein.

Entschlossen unterdrückte Castor seine Furcht und gewann seine übliche rücksichtslose Härte zurück. »Ich will, daß sämtliche Leute auf diese Sache angesetzt werden«, sagte er. »Und versetzt das Los Angeles Police Department in Alarm.«

»Das Police Department? Castor wird doch nicht so dämlich sein und in die Stadt zurückkommen«, meinte Buzz.

»Glaubt mir – er ist bereits hier!«

Buzz und Wanda starrten Castor an und warfen dann einander einen Blick zu.

»Bewegt euch!« brüllte Castor, und sie stoben davon. Er drehte sich auf dem Absatz um und kehrte zu seinem Wagen zurück.

Pollux bestand nur noch aus wilden, unkontrollierten Zuckungen, und Castor zündete sich eine Zigarette nach der anderen an, während Lunt und Lars seelenruhig Wiener Würstchen aßen und Limonade tranken. Sie hatten sich unter dem Santa Monica Pier getroffen; Rollerskater und Fahrradfahrer flitzten an ihnen vorbei. Ab und zu blickten sie zu den jungen Mädchen in Hot Pants hinüber, die an dem Hot-Dog-Stand bedienten.

»Laßt meine ›Frau‹ nicht aus den Augen«, sagte Castor. »Er wird garantiert als erstes versuchen, mit ihr Kontakt aufzunehmen.«

»Hey, willst du tatsächlich, daß wir mit den Bullen zusammenarbeiten?« fragte Lunt oder Lars.

»Und warum zum Teufel nicht?« fragte Castor zurück. »Ihr steht jetzt beide offiziell auf der Lohnliste. Macht bloß keine Scheiß. Sobald ihr ihn seht, knallt ihn ab. Und jetzt verschwindet.«

Die beiden Schweden gingen zurück zu ihrem Rover. Pollux blickte auf das Wasser, das gegen die Pfeiler des Piers schlug, dann schaute er seinen Bruder an, an dessen fremdes Gesicht er sich immer noch nicht gewöhnt hatte. »Und was ist mit mir? Was mache ich?« wollte er wissen.

»Nichts«, erwiderte Castor. »Alle glauben doch, daß du ein verdammter Verräter bist. Es ist zu gefährlich.«

»Als ob mich das stören würde! Ich habe jedenfalls nicht vor, auf meinem Arsch sitzenzubleiben.« Pollux kratzte sich an den Schläfen und dann an den Ohren. Schließlich wandte er sich abrupt ab und marschierte davon. Er biß die Zähne zusammen, als sein Bruder ihm hinterherrief.

»Pollux! Warte!«

Pollux drehte sich um und sah die Waffe in der Hand seines Bruders.

»Nimm das Ding hier! Da draußen lauert der Feind«, sagte Castor.

Pollux grinste, als er sah, daß sein Bruder trotz Sean Archers Gesicht immer noch das gleiche spöttische Lächeln zustande brachte. Castor drückte seinem Bruder die Waffe in die Hand, und für einen Moment verschränkten sie ihre Finger. Pollux verspürte ein merkwürdiges Gefühl von Wärme, als er in die blaugefärbten Augen seines Bruders blickte.

Archer brauchte unbedingt andere Kleider und Schuhe. Er fuhr mit der Metro in die Innenstadt, zusammen mit Geschäftsleuten und Sekretärinnen, die auf dem Weg zu ihren stumpfsinnigen Jobs waren. Niemand starrte ihn offen an. Einige warfen ihm verstohlene Blicke zu, entweder mißtrauisch oder mit milder Verachtung. Andere taten einfach so, als wäre er gar nicht da. Irgendwie ärgerte es ihn, »unsichtbar« zu sein, und er überlegte sich, was sie wohl machen würden, wenn er anfinge zu tanzen oder zu schreien.

Der ordentlich gekleidete Geschäftsmann, der ihm gegenübersaß, löste das Problem auf seine Art: Er hielt sich die Zeitung vors Gesicht, so daß er Archer nicht anzuschauen brauchte.

Unwillkürlich fiel Archers Blick auf sein eigenes Foto und die fette Schlagzeile:

## BOMBENHELD WIRD BEFÖRDERT
Archer neuer Leiter des FBI an der Westküste

Endlich hielt der Zug an der Ecke Fifth Avenue und Main Street, dort, wo sich die Obdachlosen und die menschlichen Wracks versammelten. Mit gesenktem Kopf rannte Archer die Stufen nach oben und trat hinaus ins Tageslicht. Er betrat das Asyl von St. Vincent de Paul und las den Namen auf dem handgeschriebenen Schild, das eine ehrenamtliche Mitarbeiterin trug.

»Was kann ich für Sie tun?« fragte Ruthe, eine Frau, die Wärme und Güte ausstrahlte, besonders, wenn sie lächelte.

Ruthe war nicht mehr ganz jung, Witwe, und jeden Dienstag kam sie aus Encino, um im Asyl zu arbeiten. Sie ging ruhig und gelassen mit all den Drogenabhängigen, Alkoholikern und Obdachlosen um, von denen die meisten schon seit einer Ewigkeit keine Dusche mehr gesehen hatten und stanken. Sie legte das Buch, in dem sie gelesen hatte, hin und wartete, während Archer noch versuchte, seine Antwort zu formulieren.

»Sieht aus, als hätten Sie eine ziemlich schlimme Nacht hinter sich«, stellte sie fest.

»Kann man wohl sagen.«

»Brauchen Sie heute ein Bett?«

»Nein. Nein, vielen Dank. Aber ich brauche Kleider. Und Schuhe ... Ich ...«

Archer war im Begriff zu lügen, irgendeine dumme Ausrede zu erfinden, wie er seine Schuhe verloren hatte, doch sie unterbrach ihn.

»Sie brauchen mir nichts zu erklären«, meinte sie. »Kommen Sie, dann wollen wir sehen, was wir tun können.«

Sie führte Archer in einen feuchten, modrig riechenden Raum voller Regale, in denen gebrauchte Kleidung lag. Archer suchte sich eine Hose aus, ein Hemd und ein Paar Schuhe.

»Das macht zwei Dollar«, sagte Ruthe und lächelte wieder. »Das Geld kommt wieder dem Asyl zugute«, fügte sie hinzu, als ob er glauben könnte, daß sie tatsächlich Profit damit machen würden.

»Ich ... ich habe nicht mal einen Dime«, antwortete er und blickte ihr in die Augen. Man konnte ihr immer noch ansehen, welche Schönheit sie früher einmal gewesen sein mußte.

»Dann bleiben Sie's mir eben schuldig«, meinte sie. »Sie werden's mir doch irgendwann bezahlen, nicht wahr?«

»Darauf können Sie sich verlassen«, erwiderte er.

»Haben Sie schon gefrühstückt?« wollte sie wissen.

Archers Herz flog ihr zu. Er war fest entschlossen, drei Dinge zu tun: Castor Troy zu töten, dafür zu sorgen, daß Red Walton gefeuert und ins Gefängnis gesteckt werden würde, und dann würde er dieser Frau hundert Rosen schicken und einen dicken Scheck für das Asyl.

Sie führte ihn in die Küche, denn das Frühstück war bereits abgeräumt worden, und einige Freiwillige waren schon damit beschäftigt, das Mittagessen vorzubereiten.

Ruthe machte ihm ein Tablett fertig, und das Essen, das sie ihm gab, wirkte nur wenig appetitlicher als das in Erewhon. Es bestand aus Weißbrot, etwas Margarine, einer Scheibe Mettwurst und einem Klecks Mayonnaise, der so groß war wie das Brot. Auf einem zweiten Teller befand sich Maccaroni-Salat, den Ruthe mit einem Löffel aus einem großen Behälter geschaufelt hatte, und als Dessert gab es Plätzchen mit rosa und weißem Zuckerguß.

Archer ließ jedoch nicht einen Krümel übrig. Als er

sich verabschiedete, gab er Ruthe einen Kuß auf die Wange. Sie kicherte und wurde so rot, als wäre er ein reicher, gutaussehender Verehrer.

Von der Innenstadt bis nach Los Feliz war es ein Fußmarsch von gut fünf Meilen. Archers Herz schlug heftig vor Aufregung, als er schließlich in die Straße kam, in der Tito lebte. Während er in Erewhon gewesen war, hatte er beschlossen, jedem, der ihm wichtig war, zu sagen, wieviel er ihm bedeutete. Er wollte Tito sagen, wieviel ihm ihre Freundschaft bedeutete; er wollte ihm vorschlagen, daß sie in diesem Jahr ihren Urlaub zusammen verbrachten, er wollte wieder mit ihm trainieren.

Das einzige, was ihn wirklich störte, war, daß er immer noch Castor Troys Gesicht haben würde, wenn er Tito all dies sagte. Sein Herz schlug schneller, und er spürte, wie seine Muskeln sich anspannten, als er sich plötzlich fragte, wie Castor sich Tito gegenüber verhalten haben mochte.

Es schien so, als sei Tito zu Hause; Archer sah, daß sein Wagen auf der Straße geparkt war. Er lächelte, als er auf das Haus zuging.

Doch dann wurde ihm das Herz ganz schwer, als er das gelbe Band bemerkte, daß den Zugang zu Titos Tür sperrte. Er schaute sich vorsichtig um, doch er sah keine Cops. Als er dann schnell den Hinterhof betrat, beobachteten ihn die Mitglieder einer Cholo-Gang.

Archer zog sich durch das Fenster, das er gewaltsam geöffnet hatte, in die Küche. Sein Blick fiel sofort auf den mit Kreide nachgezeichneten Umriß eines Körpers und die Flecken getrockneten Blutes. In der Wand bemerkte er die Einschußlöcher. Seine Knie gaben nach, und er rutschte langsam an der Wand herunter, an die er sich gelehnt hatte. Sein Kopf tat ihm weh, er wurde zerrissen von Wut und Schmerz. Es war eine vertraute

Mischung. Falls seine Frau und seine Tochter noch lebten, dann mußte er schnellstens Kontakt mit ihnen aufnehmen und sie warnen.

Er konzentrierte sich darauf, ruhiger zu atmen, dann ging er zum Telefon und wählte die Nummer.

»Dr. Archer bitte. Es handelt sich um einen Notfall.«

Archer verzog das Gesicht, als er sich selbst sprechen hörte. Der Sprachrhythmus und die Wortwahl entsprachen seinen Gewohnheiten, aber die Stimme war die von Castor Troy. Er tastete mit den Fingern seinen Kehlkopf ab. Der Stimmenmodulator war mit feinsten elektronischen Drähten am Kehlkopf und an den Stimmbändern befestigt. Er versuchte, ihn wegzudrücken und übte dabei die Worte, die er Eve sagen wollte.

»Hallo, Eve, ich weiß, daß sich das alles ziemlich verrückt anhört...« Seine Stimme versagte, ging in einem statischen Rauschen unter. Er ließ den Modulator los. »Verdammt noch mal«, stieß er hervor. Seine Stimme klang immer noch wie die von Troy.

Währenddessen war seine Frau damit beschäftigt, die klaffende Stirnwunde eines achtjährigen Mädchens zu nähen. Sie hatte der Kleinen erlaubt, ihre Little-Mermaid-Puppe zu behalten, und es erschreckte sie, mit welcher Gelassenheit das Kind die medizinische Versorgung über sich ergehen ließ. Dies war schon das dritte Mal, daß das Mädchen mit einer solchen Wunde hierhergebracht wurde. Eve war sich ziemlich sicher, daß sie sich diese Wunde *nicht* zugezogen hatte, als sie mit ihrem Fahrrad gestürzt war.

»Werde ich mir jetzt trotzdem noch so ein schönes Bild auf den Kopf machen können wie Daddy?« fragte die Kleine, und Eve warf dem Vater einen verstohlenen Blick zu. Er hatte sich kahl rasiert, und auf seinem Schädel prangte ein eintätowiertes Spinnennetz.

»Daddy« hatte sich die Nase piercen lassen, und durch das Loch war eine Kette bis zum Ohr hin gezogen; seine Wimpern waren reichlich mit schwarzer Mascara getuscht. Er hatte dunkle Ringe unter den Augen, die Haut war aufgedunsen, und seine Pupillen glänzten und waren erweitert. Eve war überzeugt, daß er sich auf irgendeinem Trip befand.

»Ja, Liebes«, antwortete sie dem Mädchen. »Wenn du größer bist, wirst du das ohne Probleme machen können. Es werden keine Narben zurückbleiben.« Sie zog eine Schublade auf und holte ein Bonbon heraus. Automatisch hatte sie »Daddy« fragen wollen, ob sie seiner Tochter die Süßigkeit geben dürfte, doch wahrscheinlich hätte sie dem Mädchen selbst einen Becher mit Säure geben können, ohne daß ihm irgend etwas aufgefallen wäre.

Während Eve sich noch fragte, woher wohl die blauen Flecken auf den Armen des Mädchens stammen mochten, kam eine Krankenschwester in den Raum.

»Dr. Archer, Ihr Mann ist auf Leitung drei.«

Eve verließ den Raum und ging zum Empfang, doch bevor sie den Hörer aufnahm, flüsterte sie der Krankenschwester zu: »Holen Sie die Leute vom Jugendschutz, sofort, und sorgen Sie dafür, daß diese Ratte dort nicht vorher verschwindet!«

»Hallo, Sean?« meldete sie sich.

Niemand antwortete, sie hörte lediglich tiefe Atemzüge.

»Hallo?« wiederholte sie, während Sean am anderen Ende der Leitung Gott inbrünstig dafür dankte, daß Eve noch lebte.

»Eve, hör mir gut zu«, begann er. »Der Mann, den du für deinen Ehemann hältst . . . ist nicht dein Mann.«

»Wer ist da bitte?« fragte Eve verdutzt.

»Bitte, du mußt mir zuhören. Nimm Jamie und fahr

mit ihr zu deiner Mutter nach Santa Fe. Verrat ihm nicht, wohin du willst. Fahr einfach.«

Die Worte des Unbekannten weckten eine unbestimmte Furcht in ihr, ihr Herz begann heftig zu klopfen. »Wer auch immer Sie sind – rufen Sie mich nicht mehr an!« sagte sie und knallte den Hörer auf die Gabel.

Archer ließ den Hörer langsam sinken und spürte, wie eine Welle der Hoffnungslosigkeit ihn überschwemmte und ihm allen Mut nahm. Doch als er draußen die Sirene eines Streifenwagens hörte, riß er sich blitzschnell zusammen. Gebückt schlich er sich zum Fenster und spähte auf die Straße. Er konnte den Streifenwagen sehen, doch der hielt nicht an, sondern fuhr weiter.

Erleichtert richtete Archer sich auf und eilte zu Titos Schreibtisch. Er wußte, daß Tito dort seine Waffe aufzubewahren pflegte. Archer fand jedoch nur Munition, nicht die Waffe selbst, doch sein Gesicht hellte sich auf, als er in der untersten Schublade die Schlüssel von Titos altem 56er Buick entdeckte, seinem Zweitwagen, der anders als der Saturn immer in der Garage stand.

Der alte V-8-Motor erwachte mit Getöse zum Leben, und Archer sah, daß in dem offenen Aschenbecher reichlich Kleingeld für Parkgebühren steckte. Er drückte auf den Knopf, der das Garagentor betätigte, doch als er rückwärts nach draußen setzte, sprangen die Jungs von der Gang in seinen Weg.

Offensichtlich war der größte und fetteste, der zu allem Überfluß noch ein Haarnetz trug, ihr Anführer. Er verschränkte die Arme und blickte Archer drohend an, der im Rückspiegel festzustellen versuchte, ob die Jungen Waffen trugen.

«Wohin willst du?« fragte der Anführer. Ein Tattoo

auf seinem Hals verriet, daß er Mookie hieß. Die anderen Cholos stellten sich neben ihn, bildeten eine menschliche Mauer.

Archer schloß das Fenster und verriegelte mit dem Ellbogen die Fahrertür.

Der Cholo neben dem Anführer hatte eine gepiercte Zunge und gepiercte Augenbrauen. »Zehn Dollar, Jungs, daß der das Schwein ist, das Tito umgelegt hat«, sagte er. Mit einem Kopfnicken gab Mookie ein Zeichen, und die Jungen umringten den Wagen. Schnell verriegelte Archer auch noch die hinteren Türen.

Während der Anführer sich vor die Schnauze des Wagens stellte und versuchte, sich Archers Gesicht einzuprägen, hämmerten die anderen gegen die Fensterscheiben.

Archer hörte Glas knirschen und wußte, daß es gleich nachgeben und brechen würde. Als er das Gaspedal durchtrat, warf Mookie sich auf die Motorhaube und klammerte sich an den Scheibenwischern fest. Die anderen spritzten auseinander. Archer trat voll in die Bremsen, mit dem Erfolg, daß Mookie, die abgebrochenen Scheibenwischer in der Hand, bäuchlings auf dem Pflaster landete. Als der Buick davonschoß, rappelte Mookie sich wieder auf und klaubte sich die eingedrückten Steinchen aus den Knien. Dann zog er sein Handy aus der Tasche und wählte die 911. »Ich möchte ein Auto als gestohlen melden!« schrie er in den Apparat. »Und wagen Sie es ja nicht, mich in die Warteleitung zu setzen!«

Archer fuhr weiter, entschlossen, Eve aufzusuchen. Er stellte das Radio an, ein ebenso altes Modell wie der Wagen, das einen Moment brauchte, bis es in Gang kam, dann suchte er KFWB, einen Nachrichtensender. Als er den Sonnenschutz herunterklappte, fiel ihm eine Sonnenbrille in den Schoß. Ein Sprecher meldete die neuesten Ergebnisse vom Basketball, dann verkündete er: »Castor Troy, ein gefährlicher Terrorist und vom FBI zum meistgesuchten Mann erklärt, ist nach kurzer Zeit in Haft aus dem Gefängnis ausgebrochen. Der Flüchtige wird in Los Angeles vermutet und wird als extrem gefährlich betrachtet. Falls Sie irgend etwas über den Verbleib von Castor Troy wissen . . .«

Als Archer an seinem Haus vorbeifuhr, stellte er das Radio ab. Er rollte an den FBI-Fahrzeugen vorbei, hinter denen Wagen der Los Angeles Police parkten, und ihm wurde übel, als er Lars und Lunt Lindstrom, Castors schwedische Fleischklopse, auf der vorderen Veranda in Schaukelstühlen sitzen sah.

»Lieber Gott, hilf mir«, flüsterte er vor sich hin. Er hatte keine Chance, auch nur in die Nähe des Hauses zu kommen. Im selben Tempo fuhr er weiter, sorgfältig darauf achtend, weder zu verlangsamen noch zu beschleunigen. Sein einziger Trost war, daß Jamie und Eve vermutlich nichts passieren würde mit soviel Polizei in ihrer Nähe.

Als er um die nächste Ecke fuhr, schoß plötzlich ein Streifenwagen auf ihn zu. Er blinkte, um nach rechts abzubiegen, und er stieß einen tiefen Seufzer der Erleichterung aus, als die Cops sich weiter geradeaus hielten. Während er durch die vertrauten Straßen fuhr, vorbei an vertrauten Häusern, kam ihm seine ganze Situation merkwürdig irreal vor.

Und dann schlich sich langsam Panik in seinen Verstand. Archer wußte einfach nicht, was er als nächstes tun, wohin er sich wenden sollte. Um sich zu beruhigen, begann er, langsam ein- und auszuatmen, und schließlich begann sein Verstand wieder zu funktionieren.

Sean, du mußt wie Castor denken, ermahnte er sich. Wo würde er jetzt hingehen? Wo würde er sich sicher fühlen, wo sich ausruhen, wo eine Mahlzeit bekommen?

Und dann fiel ihm plötzlich die Antwort ein.

## 11.

Der Buick rumpelte über die holprige Straße, vorbei an den heruntergekommenen Häusern. Ein einziges Mal war Archer bisher hier gewesen; es war eine Schande, daß diese Rattenlöcher immer noch als menschliche Behausungen dienen mußten. In den kahlen Vorgärten liefen Hühner frei zwischen den verrosteten alten Schrottautos herum, die keine Räder mehr hatten, sondern auf Ziegelsteinen ruhten. Eine Meute magerer, flohverseuchter Hunde streunte durch die Gegend; hin und wieder blieben die Hunde stehen, um zwischen dem Müll zu schnüffeln und etwas Eßbares zu suchen.

Archer hielt an dem Getränkeshop an der Ecke an, wo der asiatische Besitzer auch Lebensmittelmarken annahm, um seine Ware, die in den Regalen hinter ihm aufgestapelt war, zu überteuerten Preisen verkaufen zu können. Der Mann hatte sich und seine Kasse hinter Panzerglas verbarrikadiert. Archer zeigte auf eine Flasche billigen Weins, ein passendes Mitbringsel, das er sich gerade noch leisten konnte, und schob eine Handvoll Vierteldollar, die er dem Aschenbecher entnommen hatte, in die Schublade unterhalb des Panzerglases. Der Asiate betrachtete das Kleingeld mit Verachtung, und er wandte den Blick ab, als er die Weinflasche in eine Klappe schob. Ein Signal erklang, und nun konnte Archer die Klappe vorne öffnen und die Flasche herausziehen.

Beinahe hätte er sich bedankt, dann fiel ihm aber gerade noch rechtzeitig ein, daß Castor Troy keine Manieren hatte.

Das Haus war das letzte der Häuserreihe, am Ende der Straße. Es war keine Sackgasse; die Straße war hier einfach gesperrt worden. Dahinter verlief der Christopher Columbus Transcontinental Freeway, der das Stadtviertel brutal durchschnitt.

Archer konnte die Abgase riechen, und der Lärm der Autos bereitete ihm Kopfschmerzen. Er schaute zu dem kleinen Haus hin, an dem immer noch die Weihnachtsdekoration hing, die irgendwann in den Siebzigern dort angebracht worden war. Als er näherkam, schlug ihm ein unangenehmer, saurer Gestank aus der Küche entgegen. Der Name der Eigentümerin – Helen O. Troy – war auf dem rostigen Briefkasten kaum noch lesbar. Die Fliegentür war aus den Angeln gerissen.

Archer klopfte, und die alte Frau, die vor einem Schwarz-Weiß-Fernseher saß, griff nach dem Gebiß, das auf einem Tischchen neben ihr lag, schob es in den Mund, dann hievte sie ihren schweren Körper hoch und bewegte sich zur Tür.

Sie trug ihr graues Haar immer noch im Stil der Fünfziger Jahre. Ihre Lippen waren schmal, ihr Gesicht war aufgedunsen und fleckig, aber als sie sah, wer auf der Schwelle stand, brach sie in Tränen aus.

Helen O. Troy, dachte Archer traurig. Er sah sie zum ersten Mal in Person. Die Frau, die einmal eine Schönheit gewesen war.

»Mein Junge!« rief sie. »Mein Junge ist nach Hause gekommen! Mein Castor!«

»Hi, Ma«, sagte Archer, als sie ihren fetten Körper an

seinen drückte und die Arme um ihn schlang. Unwillkürlich rümpfte er die Nase, weil sie nicht besonders gut roch.

Doch dann stieg erneut Haß auf Castor in ihm auf. Wie auch immer diese Frau sein mochte und wie groß ihre Schuld daran war, daß ihre beiden Söhne sich zu Psychopathen entwickelt hatten, sicher hatte sie es nicht verdient, von ihrem Sohn so vernachlässigt zu werden.

»Komm rein, Castor. Ich wußte, daß du mich irgendwann einmal besuchen würdest.« Helen hatte die vielen Berichte über »Castors« Flucht im Fernsehen gesehen und die schwache Hoffnung gehegt, daß er sich bei ihr verstecken würde. Jeder ihrer Tage war erfüllt von Kummer darüber, daß ihre Kinder sich von ihr abgewandt und sie vergessen hatten, und nun, da Castor hier war, war sie so glücklich wie seit vielen Jahren nicht mehr.

Archer folgte ihr ins Haus, das schlicht und einfach ein Müllhaufen war. Alte Zeitungen, kaputte Möbel, leere Konservendosen und Flaschen, alte Kleidungsstücke, das alles war überall aufgetürmt; nur zwischendurch waren ein paar schmale Pfade freigehalten, die zu den wichtigsten Orten führten: zum Kühlschrank, dem Fernseher, der Toilette. Die Wände und Decken waren schwarz vom Rauch.

»Hab' dir Wein mitgebracht, Ma«, sagte Castor, und als er ihr die Flasche hinhielt, begann Helen wieder zu weinen.

»Soll ich sie für uns beide aufmachen?« fragte sie.

»Nein, heb sie für dich selbst auf.«

»Hast du Hunger, Castor? Ich hab' ein Kotelett auf dem Herd, das ich dir warm machen könnte.«

Archer hatte wirklich Hunger, aber er konnte vom Wohnzimmer aus in die Küche sehen, und das klägliche Kotelett, das in erkaltetem Fett in der Pfanne lag, erschien ihm nicht besonders verlockend.

»Nein, hungrig bin ich nicht«, antwortete er, »aber ich könnte ein Rundchen Schlaf vertragen.«

»Dann leg dich einfach in deinem alten Zimmer hin. Ich bring' dir was, was deine Nerven beruhigen wird, dann kannst du besser schlafen.«

Archer hatte keine Ahnung, welches Zimmer Castor gehört haben mochte. In einem der Schlafzimmer entdeckte er etliche Essenskartons auf dem Boden; die Reste wirkten noch nicht allzu vergammelt. Okay, dann war das also Helens Zimmer.

Er schaute in einen anderen Raum und stellte überrascht fest, daß dieses Zimmer erstaunlich ordentlich und ziemlich sauber wirkte. Es war ein typisches Jugendzimmer der Siebziger Jahre. An den Wänden hingen Poster von *KISS*, *Aerosmith* und *Blue Oyster Cult*; irgendwie nicht recht dazu passend erschienen die Poster von *Vinnie Barbarino* und den *Sweat Hogs*.

Neben dem Schallplattenspieler, der mit einer Folie mit nachgemachter Holzmaserung beklebt war, befanden sich etliche Alben. Archer setzte sich in einen Sessel und blickte sich suchend im Zimmer um. Etwas Nützliches ließ sich hier jedoch nicht finden – keine Waffe, kein Geld, nichts.

Archer schlug die Bettdecke zurück, und während er sich auszog, ließ er seinen Blick noch einmal umherschweifen. Es stimmte ihn traurig zu sehen, daß es hier genau so einen Raum wie in seinem Haus gab – das Zimmer seines geliebten Sohnes Michael, das zum Museum geworden war.

Er zog die Schublade des Nachtschränkchens auf und fand ein Foto, auf dem Castor, Pollux und Dietrich Hassler abgebildet waren, es mußte jene Zeit gewesen sein, als sie zusammen in einer Band namens Blow spielten. Sie alle trugen glitzernde Frauenkleider und hatten die langen Haare dauergewellt. Dazu hatte Dietrich Hassler roten Lippenstift und goldene Schminke aufgetragen.

Dietrich Hassler! dachte Archer. Dem Himmel sei Dank – ich werde mit ihm Kontakt aufnehmen!

Es dunkelte bereits, als Helen den Raum betrat. Sie trug ein Tablett, auf dem eine dampfende Tasse und eine kleine Plastikdose standen.

»Was machst du hier?« wollte sie wissen.

»Hm?«

»Warum liegst du in Pollux' Bett?«

»Hm ... na ja, weil seins immer bequemer war als meins.«

»Ach ja? Hoffentlich stinkt es nicht mehr danach, daß er ständig reingepinkelt hat.«

Archer wußte nicht, was er darauf antworten sollte. Er fand, daß das ganze Haus nicht anders roch.

»Nein. Was hast du mir gebracht?«

»Kakao und Kahlúa«, antwortete sie grinsend. »Genau wie damals, als du noch mein Baby warst.«

Archer trank einen Schluck und hoffte, daß die Milch wirklich bis zum Siedepunkt gekocht worden war. »Du verwöhnst mich«, meinte er.

»Irgend jemand muß dich doch ein bißchen verwöhnen, wenn dieser Arschficker, dieser Archer, dich überall jagt.«

Archer verschluckte sich an dem Kakao und wandte lächelnd den Kopf ab.

»Bist du in Ordnung?« fragte sie besorgt. »Du scheinst ein bißchen angespannt zu sein.«

»Mir geht's ganz gut. Ich brauche nur ein bißchen Schlaf.«

»Zieh die Socken aus«, befahl sie und nahm den

Deckel von der Dose. Archer gehorchte, und sie tunkte den Finger in eine weiße Schmiere. »Mama wird dir schön deine Füße damit einreiben«, sagte sie dabei, »und schon wirst du eingeschlafen sein.«

Archer grinste wieder, trotz allem, und erlaubte ihr, seine Füße mit diesem Zeug zu massieren. Sie betrachtete die Tätowierung an seinem Knöchel und verzog den Mund zu einem wehmütigen Lächeln.

»O, Castor, ich kann mich noch gut daran erinnern, wie du uns das Geld für die Miete gestohlen hast, damit du deine sieben Weltwunder bezahlen konntest.« Sie sah ihren »Sohn« an und lächelte zufrieden, als sie merkte, daß er eingeschlafen war.

»Und du selbst bist das achte«, flüsterte Archer dann vor sich hin.

Archer schlief bis zum nächsten Nachmittag und wachte erst auf, als er wieder von seinem Alptraum heimgesucht wurde. Es war die gleiche Fuchsjagd am Himmel wie sonst auch, doch diesmal hatte Archer Castors Gesicht, als Michael seinen Armen entschwand.

Dennoch fühlte er sich erfrischt, und nun, wo sein Kopf wieder klar war, konnte er sich eine Strategie überlegen. Er trank den Kaffee, den Helen ihm in einer nicht ganz so sauberen Tasse brachte, doch er lehnte ab, als sie ihm das Kotelett erneut anbot. Sie zuckte nur mit den Schultern und aß es selbst, nagte auch noch das Fleisch vom Knochen ab. Archer machte sich ein paar Eier, die sicher auch nicht mehr besonders frisch waren, und während er aß, schaute Helen sich einen Frauen-Boxkampf im Fernsehen an. Als es dunkel zu werden begann, sagte er ihr, daß er gehen müßte.

»Sei vorsichtig, Castor«, bat sie und fing wieder an

zu weinen. Sie wußte, daß sie ihn vielleicht niemals wiedersehen würde. »Und sag Pollux, daß er auch kommen und mich besuchen soll.«

»Wir werden beide kommen«, versprach Archer. »Und dann werden wir dich ganz groß zum Essen ausführen.«

»Das wäre phantastisch«, antwortete sie. Es war eine Ewigkeit her, daß sie in einem Restaurant gewesen war.

Als er ging, trug er eine Baseballkappe, damit man sein Gesicht nicht so leicht erkennen konnte. Nun würde es nur noch ein paar Minuten dauern, bis er diese unerfreuliche Gegend verlassen konnte Richtung Freeway.

Jamie hatte die Schule geschwänzt, damit sie mit Karl nach Tijuana fahren konnte, um sich dort ein weiteres Tattoo machen zu lassen. Zuerst sorgte er dafür, daß sie viel zu viel trank, denn jenseits der Grenze war es kein Problem, Alkohol auch für Teenager zu bekommen, und bis jetzt hatte sie ihn immer zahlen lassen. Sie hatten gegrillten Hummer gegessen und etliche Margaritas dazu getrunken, und wie all die anderen amerikanischen Jugendlichen um sie herum spielten sie »poppers«. Die Kellner knallten ihnen eine Mischung aus Soda, Tequila und Wurzelbier auf den Tisch, dann drückten sie den jungen Leuten das Glas mit einem schmutzigen Tuch an den Mund. Der Schaum spritzte hoch, rann ihnen durch die Nase in die Kehle, wenn die Kellner die Köpfe der Trinkenden schüttelten.

Der Tätowierer war ein junger Bursche, der kein Hemd trug, während er arbeitete. Sein brauner Oberkörper war mit Nachahmungen der Fresken von Diego Rivera bedeckt. Jamie zeigte auf das Tattoo, das sie

haben wollte, ein Abbild aller drei »Engel für Charlie.«
Sie wollte es auf der Pobacke haben, damit ihre Eltern
nichts merkten.

Karl genoß den Anblick, als sie ihren Slip herunterzog. Sie hatte ein Tuch zusammengerollt und steckte
es sich zwischen die Zähne, als der junge Mann mit
der Arbeit begann. Karl war erregt. Er hatte bereits ein
Motel auf der amerikanischen Seite für sie ausgesucht,
doch er hatte vor, sich schon vorher, noch bevor sie die
Grenze erreichten, im Auto ein bißchen Spaß zu gönnen.

Dietrich Hassler schaute voller Verachtung auf seine neuesten Erwerbungen, Bilder eines koreanischen
Künstlers, die er in seiner Galerie ausstellte. Die Kritiker in Paris hatten den jungen Künstler einmütig
als »kreativstes und eigenwilligstes Element in der
postmodernen Bewegung« bezeichnet, doch Hassler
vermutete, daß der Kerl einfach mit allen »richtigen«
Leuten geschlafen hatte. Seine Bilder unterschieden
sich fast überhaupt nicht voneinander. Sie alle zeigten eine Serie von schwarzen Streifen, die einmal breiter wurden, sich dann wieder verengten und sich mit
Grau und Weiß abwechselten. Zwischen die Streifen
waren schmale Bleistift- oder Kugelschreiberstriche
gesetzt, und in mindestens einem Streifen gab es stets
die grobe Abbildung eines Insekts. Hassler hatte bereits eins der Bilder für eine beachtliche Summe verkauft, an einen Mann, von dem er wußte, daß er für
Atlantic Richfield arbeitete.

Mir soll's nur recht sein, dachte er, als er die Galerie
für diesen Tag schloß. Er versicherte sich, daß die Türen richtig abgeschlossen waren und ging dann zu seinem Lexus.

Seine Aufmerksamkeit wurde sofort von einem Spurensuchteam angezogen, das einen 56er Buick untersuchte, der ein wenig weiter unten an der Straße geparkt war. Hassler wandte schnell den Kopf ab und eilte zu seinem Wagen, als er sah, daß der Trupp von seinem Lieblingsfeind angeführt wurde – diesem Arschloch Archer.

»Da hat wohl irgend so ein armer Teufel eine ganze Menge Ärger«, murmelte er vor sich hin, als er rückwärts aus dem Parkplatz setzte und dann auf die Straße fuhr.

»Ja, genau – und zwar ich«, antwortete Archer, der sich auf dem Rücksitz verborgen gehalten hatte.

Dietrich trat auf die Bremse und zog die Pistole hervor, die in seinem Jackett steckte. Er wandte sich blitzschnell um und hielt die Waffe »Castor Troy« ins Gesicht, doch dann atmete er langsam wieder aus.

Er fuhr weiter, als hinter ihm jemand hupte, weil er den Verkehr behinderte. »Himmel, Castor, hast du mich erschreckt! Ich habe mir fast in die Hosen gemacht!«

»Fahr. Und schnapp dir dein Telefon. Du mußt ein paar Anrufe für mich erledigen«, sagte Archer, während sie sich immer weiter von dem Buick und dem Spurensuchteam entfernten.

»Wohin willst du?« fragte Dietrich.

»Was glaubst du denn, wohin ich will?« fragte Archer zurück. »Mann, ich bin auf der Flucht.«

»Keine Ahnung. Zu meiner Wohnung?« schlug Hassler vor.

»Also gut, zu deiner Wohnung. Und ruf Aldo und Fitch an.«

Sie hatten die Gegend östlich von Little Tokyo erreicht, wo es hauptsächlich Industriegebäude und viele leerstehende Lofts gab. Sie überquerten Geleise und kamen an einem Güterbahnhof vorbei, bis sie schließlich eine Ansammlung von Backsteingebäuden erreichten. Dietrich steuerte die Tiefgarage eines Gebäudes an, in dem früher einmal Seidenstrümpfe und Fallschirme hergestellt worden waren.

Mit einem Frachtaufzug fuhren sie in die oberen Stockwerke hinauf, wo Dietrich in einem weiträumigen, beeindruckenden Loft wohnte. Auf einer weiteren, höhergelegenen Ebene war Dietrichs großes Schlafzimmer untergebracht. An den Wohnbereich schloß sich ein sonniger, großer Rundbau, in dem Dietrich einen Großteil seiner privaten Kunstsammlung ausstellte. Auch von Hasslers Schlafzimmer aus konnte man in diesen Rundbau gelangen. Die meisten Objekte hatte er aus seiner Galerie verschwinden lassen und als gestohlen gemeldet, um die Versicherungssumme zu kassieren. Einige gigantische Oldenburg-Plastiken befanden sich im Wohnraum, und sie waren das erste, was Archer bemerkte, als sie durch die stählernen Sicherheitstüren traten.

Die erste dieser Plastiken war eine gewaltige Bratpfanne mit Eiern und Speck. Der Speck war so groß, daß er glatt als Matratze hätte dienen können. Eine andere Plastik stellte eine riesige Schüssel mit Buchstabensuppe dar. Archer musterte prüfend die Kunstobjekte, als Dietrich die Wendeltreppe zu seinem Schlafzimmer hochstieg.

An der Wand unterhalb des Schlafraums befand sich ein Bild, das so groß wie eine Kinoleinwand war. Es war ein beeindruckendes Portrait sämtlicher Mitglieder von Castors Bande. Archer entdeckte am unteren Rand Sasha Hasslers Signatur, und dort hatte sie sich auch selbst dargestellt, vor einer Leinwand stehend.

Dann blickte Archer zur Decke hoch, die von vielen

Oberlichtern unterbrochen wurde. Es war ihm bisher nie gelungen, in diese Wohnung vorzudringen, und nun ärgerte es ihn, daß seine Feinde in solchem Luxus lebten.

Dietrich hatte sich schnell rasiert, und weil er der Meinung war, daß »Castor« ungewöhnlich still war, bot er ihm Drogen an, damit er ein bißchen lockerer wurde.

»Vielleicht später«, lehnte Archer ab und betrachtete die Video-Monitore, die den Eingang zu diesem Gebäude und einen Teil der Straße zeigten. Fitch und Aldo fuhren gerade in einer Stretchlimousine vor. Doch erst einmal stiegen vier Bodyguards aus, und Archer erkannte einen von ihnen, einen ehemals vielversprechenden Footballspieler, der für die 49er gespielt hatte, bis sein Knie nicht mehr mitmachte. Nun war sein Schädel rasiert, und er trug unter seinem weit offenstehenden Hemd eine schwere Goldkette. Er hielt eine der Türen auf, und zwei schöne junge Frauen stiegen aus.

Archer erkannte sie als Livia Durgenschott und Cindee Cuppens, und er wunderte sich, daß die beiden immer noch zu Castors Leuten zählten, denn normalerweise war die Verschleißrate an Frauen extrem hoch in seiner Gang. Die teure Kleidung, die sie trugen, konnte nicht darüber hinwegtäuschen, zu welcher Art Frauen sie gehörten: sexy und hart und gewöhnlich. Dann stiegen endlich auch Fitch und Aldo aus.

Sean ging eilig ins Bad, er hatte Mühe, seine Nerven unter Kontrolle zu halten. Er versuchte sich zu beruhigen, indem er sich kaltes Wasser ins Gesicht spritzte.

Dietrich ließ die Gäste herein. »Was soll denn diese große Überraschung?« fragte Aldo. Die Mädchen waren an die Bar gegangen und mixten für sie alle ein paar Drinks.

Sean, der Aldos laute Worte im Bad mitangehört hatte, sagte zu seinem Spiegelbild: »Du bist Castor Troy. Das ist *deine* alte Crew. Du akzeptierst niemals ein Nein als Antwort.«

Er schob die Brust heraus, stolzierte aus dem Bad und ließ die Tür hinter sich zuknallen. Während er auf die Neuankömmlinge zuging, beobachtete er, welchen Schock sein Erscheinen Aldo und Fitch versetzte. Die Mädchen dagegen strahlten.

Endlich fand Fitch die Sprache wieder. »Bist du jetzt endgültig durchgedreht?« fragte er wütend. »Willst du, daß sie uns alle schnappen?«

»Archer will nicht euch, sondern mich!« fuhr Archer ihn an. »Aber ich werde ihn zuerst kriegen – wenn ihr mir helft!«

»Vergiß es!« sagte Aldo. »Du bist noch heißer als ein verseuchter Atomreaktor.« Er wandte sich um, um zu gehen und machte den anderen Zeichen, ihm zu folgen.

Archer sprang ihn an, drehte ihn zu sich herum und knallte ihn gegen die Wand. Aldo versuchte, nach seiner Waffe zu greifen, doch Archer hatte sie ihm schon weggenommen. Er wandte sich um, um sich den Bodyguards zu stellen, die von drei Seiten mit gezogenen Waffen auf ihn zukamen.

»Ihr wollt euch mit Castor Troy anlegen?« brüllte er, und seine Stimme schallte durch die ganze Wohnung. »Dann kommt doch, kommt schon, denn ich hab' heut eh schon einen ziemlich miesen Tag hinter mir!«

Er registrierte, daß den drei Männern der Schweiß auf der Stirn stand; Aldo und Fitch waren vor Frucht wie erstarrt. Livia und Cindee lächelten, sie waren vollkommen hingerissen von Archer.

Archer bedachte Aldo mit einem kalten Blick und drückte ihm die Waffe härter in die Brust.

»Ihr verdammten Idioten habt wohl vergessen, wer unser wirklicher Feind ist«, sagte Archer, dem das Spielchen allmählich wirklich Spaß zu machen begann. Er kam sich vor wie ein Schauspieler, der mitten auf der Bühne seine Rolle erst richtig begreift. Dann lächelte er plötzlich. Er senkte die Waffe und wirbelte sie einmal um den Finger, bevor er sie zurück in Aldos Jacke steckte. Die Spannung im Raum ließ spürbar nach.

»Es ist jetzt drei Jahre her, daß Sean Archer dich zu einem bestimmten Verhör vorgeladen hat«, sagte er zu Aldo, der unwillkürlich blinzelte. »Er hat dich so fertiggemacht, daß du dir vor lauter Angst mitten im Verhörraum in deinen feinen Armani-Anzug geschissen hast.«

Aldos eben noch so blasses Gesicht war plötzlich in tiefstes Rot getaucht, und auf seiner Stirn bildeten sich Schweißperlen. Woher weiß Castor das? fragte er sich verwirrt.

Fitch begann zu lachen, ein rauhes, durchdringendes Geheul, das Archer durch und durch ging. Er war sich nicht sicher, wen er in diesem Moment mehr haßte – Fitch oder »Castor«. Er wandte sich Fitch zu und verzog spöttisch das Gesicht.

»Jetzt kannst du lachen, Fitch«, sagte er höhnisch, »aber weißt du noch, wie Archer bei deiner letzten offiziellen Vorladung gelacht hat, als du auf die Knie gefallen bist und bereit warst, wie ein Wasserfall zu reden, nur um deine kostbare Freiheit zurückzubekommen?«

Fitch zuckte zusammen, als die anderen sich nun auf seine Kosten amüsierten. Wenn er eine Axt gehabt hätte, hätte er sie Castor in den Kopf geschlagen und zugeschaut, wie sie ihm den Schädel gespalten hätte.

»Wir alle haben mehr als genug Gründe, um Sean Archer zu hassen, und wir alle würden ihn am liebsten tot sehen«, fuhr Archer fort, der spürte, daß er seine Macht wieder gefestigt hatte. »Und dies ist unsere Chance.«

Dietrich nickte zustimmend. »Erzähl ihnen, was du dir ausgedacht hast, Caz!«

Archer entspannte sich und zündete sich eine Zigarette an. Er fand inzwischen fast Gefallen an diesem Gift und sog den Rauch tief in seine Lungen ein. »Wir fangen mit einem kleinen Kidnapping an. Und dann werden wir eine ... Operation vornehmen. So was wie einen chirurgischen Eingriff.«

»Einen chirurgischen Eingriff?« wiederholte Fitch und stellte sich dabei genüßlich vor, wie er Sean Archers Gesicht und Körper am langsamsten und schmerzhaftesten verstümmeln konnte.

»Ja. Ich werde ihm ein neues Gesicht verpassen – und euch werden vor Staunen die Augen aus dem Kopf fallen!«

»Du bist ein widerlicher Mistkerl«, sagte Aldo grinsend.

»Aber deine Eier sind nicht nur aus Stahl, sondern aus Titan.« Fitch und Aldo nahmen Archer zwischen sich und legten ihm die Arme um die Schultern. »Du kannst auf uns zählen«, sagte Aldo.

Archer machte nochmals einen tiefen Zug und stieß dann langsam den Rauch aus. Das hast du gut gemacht, lobte er sich selbst.

Dietrich zog eine goldene, mit Email verzierte Dose aus seiner Jacke und nahm eine blaue Gelatine-Kapsel heraus. Die anderen lächelten, als er zur Bar ging und die Kapsel aufbrach, wobei er den Inhalt in ein Glas rieseln ließ. Er kippte Mescal darüber, und mit dem letzten Tropfen kam auch der Wurm heraus.

Nicht schon wieder, dachte Archer, als Dietrich die Mixtur umrührte.

»Wie wäre es mit einem deiner berühmten Trinksprüche, Caz?« fragte Dietrich, als er Archer das Glas in die Hand drückte.

Archer erstarrte, als sich ihm alle erwartungsvoll zuwandten. Ihm fiel nicht das geringste ein. Er hob das Glas. »Hm . . . auf unsere alten Jobs . . . auf neue Jobs . . . auf ein bißchen Feuerzauber?«

Schweigen. Verblüffung. Dann begann Dietrich zu lachen; Fitch und Aldo fielen ein, genau wie die anderen auch. Doch niemand lachte, weil sein Trinkspruch so komisch gewesen wäre, es war mehr eine Reaktion auf die Spannung von eben.

Archer kippte den Cocktail in einem Zug hinunter, dann wischte er sich den Mund mit dem Handrücken ab. Er zerkaute den Wurm, wie er es auch im Gefängnis gemacht hatte, dann streckte er die Zunge heraus und zeigte einem nach dem anderen die Wurmmasse. Wieder lachten sie los.

»Genug jetzt vom Geschäft, Caz«, sagte Livia. »Wir wollen tanzen.« Sie schob eine CD mit langsamer Musik in den CD-Player.

Da Archer nichts im Magen hatte, wirkte der Alkohol sofort. Doch dann stieg ein anderes Gefühl in ihm auf, das seine Fesseln um ihn schlug. Livia hatte ihn an die Hand genommen und war mit ihm dorthin gegangen, wo der Boden aus Glassteinen bestand. Sie knipste einen Schalter an, und bunte Lichtwirbel flossen unter dem Glas und drehten sich. Als die Droge zu wirken begann, hatte Archer das Gefühl, als wäre er selbst dieses Licht, als wäre sein fester Körper zu einem Strom fließender Helligkeit geworden.

Cindee gesellte sich zu den beiden, und die zwei Frauen schmiegten ihre festen Körper an ihn. Während Archer tanzte, entspannte er sich, der Rhythmus der Musik schien in seinem Körper widerzuhallen. Er wurde sich vage einer angenehmen Berührung bewußt, und als er an sich herabblickte, sah er, daß Cindee ihn streichelte. Sie schaute zu ihm auf und preßte ihre Lippen auf seine. Sie schmeckten nach Champagner. Livia ließ ihre Hände über seinen Rücken gleiten, dann drehte sie ihn zu sich herum, und nun war sie es, die ihn küßte. Livia schmeckte anders – nach Martini. Als sie Archer dann ansprach, sah er jede Einzelheit ihres Gesichts überdeutlich vor sich, wie eine Nahaufnahme auf einer Kinoleinwand.

»Kannst du dich noch an das Spiel der Chargers erinnern, Caz?« fragte sie. »Wir haben's viermal in der Loge gemacht.«

Archer konnte sich fast vorstellen, wie es gewesen sein mußte, dieses Mädchen zu lieben. Die Leute außerhalb der Loge, die sich anfangs noch ganz auf das Spiel konzentriert hatten, hatten sich ihnen zugewandt und ihnen für ihren ekstatischen Sex Beifall gespendet, und er spürte, wie sein Körper heftig auf diese Vorstellung reagierte.

»Natürlich erinnere ich mich daran«, erwiderte er undeutlich. Doch dann empfand er plötzlich Panik, als er fühlte, daß er irgend etwas ganz dringend und unbedingt tun mußte. Aber was? Als er den Mund schloß, kam es ihm vor, als wäre er voller Sand, Felsen und Kakteen. Und dann begriff er, daß er so durstig war, daß er es kaum noch aushalten konnte, und er wankte an dieser monströsen Bratpfanne vorbei, an riesigen

Wandbildern, deren Figuren mit ihren farbbekleckstenArmen nach ihm zu greifen schienen, um ihn zu zerreißen.

Als er zu der Treppe kam, die mit ein paar Stufen in die Küche führte, rutschte er sie auf dem Hintern hinunter. Der Wasserhahn aus Chrom schien ihm der schönste, der herrlichste Gegenstand im gesamten Universum; er lief darauf zu, hielt den Kopf darunter und trank in gierigen Zügen.

Dann bemerkte er plötzlich etwas und hielt den Atem an. In der glänzenden Spüle spiegelte sich das Bild einer Frau wider. Sie hatte die Arme ärgerlich vor der Brust verschränkt. War das auch nur eine Halluzination?

Er hob den Kopf aus seinem Wasserparadies und sah Sasha Hassler. Ihr Bild verschwand nicht, sondern blieb, und einen Moment kam er sich vor wie ein Computer, der Daten ausgab. »Sasha Hassler«, begann er. »35 Jahre alt. Lernte Castor Troy in Austin, Texas, bei einem Pearl Jam Konzert kennen.« Archer versuchte, sich zusammenzureißen, doch er kam sich vor, als sei er erneut dem Druck des Ozeans ausgesetzt. »Hm, wie geht's dir denn, Baby?« fragte er.

Ihre Hand landete klatschend auf seiner Wange. Archer kam sich vor, als hätte ihn gerade ein Felsen getroffen.

»Was, zum Teufel, machst du hier?« schrie sie ihn an. »Du bist tot, verdammt noch mal!« Offensichtlich hatte sie die Neuigkeit von seiner Flucht noch nicht gehört.

Archer versuchte, seinen Blick auf sie zu konzentrieren, aber ihr Gesicht verschwamm vor seinen Augen. Und dann wurde plötzlich alles schwarz, als hätte man endlich einen Fernseher ausgeschaltet, der lauter verzerrte Bilder zeigte.

Sasha beobachtete, wie er schwankte und dann wie ein Brett nach vorn kippte. Wieder war Archer in eine Bewußtlosigkeit hineingezogen worden.

Dietrich, den der Lärm aufgeschreckt hatte, kam in die Küche, die anderen folgten ihm. »Himmel!« rief er aus, »wenn Castor Troy nicht einmal mehr ein bißchen Quantrex verträgt, dann, verdammt noch mal, Leute – dann wird er langsam alt!«

Karl hatte das Gefühl, als stünde sein Körper unter Hochspannung. Das kleine Luder hatte doch tatsächlich abgelehnt, mit ihm in dem Motel zu übernachten. Jedesmal, wenn er ein bißchen hatte fummeln wollen, hatte sie seine Hand weggeschoben. Sie hatte sich nicht mal von ihm küssen lassen. Dabei hatte er ihr doch noch, nachdem die Tätowierung fertig gewesen war, ein Paar Ohrringe gekauft, die wie Totenschädel aussahen, und ihr eine Piñata geschenkt. Was wollte sie denn sonst noch?

Jamie hatte die ganze Fahrt über am Radio herumgespielt und nach Musik gesucht, die ihr gefiel, vor allem aber auch, damit sie sich nicht mit Karl zu unterhalten brauchte. Ihr Hintern tat weh und juckte. Irgend etwas an Karl bewirkte, daß sie sich zutiefst unbehaglich in seiner Nähe fühlte, und es war ihr mehr als peinlich, als sie ihn bitten mußte anzuhalten, weil sie mal mußte.

Karl kam sich vor, als wäre er betrogen worden. Sie war eine heiße kleine Tussi, aber so heiß nun auch wieder nicht mit ihren Tattoos und den Trendy Klamotten und dem Make-up. Er hatte sowieso niemals vorgehabt, sie mit nach Hause zu nehmen und seinen Eltern vorzustellen – die hätten glatt einen Herzinfarkt bekommen.

Nein, niemand führte Karl Gustaffson an der Nase

herum, und schon gar nicht so ein Luder, nachdem er soviel in sie investiert hatte. Und jetzt waren sie schon fast bei ihr zu Hause.

Castor stand auf dem Balkon von Archers Haus und starrte auf die funkelnden Lichter der Stadt. Wo mochte sich dieser verdammte Archer verstecken? Er zündete sich eine letzte Zigarette an und mußte husten. Kein Wunder, er hatte an diesem Tag bestimmt vier Päckchen geraucht.

Seine Augen bemühten sich, die Geheimnisse der Nacht zu durchdringen. Der Himmel war dunkel, ein leichter Dunsthauch verbarg die Sterne. So sehr er sich auch den Kopf zerbrach, Castor konnte sich nicht vorstellen, wo Archer stecken mochte, und das machte ihn nur noch nervöser.

Am liebsten hätte er seinen Frust laut in die Nacht hinausgeschrien, irgend jemandem den Hals umgedreht. Plötzlich wurde seine Aufmerksamkeit auf einen BMW gelenkt, der leise surrend die stille, leere Straße hinaufgefahren kam. Er schreckte aus seinen gewalttätigen Gedanken auf, als er sah, daß es Karls Wagen war. Nun, er würde an Jamies Gesichtsausdruck schon erkennen, ob der Kerl sie flachgelegt hatte.

Jamie stieß einen tiefen Seufzer der Erleichterung aus, als der Wagen endlich vor dem Haus ihrer Eltern hielt. Sie suchte ihre Souvenirs zusammen und nahm die Piñata. »Vielen Dank für das hier, Karl, für das Essen und alles. Es hat . . . hm, es hat Spaß gemacht.« Sie verdrehte die Augen bei ihren eigenen Worten und hielt Karl zum Abschied die Hand hin, schaute ihn aber nicht dabei an.

Du verdammte kleine Hure, dachte er böse. Als er ihre Hand nahm, zog er Jamie blitzschnell an sich heran und begann sie zu küssen. Jamie wehrte sich nicht, ließ seinen Kuß über sich ergehen, hielt dabei aber fest die Lippen geschlossen. Karl legte ihr einen Arm um die Schultern, hielt sie grob fest und ließ seine Zunge über ihr Gesicht gleiten.

»Verdammt, Karl – Mann, bleib cool!«

Von seinem Standpunkt aus konnte Castor erkennen, daß Jamie sich gegen Karl wehrte. Leise schlich er über die Hintertreppe nach unten zur Garage, von wo aus er besser erkennen konnte, was im Wagen vor sich ging. Und dann sah er, daß Karl wie ein wildes Tier über Jamie hergefallen war und sie begrabschte.

»Karl, hör auf!« rief sie und versuchte, die Tür zu öffnen, doch er schlug ihr die Hand weg und warf sich über sie. Ein Griff, ein Druck auf den Knopf, und der Sitz sank nach hinten.

»Hör zu!« rief sie in Panik. »Mein Vater hat eine Waffe, und er wird . . . er wird . . .«

Karl riß seinen Gürtel auf und schob seine Hose nach unten. »Nichts wird dieser Feigling machen«, schrie er zurück, während er versuchte, Jamie den Slip herunterzuziehen. »Außerdem hast du gesagt, daß er sowieso nie zu Hause ist!«

Glas splitterte, die scharfen Scherben fielen auf Karls halbnackten Körper. Jamie schrie. Karl wandte den Kopf und sah gerade noch, wie Castor den Fuß wieder wegzog. Da, wo eben noch die Seitenscheibe des Wagens gewesen war, war nun nichts mehr. Castor langte ins Innere, packte Karl, der aufstöhnte, an den Haaren und zog ihn über den gezackten Rand nach draußen vor den Wagen, wo er ihn am Kragen hochhob.

»Wer hat dir erlaubt, Sean Archer einen Feigling zu nennen!« brüllte er, drehte sich dann leicht und knallte Karl gegen die Windschutzscheibe, die sternförmig splitterte. Jamie war längst aus dem Wagen gesprungen und ins Haus gerannt.

Karl rutschte wie in Zeitlupe von der Motorhaube herunter auf den Boden, er konnte kaum atmen, als er versuchte, sich wieder aufzurichten. Er schnappte verzweifelt nach Luft, und seine Furcht wuchs, als er sah, wie Castor zu einem Faustschlag ausholte. Karl duckte sich, und irgendwie gelang es ihm, sich auf den Fahrersitz zu retten. Er schnaufte immer noch asthmatisch, als er den Zündschlüssel drehte. Langsam rollte der Wagen davon.

Als Castor ins Wohnzimmer kam, sah er, daß Jamie in einer Ecke der Couch hockte, die Arme um sich geschlungen, und sich vor und zurück wiegte. Sie blickte ihn nicht an.

»Sag mal, bist du eigentlich – total bescheuert?«

Sie schaute ihn voller Abscheu an und brach in Tränen aus. »Das . . . ist . . . mal . . . wieder . . . typisch . . . für . . . dich!« stieß sie, von Schluchzern unterbroch hervor. »So ein Schwein versucht, mich zu vergewaltigen – und du stellst dich auf seine Seite!«

Castor legte den Kopf ein wenig schief und sah das Mädchen ungläubig an. »Hattest du eben da draußen auch das Gefühl, ich hätte mich auf *seine* gestellt?«

Sie starrte nur auf den Boden.

»Hattest du das Gefühl, ja oder nein?« schrie er sie an. »Wenn du dich schon unbedingt mit so einem schmierigen Drehorgelspieler einlassen mußt, dann solltest du wenigstens vorbereitet sein! Hast du wenigstens für Schutz gesorgt?«

O Scheiße, dachte sie. Über *dieses* Thema würde sie ganz bestimmt nicht mit ihrem *Vater* sprechen. Ihre Lippen wurden schmal. »Meinst du . . . meinst du Kondome und so?«

»Ich meine *Schutz!*« erwiderte er, und noch während er sprach, langte er in seine Tasche und ließ ein Springmesser aufklappen, das er Jamie in die Hand drückte.

Verdutzt blickte sie auf das Messer, dann auf ihren ›Vater‹. »Für mich?«

»Wenn das nächste Mal so ein Kerl über dich herfällt, dann stoß es langsam in ihn rein und dreh die Klinge, damit die Wunde sich nicht schließen kann.«

Jamie nahm das Messer und ließ es immer wieder aufspringen. Castor zeigte ihr, wie es ging, bis sie den Trick heraus hatte.

»Wie du noch ein bißchen schneller wirst, das kannst du später üben«, sagte er. »Jetzt verschwinde. Putz die Zähne und geh in dein Bett. Morgen mußt du wieder in die Schule.«

Jamie blickte ihn bewundernd an, dann warf sie sich plötzlich in seine Arme und drückte ihn ganz fest. Einen Moment lang stand Castor verlegen und stocksteif da, bis ihm einfiel, daß er ihre Umarmung eigentlich erwidern sollte. Schließlich ließ sie ihn los, aber nicht, bevor sie ihm noch einen Kuß auf die Wange gegeben hatte. Nun war sie es, die verlegen war, und sie rannte hastig die Treppe hoch.

Castor rieb sich das Kinn und griff nach den Wagenschlüsseln, um sich neue Zigaretten zu besorgen. Kein Wunder, dachte er, daß Sean Archer seine ganze Zeit damit verbringt, hinter mir herzujagen; so einen Familienscheiß kann wirklich kein Mensch ertragen!

Er war schon fast an der Tür, als das Telefon klingelte.

»Sean Archer«, meldete er sich.

»Ich bin's, Bruderherz«, flötete Pollux. »Und rat mal, wen meine schönen Augen erspäht haben? Den *richtigen* Sean Archer!«

»Wo ist er?«

Pollux war in einem leerstehenden Parkhaus, das dem Haus gegenüberlag, in dem sich Hasslers Loft befand, und beobachtete durch ein Nachtfernglas, wie Sasha sich um Archer kümmerte.

»Ich hatte mir schon gedacht, daß er vielleicht ein paar deiner alten Freunde besuchen könnte«, antwortete Pollux. »Und wenn ich es nicht besser wüßte, Castor, dann würde ich schwören, diesem verdammten Schwein *gefällt* es, du zu sein!«

## 12.

Archer tauchte langsam wieder aus der Dunkelheit auf und stellte fest, daß er sich in einem von sanftem Licht erhellten Raum befand. Schwach erinnerte er sich daran, daß ihn ein Felsen oder etwas Ähnliches getroffen hatte, er erinnerte sich an Sasha Hassler und daran, daß er Wasser getrunken hatte.

Er spürte, daß seine Hose naß und jemand damit beschäftigt war, sie ihm auszuziehen. Es war Sasha, und als er sich umblickte und die weibliche Note der Einrichtung bemerkte, schloß er, daß er sich in ihrem Zimmer befand. Er versuchte, den Hemdzipfel ein wenig tiefer zu ziehen, und sah, daß Sasha ein Négligé trug. Sie kramte in einer Schublade und suchte etwas – Kondome?

»Eh . . . können wir nicht einfach nur reden?« fragte er.

»Reden?« wiederholte sie. »Das einzige, was ich dich je habe sagen hören, war: ›Zieh dich aus‹ – ›Setz dich drauf‹ – ›Ich gebe dir morgen Geld‹. Hier«, fügte sie hinzu, während sie ein paar saubere Kleidungsstücke in Castors Stil herauszog und ihm zuwarf. »Trenn dich von deinem Obdachlosenkram und zieh dich an. Und dann verschwinde.« Sie räumte den restlichen Inhalt der Schublade ordentlich wieder ein.

»Ich verschwinde erst, wenn ich mein Geschäft mit deinem Bruder erledigt habe«, antwortete Archer und versuchte wie Castor zu klingen. Er stieg in die schwarzen Seidenhose, in der er sich fühlte, als hätte er überhaupt nichts an.

»Dann beeil dich gefälligst. Wenn Archer herausfindet, daß ich dich gesehen habe...« Sie wandte sich zu ihm um und blickte ihm direkt in die Augen. »... dann... dann nimmt er mir meinen Sohn weg.« Ihre Schultern sackten herab, und sie blickte zu Boden. Doch in dem kurzen Augenblick, als sie ihn angeschaut hatte, hatte Archer das Flehen in ihren Augen bemerkt, und zum ersten Mal sah er, daß sie nicht das hartgesottene Verbrecherliebchen war, sondern eine Mutter, die Angst hatte und ihr Kind zu beschützen versuchte. Und er begriff auch, welche Wirkung seine schonungslose Besessenheit auf Sasha gehabt haben mußte. Es war sein altes Selbst, das ihn eine Entschuldigung aussprechen ließ.

«Ich weiß, daß ich einige Dinge getan habe, die dir das Leben schwergemacht haben...« begann er, und sie wirbelte herum.

»Woher willst du das wissen?« fuhr sie ihn an. »Du bist aus meinem Leben spaziert, Castor, und hast keinen Gedanken mehr an mich verschwendet!«

Castor? Verdammt, *du* bist jetzt Castor, ermahnte er sich. »Ich bin anders als der Mann, an den du dich erinnerst, Sasha. Und ich sage es dir noch einmal. Es tut mir leid.«

Sie wandte sich wieder von ihm ab und tat so, als würde sie erneut etwas in den Schubladen suchen. Archer sah, wie angespannt sie war. Sie versuchte, die Erinnerungen an ihre Liebe für ihn zu vertreiben. Sie *haßte* ihn, sie liebte ihn längst nicht mehr. Doch dann wurde ihr Gesicht weich, als ihr Sohn plötzlich hereinkam und zu seiner Spielkiste rannte. Er kniete sich davor und holte einige Power Ranger hervor.

Archer, der sein Hemd erst halbwegs zugeknöpft hatte, hielt inne. Der Junge rührte irgend etwas in ihm an. Als er sah, daß Sasha seine, »Castors«, merkwürdige Reaktion beobachtet hatte, knöpfte er schnell das Hemd weiter zu.

Dann betrachtete er sich im Spiegel. Das olivfarbene Hemd mit den schmalen, eingewirkten Goldstreifen, feinste italienische Arbeit, war etwas, das er als Archer freiwillig niemals angezogen hätte. Und wahrscheinlich hätte er auch noch einen Wochenlohn dafür ausgeben müssen.

»Passen nicht schlecht, die Sachen«, meinte er und dachte dabei, daß sein Gesicht endlich zu seiner Kleidung paßte.

»Sie sollten auch passen«, erwiderte sie ein wenig spitz. »Schließlich sind es deine.«

Es dauerte einen Moment, bevor er begriff, was diese Worte implizierten. Sie hatte Castor seit Jahren nicht mehr gesehen, und dennoch hatte sie seine Kleidung aufgehoben. Was kann sie nur an diesem Mann so lieben? fragte sich Archer und beobachtete, wie sie ihre Aufmerksamkeit wieder Adam zuwandte.

»Ist ein hübscher kleiner Kerl«, meinte er.

»Natürlich ist er das, Castor. Schließlich ist er...« Sie sprach das, was sie hatte sagen wollen, nicht aus. All die Gefühle, die sie fast zerrissen hatten, als sie gehört hatte, Castor wäre tot, brachen wieder in ihr auf. Nun, vielleicht sollte sie die Worte doch aussprechen, bevor es tatsächlich zu spät war.

»Schließlich ist er dein Sohn«, sagte sie mit erstickter Stimme und schaute ihn unsicher an. Sie war überrascht, daß er nichts erwiderte, und noch mehr überraschte es sie, daß ihm ihre Worte einen solchen Schock versetzten, daß er ganz blaß wurde.

Archer und Sasha waren sich der Gefahr, in der sie schwebten, nicht im geringsten bewußt. Sie ahnten nicht, daß sie von Castor und »seinem« Team nicht eine Sekunde aus den Augen gelassen wurden. Buzz, Wanda und Loomis befanden sich auf dem Dach des Parkhauses gegenüber. Ab und zu blickte Wanda sich um und betrachtete Castor, der sich flüsternd mit Pollux unterhielt. Sie wurde das Gefühl nicht los, daß es reichlich merkwürdig war, daß Archer plötzlich so vertraut mit dem Mann umging, der einmal sein zweitgrößter Feind gewesen war.

Sie überprüfte ihre Waffe und fragte sich dabei, welche Schweinerei dieser Mann ausbrüten mochte, der einen IQ von 197 besaß. Auch die anderen Agenten betrachteten diese neue »Zweisamkeit« voller Mißtrauen, nur Loomis, der Neuling, war so ungeniert gewesen, Archer zu fragen, weshalb er so sicher sei, Pollux würde seinen eigenen Bruder verraten, und »Archer« hatte nur geantwortet, daß er sich in seinem ganzen Leben noch nie einer Sache sicherer gewesen sei.

Castor huschte zu den Agenten zurück, überzeugt, daß Archer verschwinden würde, sobald er sich die Schuhe zugebunden hatte. »Jeder auf seine Position«, flüsterte er. »Und vergeßt nicht – ich will ihn nicht lebendig, sondern tot!«

Daß Loomis und Buzz mit diesem Befehl nicht einverstanden waren, ließen sie daran erkennen, daß sie die Waffen senkten, doch Castors eiskalter Blick warnte sie: Das ist ein Befehl, gegen den sich keiner auflehnt!

Buzz atmete einmal tief ein und aus, dann straffte er die Schultern. »Ihr habt den Boß gehört. Also, dann los!«

Die Agenten nahmen ihre Plätze auf dem Dach ein. Castor hatte sich natürlich die Position ausgesucht, von der aus er Archer am besten im Visier hatte. Wanda hörte Schritte, die sich entfernten und sah, daß Pollux verschwand. Wohin wollte er, und warum hatte Archer ihm erlaubt zu gehen?

Der wirkliche Archer war noch dabei, den Schock zu verarbeiten, daß dieses niedliche, liebenswerte Kind, das er inzwischen ins Herz geschlossen hatte, der Sohn seines verhaßten Feindes war. »Wie alt ist er?« wollte er wissen und bückte sich, um Castors Schuhe, die ihm ein wenig zu eng waren, zuzubinden.

»Fünf«, erwiderte Sasha und empfand sowohl Erleichterung als auch Bedauern, daß das Geheimnis heraus war. Würde Castor sich jetzt um seine Erziehung kümmern, ihn für sich beanspruchen wollen? Wollte er ihn in sein Leben hineinziehen, das aus Chaos und Verbrechen bestand, aus Reichtümern, an denen Blut klebte?

»Niemand weiß, daß du sein Vater bist.«

»Warum nicht?«

»Ich hatte Angst, daß ihm jemand etwas antun könnte – nur um dir weh zu tun.«

»Peng, peng, peng!« rief Adam, der sich eine Plastik-Strahlenpistole geschnappt hatte und auf sie zielte. Er drückte auf einen Knopf. Lichter blinkten auf, ein schriller, an- und abschwellender Sirenenton erklang.

Sasha nahm dem Jungen die Waffe aus der Hand und legte sie in die Spielkiste zurück. »Du weißt, daß Mommy nicht mag, wenn du mit solchen Sachen spielst«, doch der Kleine zog einen Schmollmund, weil er nicht verstand, was daran schlimm sein sollte.

Sasha nahm den Jungen auf die Arme. »Adam, das

ist dein Vater«, sagte sie, dann setzte sie ihn wieder auf den Boden und gab ihm einen liebevollen Schubs. »Nun lauf schon zu ihm«, fügte sie hinzu.

Der Junge blickte zu Archer auf, dann setzte er sich in Bewegung.

Archers linkes Auge zuckte, er fühlte sich irgendwie unbehaglich, als er den Jungen an sich zog. Seine Hände wirkten auf dem kleinen Körper noch größer. Und dann passierte etwas, womit Archer niemals gerechnet hätte: Tränen stiegen ihm in die Augen, sein Atem ging heftig, als seine Gefühle ihn überwältigten. Der Junge begann unwillkürlich zu zappeln, als Archers Griff fester wurde.

»Du hältst ihn nicht richtig, Caz! – Caz?«

Sasha sah, daß er in diesem Augenblick mit seinen Gedanken ganz, ganz weit weg war – in Archers Kopf erklang die Musik jenes Karussells, jede Note traf ihn wie ein brennendes Messer, als er auf dem geflügelten Pferd saß und sich in einem schwindelerregenden Wirbel drehte. Er hörte Mikeys Lachen, sah den roten Ballon und zuckte zusammen, als die Erinnerung an den Schuß zum zehntausendsten Mal durch sein Gehirn zuckte.

Mit einem Ruck kehrte Archer in die Wirklichkeit zurück, lockerte seinen Griff um Adam, und der Junge entspannte sich. Er fühlte sich wohl in diesen starken Armen, den Armen eines erwachsenen Mannes, es gab ihm eine Geborgenheit, wie er sie in seinem kurzen Leben bisher nicht empfunden hatte. Unwillkürlich lächelte Adam.

Doch Archer war hin und her gerissen zwischen väterlichen Gefühlen und der Erinnerung an seinen schrecklichen Verlust. Er richtete sich auf, straffte die Schultern und schob den Jungen zu Sasha zurück.

»Das ist nicht mein Sohn«, sagte er aus seinen Gedanken heraus, doch Sasha verstand seine Worte als Zurückweisung.

»Doch, ist er wohl!« zischte sie. Sie drehte ihren Sohn herum, so daß er Archer den Rücken zuwandte, so, als könnte sie ihn damit vor der Grausamkeit dieses Mannes bewahren, der aus dem Fenster starrte. Als sie dann jedoch über die Schulter zu ihn hinblickte, sah sie, wie Archer sich plötzlich versteifte.

Irgend etwas war für einen Moment dort drüben auf dem Dach aufgeblitzt, und plötzlich schrien alle seine Sinne Alarm. Archer glaubte, ein leichtes Klicken wahrzunehmen. Die feinen Härchen auf seinem Nakken richteten sich auf. Ein Adrenalinstoß schoß durch seine Adern.

»Runter!« brüllte er und warf sich auf den Boden. Als Sasha zögerte, packte er sie an den Knöcheln und riß ihr die Füße weg. Im Fallen riß sie Adam mit sich, und Archer zog sie vor die Wand.

Nur einen Herzschlag später zerbarsten die Fensterscheiben. Kugeln flogen in den Raum, zerrissen Gemälde, bohrten sich in die Wände und zersplitterten die Möbel.

Von dem Dach des Parkhauses aus hatten die FBI-Agenten sämtliche Fenster von Hasslers Loft unter Beschuß genommen; Glassplitter regneten nach innen. Loomis betätigte eine Abschußvorrichtung und jagte durch jedes Fenster eine Tränengasgranate. Als die Granaten explodierten, strömte das Gas aus. Währenddessen feuerten seine Kollegen weiter.

Zwei der Bodyguards hatten im Wohnzimmer gesessen und Canasta gespielt, nun wurde ihr Spiel abrupt durch die Kugeln unterbrochen, die über den Glastisch schrammten. Das Glas explodierte förmlich, die Splitter bohrten sich in ihre Körper und Gesichter. Der ehemalige Footballspieler bekam eine Kugel ins Knie und kippte nach vorn. Eine zweite Kugel traf ihn genau in den kahlrasierten Schädel. Der andere rannte davon, versuchte, sich im Laufen einen Splitter aus dem Bein zu ziehen.

Fitch war gerade dabei gewesen, Cindee auf dem Küchentisch zu bumsen, als ein Kugelregen die Töpfe zum Klirren brachten, die an der Wand aufgehängt waren. Die Geschosse prallten ab und zischten in einem tödlichen Zickzack durch den Raum, eins riß die Sodaflasche auf.

Fitch und Cindee ließen sich auf den nassen Boden gleiten und suchten Schutz hinter dem Herd. Eine Tränengasgranate landete im Kühlschrank, explodierte und gab ihr Gas frei. Fitch hustete und rieb sich die tränenden Augen, während er verzweifelt versuchte, seine Waffe aus seinen Kleidern zu ziehen.

In Sashas Schlafzimmer robbte Archer im Schutz des aufwallenden Rauches zur Tür und hatte es fast geschafft, als er Sasha nach Adam rufen hörte. Die Angst in ihrer Stimme ließ Archer erstarren. Er wandte sich um und sah, daß das Kind sich aufrichten wollte. Es hielt sich den Hals, weil es keine Luft mehr bekam, das kleine Gesicht war angstverzerrt. Dann hörte plötzlich das Schießen auf.

»Feuert weiter!« brüllte Castor.

Archer hatte ihn gehört und konnte durch das Fenster sehen, wie sein Erzfeind sich erhob, eine Maschinenpistole in der Hand. Eine Geschoßgarbe durchlöcherte den Fußboden und verfehlte Archer nur knapp.

Archer blickte auf den Sohn seines schlimmsten Feindes und fühlte sich hin und her gerissen. Dann machte er einen Satz und warf sich über den Jungen, zog ihn in die relative Sicherheit unterhalb des Fensters. Doch in diesem Augenblick schwang sich eine an Seilen hängende Person mit einer Gasmaske durch das Fenster.

Der Agent hatte die Waffe schußbereit, und sein Finger krümmte sich um den Abzug, als Archer ihn in den Unterleib trat. Schmerzgekrümmt kippte er nach vorn, da traf Archers Fuß ihn erneut, diesmal am Kinn. So heftig, daß der Mann, der immer noch in seinem Gurt hing, nach draußen geschleudert wurde und fiel – bis die Seile seinen Sturz abbremsten und verhinderten, daß er am Boden zerschellte.

Adam schrie und hielt sich die Hände über die Ohren, die ihm von dem schrecklichen Lärm schmerzten. Archer schnappte sich Sashas Walkman, stellte ihn an und stülpte dem Jungen den Kopfhörer über den Kopf. Beruhigend erklang die Stimme von Judy Garland, die »Over the Rainbow« sang. Archer packte den Kleinen und schützte ihn mit seinem Körper, dann kroch er so schnell wie möglich auf die Tür zu. Sasha, die schon draußen im Flur stand, packte ihn am Hemd.

»Hier entlang!« schrie sie und führte ihn zu einem geräumigen Wandschrank. Sie begann, gegen die dünne Wand zu treten, und Archer half ihr. Als das Loch groß genug war, schlüpften sie in den schmalen Korridor, in dem sich Leitungen und Lüftungsrohre befanden. Sie hatten gerade genug Platz, um sich an den Rohren vorbeizuzwängen.

Fitch und Cindee würgten schmerzhaft und spuckten Blut und Schleim auf den Küchenboden. Jedesmal, wenn sie versuchten, auf die Tür zuzukriechen, wurden sie wieder unter Beschuß genommen. Endlich verzog sich das Tränengas, und Fitch schleppte sich ans Fenster und hob die Waffe, um zu schießen, als sich einer der Agenten am Seil in die Küche schwang. Seine Füße landeten genau in Fitchs Gesicht, der rückwärts zu Boden ging. Hastig griff der Agent nach seiner Waffe und schoß Fitch mitten in die Brust.

Cindee wühlte in dem Durcheinander und sprang

dann auf, ein Fleischermesser in der Hand. Die erste Kugel des Agenten traf sie in die Schulter, warf sie mit ihrer Wucht gegen den Kühlschrank. Die nächsten drei Kugeln drangen in ihre Brust. Sie war schon tot, bevor sie auf den Boden fiel.

In diesem Augenblick war es den Agenten gelungen, die Eingangstür der Wohnung mit Sprenggranaten zu zerstören. Sie schwärmten herein; in ihren schwarzen Anzügen und mit den Gasmasken wirkten sie wie eine Armee riesiger Heuschrecken.

Dietrich, der in seiner Unterwäsche oben auf der Wendeltreppe stand, sprang in den Schutz der Schlafzimmertür zurück, um sich von dort aus mit seiner AK-47 gegen die Invasion zu wehren. Als er das Feuer eröffnete, brachen die Männer in der vordersten Reihe zusammen. Die anderen zogen sich wieder nach draußen zurück.

Archer nutzte diese Pause, um zusammen mit Sasha und dem Jungen ihren Schutz zu verlassen. Sie rannten gerade über die Glassteine, als sie über sich Glas bersten hörten. Die Oberlichter splitterten, und eine neue Gruppe von Agenten drang ein; die Männer ließen sich an ihren Seilen herab. Sie feuerten schon, noch bevor sie den Boden erreicht hatten.

Aldo und seine Bodyguards hatten sich hinter der Bar verkrochen, als die Agenten sich näherten. Einer der Bodyguards spähte hervor, um zu schießen. Die erste Kugel schoß ihm die Finger weg, seine Waffe fiel zu Boden. Die nächste traf ihn direkt in die Stirn und drang hinten wieder aus dem Schädel, besprizte Aldo mit Blut. Aldo sprang auf und sprintete durch den Kugelhagel zur Wendeltreppe hinüber.

Archer schubste Sasha und Adam hinter eine schwere Couch, als ein stämmiger, muskulöser Agent direkt neben ihm landete. Archer machte einen Schritt zur

Seite und hieb ihm eine Faust gegen den Arm, so daß dem Mann die Waffe aus der Hand flog. Die beiden Männer stürzten sich aufeinander. Dem Agenten gelang es, sich zu befreien, als er in Archers Gesicht einen Treffer landete, der diesen momentan betäubte.

Der Agent bückte sich und wollte seine Waffe aufheben, doch in diesem Moment blickte er in Adams kleines, entschlossenes Gesicht. Der Junge hatte blitzschnell die Waffe weggekickt. Sasha war in der Zwischenzeit aufgesprungen, hatte die Waffe aufgehoben und zog sie einem weiteren Agenten, der sich von seinem Seil löste, von hinten über den Kopf. Dann feuerte sie, und die Kugel durchtrennte das Seil eines dritten Mannes, der herabstürzte und beim Aufprall das Bewußtsein verlor.

Archer erholte sich, als der erste Agent sich gerade auf Sasha stürzen wollte. Er sprang den Mann von hinten an und warf ihn zu Boden. Als er fiel, verschob sich die Gasmaske, und Archer blickte in die wütenden, ängstlichen Augen seines Freundes. »Buzz!« rief er erstaunt, und noch Stunden später wunderte sich Buzz, woher Castor Troy seinen Vornamen kannte. Im Moment jedoch empfand er nichts anderes als Furcht und Haß.

Der Anblick von Castor Troys Gesicht sandte einen heftigen Adrenalinstoß durch seine Adern. Er griff nach dem Messer, das in einer Scheide an seinem Oberschenkel steckte, und wollte Archer in die Seite stechen, doch diesem gelang es gerade noch, ihm die Waffe aus der Hand zu schlagen. Klirrend fiel das Messer unter die Couch.

Archer wollte Buzz aus dem Weg haben, doch niemals hätte er es fertiggebracht, ihn zu töten. Er hob ihn hoch und warf ihn durch die Glastür, die den Eßbereich abtrennte. Momentan bewegungsunfähig, lag

Buzz wie ein auf den Rücken gekehrter Käfer zwischen den Scherben.

In diesem Augenblick stürmten erneut Agenten durch die Eingangstür herein. Archers Blick glitt zu dem riesigen Gemälde, von dort zu Hassler, der immer noch mit seiner Maschinenpistole oben auf der Treppe stand.

»Dietrich! Das Bild!« rief er, und Hassler verstand sofort, was er meinte. Er zielte, feuerte, die riesige Leinwand wurde aus ihrer Verankerung gerissen und stürzte über die Eindringlinge, türmte sich über ihnen, hüllte sie ein. Sie hatten einen kostbaren Moment zum Atemholen gewonnen.

»Kommt!« brüllte Dietrich, als Sasha, Archer und Adam die Treppe hinaufhasteten.

»Schießt!« brüllte Castor, der eine dritte Gruppe von Agenten befehligte, die im Stockwerk unter dem Glasboden ausschwärmten.

Adam stolperte auf der dritten Stufe und fiel auf den Glasboden zurück. Die Männer unten richteten ihre Waffen auf den Schatten, den sie auf dem Boden über sich erkennen konnten.

»Erschießt sie, verdammt noch mal!« brüllte Castor in ihre Kopfhörer.

Gerade als Archer Adam wegriß, explodierte das Glas, die Scherben spritzten wie ein Geysir nach oben. Obwohl Archer noch einen Teil der Wucht der Explosion abbekam, gelang es ihm, sich und den Jungen in Sicherheit zu bringen. Während sie nach oben rannten, schossen die Agenten von unten blindlings gegen die Decke. Dietrich erwiderte das Feuer und zielte durch das Loch im Boden.

Die Agenten, die sich vom Dach heruntergelassen hatten, verfestigten ihre Kontrolle über das Gebäude. Sie hatten Livia und einen der Bodyguards erschossen, die sich zu einem Schäferstündchen in die Sauna zurückgezogen hatten. Die FBI-Leute strömten in die Wohnung wie Ameisen in ihren Bau.

Archer führte seine »Familie« in Dietrichs Schlafzimmer, wo Aldo und der letzte Bodyguard warteten. Dietrich griff hinter eine hölzerne Wandverkleidung und öffnete eine verborgene Tür. »Wenn wir hier rauskommen, dann treffen wir uns in Topanga. Du solltest besser deinen Hintern bewegen, Caz.«

Archer nickte leicht und schob Adam zu Sasha hin. Sie drückte den Jungen an sich, dann schlang sie ihren freien Arm um Archers Schultern und drückte auch ihn noch einmal, so fest sie konnte. Sie wußte, daß der Mann, den sie liebte, keine Chance mehr hatte, es sei denn, Satan persönlich würde eingreifen. Das Netz zog sich unbarmherzig um ihn zusammen; schon konnten sie das Klappern der Stiefel auf der Metalltreppe hören.

»Danke, Caz«, flüsterte sie. »Für alles.«

Archer löste sich von ihr, schubste sie in den verborgenen Raum und sagte: »Paß auf deinen Sohn auf!«

Dietrich nickte Archer zu und zeigte auf die Tür zum Rundbau. Archer rannte los, genau in dem Moment, als die Agenten oben auf der Treppe auftauchten. Dietrich, Aldo und der Bodyguard versuchten, sie aufzuhalten, in der Hoffnung, Archer folgen zu können, aber die Agenten nahmen sie unter so heftigen Beschuß, daß selbst doppelt so viele Leute nicht hätten widerstehen können. Die beiden Männer fielen, ihre Körper bäumten sich unter der Wucht der Kugeln auf.

Archer gelang es, den Rundbau zu erreichen, in dem sich Dietrichs private Galerie befand. Er blickte von oben herab und sah, wie der Mond seinen Schein durch das Oberlicht warf, die Skulpturen und Bilder in ein silbernes Licht hüllte. Archer hörte irgendwo Glas splittern und wußte, daß weitere Agenten in die Wohnung eindrangen. Er war die Treppe gerade zur Hälfte hinuntergerannt, als plötzlich ein Mann hinter einer Henry-Moore-Plastik hervortrat, einen Revolver in der Hand.

Archer blickte in sein »altes« Gesicht. Instinktiv machte er sich zunutze, daß er höher stand; er stieß sich ab und stürzte sich auf seinen Feind.

Als die beiden zusammenprallten, löste sich ein Schuß, und das Oberlicht zerbrach. Glasscherben rieselten auf sie herunter, und Archer hieb Castor fest in den Magen, gegen das Kinn, bis dieser schließlich taumelte und fiel. Der Revolver schlitterte über den Boden.

»Halt dich bloß von meiner Familie fern!« schrie Archer. Er wollte sich erneut auf Castor stürzen, aber diesmal war sein Gegner vorbereitet und rollte sich schnell weg, so daß Archer hart auf dem Boden landete.

»Zu spät!« sagte Castor, als er sich auf Archer warf, ihm einen Arm um den Hals legte und zudrückte. »Deine Kleine liebt mich. Und deine Frau ist so wild, daß nicht mal ich mithalten kann.«

Castor packte eine Scherbe. Wie gut würde es tun, seinem Feind die Kehle aufzuschlitzen und zu spüren, wie dessen warmes Blut über eine Hände rann. Endlich würde Sean Archer sterben. Doch vorher wollte er, Castor, sich seinen Sieg noch ein wenig versüßen – mit einer Beleidigung, die viel tiefer schnitt als ein Stück Glas. Er verstärkte den Druck auf Archers Kehle, und dann tat er etwas Unglaubliches. Er liebkoste mit seiner Zunge Archers Ohr, heiß und feucht, wie ein Liebhaber. »Heute nacht werde ich mein Gesicht in der süßen Pussy deiner Frau vergraben, bis sie so wild kommt wie die Niagarafälle...« flüsterte Castor. »Um deinen Tod zu feiern!«

Das war das einzige, was er nicht hätte sagen dürfen. Die Glasscherbe hatte Archers Haut schon aufgeschlitzt, als er plötzlich vor Wut explodierte. Er rammte seinen Ellbogen so wuchtig in Castors Magen, daß dessen Mittagessen postwendend zurückkam. Archer rollte sich herum und warf Castor in einen Haufen Glasscherben. Er packte sich die Scherbe, mit der Castor ihn verletzt hatte. Von rasender Wut erfüllt, bückte er sich über seinen Feind. Castor war überrumpelt und wußte nur, daß Archer ihn plötzlich angegriffen hatte.

Dann erklang plötzlich eine Stimme. »Sean? Wo sind Sie?« Es war Loomis, der immer noch den M-16 Granatwerfer in den Händen hielt. Er stürmte in den Rundbau, sah »Castor« und feuerte. Archer hechtete in eine Nische, von der aus sich eine Tür zu einer Treppe öffnete, die zum Dach hinauf führte. Die Granate, die Loomis abgefeuert hatte, explodierte in dem Moment, als die Tür sich schloß.

»Verdammte Scheiße!« brüllte Castor, als er begriff, daß Archer schon wieder entkommen war. Er rannte zu der brennenden Treppe und fluchte, als er sah, daß ihm dieser Weg versperrt war. Er lief durch den Rundbau zurück in den Wohnbereich, um von dort nach draußen zu kommen.

Vorsichtig trag Archer aufs Dach, das völlig verlassen wirkte, da alle FBI-Agenten sich nach unten abgeseilt hatten. Er entdeckte eine Feuertreppe, schlich sich vorsichtig in diese Richtung und kletterte auf den obersten Absatz der Treppe.

»War wohl nix, Schätzchen«, sagte Pollux, der auf einem Fensterbrett hockte und eine Zigarette rauchte.

Archer wandte sich um – und schaute genau in den Lauf von Pollux' Waffe. Einen Moment lang war er zu verblüfft, um zu reagieren, doch dann schnellte sein Arm vor, und er griff nach der Waffe – im selben

Moment, als Pollux abdrückte. Die Kugel streifte Archers Arm, er fiel und rutschte über die Plattform. Doch er schaffte es gerade noch, sich mit der linken Hand am Rand festzuhalten; langsam versuchte er, die schmerzende und schwache rechte Hand zu heben und damit ebenfalls zuzupacken. Seine Hände taten höllisch weh, langsam löste sich sein Griff, bis er sich nur noch mit den Fingerspitzen festklammerte.

»Kannst du dich noch an mich erinnern? An deinen lieben kleinen Bruder?« spottete Pollux und nahm die Zigarette aus dem Mund. »Besser, wenn ich die ausmache«, fügte er hinzu und warf sie in Archers Hemdausschnitt. Das Hemd und einige seiner Brusthaare fingen an zu qualmen, der Rauch biß Archer in die Augen. Pollux trat auf Archers Finger, drehte den Fuß, und Archer schrie vor Schmerzen auf.

Castor, die Kleider voller Erbrochenem, trat in diesem Augenblick zusammen mit Loomis unten aus dem Haus. Loomis hob seine Maschinenpistole und zielte auf Archers hilflos baumelnden Körper. Archer schwankte und drehte sich, unbarmherzig von Pollux' Füßen festgehalten – und plötzlich spürte er, daß die Feuertreppe sich langsam aus ihrer Verankerung löste. Die rostigen Bolzen hielten nicht länger in den Ziegeln. Blitzartig begriff Archer, daß er noch eine einzige Chance hatte.

Unten zielte Loomis auf ihn. »Warten Sie, bis sie ihn besser im Visier haben«, sagte Castor.

Archer stemmte seine Füße gegen die Mauer. Pollux zielte mit seiner Waffe genau auf Archers Kopf. »Du hast mich ausgetrickst, und ich habe dir Sachen erzählt, die ich noch nie jemandem erzählt habe«, zischte er. »Nun kannst du sie mit in dein Grab nehmen!«

Archer riß seine letzten Kräfte zusammen, drückte sich ab, und die Bolzen lösten sich knirschend aus dem Mauerwerk. Die gesamte Treppe schwankte. Pollux geriet ins Rutschen und verlor das Gleichgewicht. Er versuchte, sich noch am Fensterbrett festzuhalten, aber es gelang ihm nicht. Die Treppe neigte sich nach vorne und schleuderte Pollux auf den Asphalt tief unten.

Castor beobachtete, wie Pollux fiel, und die Welt um ihn herum schien in Scherben zu zerbrechen. Sein Bruder prallte mit einem häßlichen Geräusch auf dem Boden auf. Castors Wahrnehmung konzentrierte sich einzig und allein auf seinen Bruder, für einen Moment setzte sein Bewußtsein aus, und er stürzte zu Boden. Als er wieder zu sich kam, sah er gerade noch, wie Archer sich durch ein Fenster ins Nebengebäude schwang. Doch er nahm das nur ganz nebenbei wahr, so sehr erfüllte ihn der Schmerz um seinen Bruder. Schwankend ging er auf seinen Bruder zu, der in einer Blutlache dalag.

Pollux' Leben floß schnell aus ihm heraus. Verzweifelt hielt Castor ihn fest, beschwor ihn durchzuhalten, drückte ihn an sich.

Loomis schluckte und betrachtete angewidert diese Szene, und erst nach einer Weile bemerkte Castor ihn.

»Ruf einen Krankenwagen – schnell!« rief er.

»Wieso, Sir? Es ist doch nur Pollux Troy!«

Castor gab seinem mörderischen Impuls nach, riß seine Waffe hoch und schoß Loomis mitten in die Stirn. Doch es löschte seinen wilden Zorn nicht, als er den Körper leblos zu Boden sinken sah. Er wurde von Zorn geschüttelt.

Wanda und Buzz, die den Schuß gehört hatten, schauten vorsichtig um die Ecke, dann ließen sie die gezogenen Waffen sinken. »Was ist passiert?« wollte

Wanda wissen. Sie hatte die Stirn gerunzelt, und als sie Loomis erkannte, zeigte sich Trauer auf ihrem Gesicht.

»Was zum Teufel glaubt ihr wohl, was hier passiert ist?« brüllte Castor sie an. »Castor Troy hat ihn gerade erschossen!«

Buzz und Wanda starrten ihn ungläubig an. In Castors Stimme klang eine merkwürdige Mischung aus Wut und Pathos mit, als er ihnen befahl: »Verschwindet! Worauf wartet ihr noch?« Als sie fort waren, schaute er sich vorsichtig um, ob ihn jemand beobachtete. Als er überzeugt war, allein zu sein, vergrub er sein Gesicht an der Brust seines Bruders, in der das Herz aufgehört hatte zu schlagen. Dann fiel ihm auf, das Pollux' Schnürsenkel aufgegangen war, und ein letztes Mal band er ihn für ihn fest.

»Sean Archer wird dafür bezahlen«, schwor er dem Toten. »Er wird mit dem Tod seiner Familie dafür bezahlen!«

Archer rannte zur Rückfront des verlassenen Gebäudes, blickte durch ein schmutziges Fenster und schaute genau auf den Güterbahnhof. Er schob sich durch ein Fenster, das keine Scheiben mehr hatte und sprang aus dem ersten Stock nach unten. Als er auf einige abgestellte Güterwaggons zulief, fühlte er sich von neuer Hoffnung erfüllt. Er hatte es geschafft, aus diesem Chaos, dieser tödlichen Gefahr und von seinem machtvollen Feind fortzukommen.

Ein Güterzug näherte sich, schneller, als Archer lieb war, aber er mußte dennoch versuchen aufzuspringen. Als der Zug auf seiner Höhe war, sprintete Archer in dieselbe Richtung los, und als er an einem Kühlwagen eine Leiter entdeckte, griff er danach und zog sich hoch. Er kletterte auf das Dach, legte sich erschöpft auf den Rücken. Er hatte das Gefühl, daß er niemals wieder in seinem Leben genügend Atem würde schöpfen können. Er blickte zum Himmel hinauf und sah nichts, keine Sterne, keinen Hubschrauber auf der Suche nach ihm. Der Wind auf seinem Gesicht fühlte sich kühl und süß an. Archer stieß einen Laut aus, der halb Lachen, halb Schluchzen war. Er fühlte eine unglaubliche Erleichterung.

## 13.

Castor kehrte nicht zu Archers Haus zurück an diesem kalten, düsteren Morgen. Er ging geradewegs ins Büro. Er saß in seinem Schreibtischstuhl, wiegte sich hin und her, starrte aus dem Fenster und trank Kaffee mit einem großzügigen Schuß Mescal darin. Seine Kleider stanken immer noch nach Erbrochenem.

Lazarro war ebenfalls früh gekommen. Er war in seinem Büro und packte seine Sachen zusammen. In einen der schon fertig gepackten Kartons hatte er eine Kopie von Archers Akte gesteckt, um sie hinauszuschmuggeln. Als letztes packte er nun seine persönlichen Habseligkeiten zusammen. Er hatte gehofft, daß er bis neun Uhr fertig sein würde, doch er hatte bald bemerkt, daß er weder genug Kartons noch genug Zeit hatte, um all das wegzuschaffen, was sich im Laufe seiner langen Karriere angesammelt hatte. Er ging gerade das dritte Mal zu seinem Wagen, als er an Archers Büro vorbeikam. Die Tür stand offen, und Castor hatte sich nicht einmal die Mühe gemacht, Licht anzuschalten.

Lazarro blieb still stehen, einen Karton unter den Arm geklemmt und blickte fasziniert auf Castor, der gerade einen Wutanfall hatte. Castor stand vor einem der Regale und schlug das Glas eines gerahmten Fotos von Eve und Jamie kaputt. Dann riß er das Bild in Fetzen, zerdrückte den Metallrahmen. Er wollte ihn gerade wegschleudern, als er bemerkte, daß Lazarro in der Tür stand.

Wie lange mag er mich wohl schon beobachtet haben, dachte er und setzte ein ausdrucksloses Gesicht auf. »Was wollen Sie?« fragte er, und um seinen Mund legte sich ein höhnisches Lächeln.

»Ich wollte Ihnen nur noch viel Glück wünschen ... bevor ich endgültig verschwinde.« Lazarros Augen waren schmal geworden vor Mißtrauen. Er hatte schon vorher den Verdacht gehabt, daß Archer von jemandem bestochen worden sein könnte, doch nun hatte er plötzlich das Gefühl, daß Archer einfach durchgedreht war. »Sie verdienen den Posten, Sean«, fuhr er fort. »Sie hatten mit der Bombe recht, und Sie hatten auch die richtige Vermutung, wo Castor sich versteckt haben könnte. Himmel, Sie hatten sogar recht, was diesen Verräter Pollux betraf.«

Lazarro betrat Archers Büro, stellte den Karton auf dem Schreibtisch ab und blickte Castor durchdringend an. »Bei ein paar Kleinigkeiten haben Sie sich jedoch geirrt«, fuhr er fort, bückte sich und steckte die Fotoschnipsel in seine Jackentasche.

Das alarmierte Castor mehr als Lazarros Worte. Er setzte sich und rollte mit seinem Stuhl zur Tür. Bevor er sie schloß, sah er, daß Kim, die heute ein weißes Minilederkleid trug, gekommen war. Dann wandte er sich wieder Lazarro zu. »Verraten Sie mir, was Sie damit meinen – die Ungewißheit bringt mich sonst um.« Dann erhob er sich, um die Blenden zwischen den Büros zu schließen.

»Sie hatten angefangen, sich mit Brodie und Miller zu treffen«, begann Lazarro und verfolgte jede Bewegung Castors mit seinen Blicken. »Dann kommen die beiden um, als Walshs Klinik abbrennt. Ihr bester Freund wird ermordet, und es kümmert Sie einen

Dreck. Plötzlich rauchen und trinken Sie und benehmen sich wie ein Mann, der etwas zu verbergen hat ...«

Wieviel vermutet Lazarro nur? Wieviel kann er tatsächlich wissen? dachte Castor.

»Ich weiß nicht, Sean, wer Sie gekauft hat oder wohinter Sie her sind«, fuhr Lazarro fort. »Aber ich werde es herausfinden, egal, ob man mich abgeschoben hat oder nicht.«

Castor drückte auf den Lichtschalter, und die Neonröhren gingen flackernd an. Er grinste, als ihm auffiel, daß Lazarro immer noch im Dunkeln stand. »Victor, es ist eine Schande, daß man in Washington keinen Ehrenposten für einen Mann mit einer so scharfen Beobachtungsgabe wie Sie sie haben gefunden hat. Also gut, ich werde Ihnen etwas gestehen, aber ich fürchte, es wird Ihnen nicht gefallen.«

Castor schlich sich zu Lazarro hinüber und legte ihm mit falscher Freundlichkeit einen Arm um die Schultern. »Ich bin Castor Troy«, flüsterte er ihm ins Ohr.

»Was? Ich ... ich verstehe nicht.«

Castor holte mit seinem freien Arm aus und stieß Lazarro die Faust in die Brust, dann noch ein zweites Mal. Lazarros Arme zitterten, in ihnen war keine Kraft mehr, als er sie heben wollte. Castor hieb weiter auf seine Brust ein. Lazarro schnappte nach Luft und flehte still um Erbarmen, doch als er in Castors Augen blickte, sah er nicht die Spur eines Gefühls darin. Castor boxte nun heftiger und heftiger auf Lazarros Brust ein, auf sein Herz – bis es schließlich aufhörte zu schlagen. Lazarro zuckte noch einmal im Todeskampf, dann wurde sein Körper schlaff, und er rutschte auf den Boden. Castor hob seinen Arm an, um am Handgelenk nach dem Puls zu fühlen, und er fand keinen mehr.

»Jetzt wirst du wohl verstanden haben«, sagte er

und klaubte die Fotoschnipsel aus Lazarros Jacke. Dann ging er zum Schreibtisch, hieb auf den Knopf des Sprechgeräts und sagte: »Kim, sagen Sie meinen Termin für zehn Uhr ab.« Und nach einer kleinen Pause fügte er hinzu: »Ach ja, und rufen Sie bitte den Notarzt. Victor Lazarro hat einen Herzanfall.« Castor blickte in Lazarros Schachtel, entdeckte die Kopie von Archers Akte und ließ sie in einer Schreibtischschublade verschwinden. Dabei sah er die Mescalflasche. Hm.

Der viele Kaffee hatte ihn trübsinnig gemacht. Ein kleiner Drink wäre jetzt nicht schlecht. Er blickte auf seine Uhr, während er den Mescal hinunterkippte, dann kniete er sich neben Lazarros Körper. Nur einen Augenblick später stürzten zwei Notärzte herein und sahen, wie Archer verzweifelt seine Hände gegen Lazarros Brustbein drückte, um eine Herzmassage durchzuführen.

»Verdammt, Victor, so kämpfen Sie doch! Helfen Sie mir!«

Noch einmal drückte Castor seine Faust gegen Lazarros Brust – die Ärzte würden glauben, daß dies der Grund war, warum Lazarros Brustbein gebrochen war. Castro wandte den Ärzten ein betrübtes Gesicht zu, sanft schoben sie ihn beiseite und tasteten nach dem Puls. Castor brauchte nur an seinen Bruder zu denken, um von Kummer erfüllt zu erscheinen.

Nachdem Archer vom Zug gesprungen war, ruhte er sich eine Weile aus. Sein Körper schien nur noch aus blauen Flecken, Kratzern, angeknacksten Knochen und Blutergüssen zu bestehen. Doch als er daran dachte, in welcher Gefahr seine Familie schwebte, rappelte er sich wieder auf und machte sich auf den Weg.

Er war einem Obdachlosen begegnet, der einen alten Filzhut und ausgelatschte Turnschuhe trug, und er hatte ihn ohne Probleme dazu bewegen können, sie gegen Castors handgearbeitete italienische Schuhe zu tauschen. Über ihm am Himmel kreisten überall Hubschrauber. Unten durch die Straßen rollten Polizeiwagen, und die Pendler fluchten über all die Straßensperren, die vom FBI errichtet worden waren. Archer war sich hundertprozentig sicher, daß sie alle nur nach ihm Ausschau hielten.

Obwohl sein Plan, wie er zu seinem Haus gelangen könnte, nur halb ausgegoren war, begann er, ihn in die Tat umzusetzen. Er schlenderte den Broadway entlang, in einer Gegend, wo die Geschäfte, in denen die eingewanderten Latinos einkauften, sich mit den schicken Passagen mischten, durch die die Angestellten der umliegenden Firmen in ihrer Mittagspause bummelten. Die Passanten waren daran gewöhnt, Obdachlose zu sehen, doch selbst die Abgestumpftesten blieben stehen und gafften, als Archer um eine Straßensperre flitzte, sich eine Mülltonne schnappte und dann mitten auf der Straße, im dicksten Verkehr, weiterwanderte. Ab und zu senkte er die Mülltonne, die er vor seinem Kopf hielt, und man konnte sein Gesicht sehen: totenblaß und mit einem wilden Ausdruck in den Augen. Er war ein Mann, der am Ende war, und er schwafelte unverständliches Zeug vor sich hin. »Ich gelobe den aus Schlacke bestehenden Legionen der Vereinigten Arabischen Emirate zu folgen ... hin zu dem Geschlecht Richards Stands, ein Eingeborener vom Blut her ... ishkibibble ... mit Leber und Zwiebeln für Raul.«

Autos mußten seinetwegen abrupt bremsen, die Fahrer hupten wütend, als Archer die Straße überquerte, mitten zwischen all den Wagen hindurch, und auf ein

Elektrogeschäft zuhielt. Schwungvoll ließ er die Mülltonne um sich kreisen, und die Passanten achteten darauf, nicht in die Nähe des Verrückten zu kommen. Nachdem Archer sich versichert hatte, daß niemand mehr in seiner unmittelbaren Nähe war, holte er aus und schlug mit der Mülltonne gegen das Schaufenster. Die Scheibe brach nicht, sondern zeigte nur ein Spinnennetz von Rissen, und Archer hämmerte solange mit der Tonne dagegen, bis das Glas endlich nachgab und zerbarst.

Die Sirene plärrte los, und alle auf der Straße blieben stehen und schauten zu. Einige junge Kerle im »Gangsta Wear« schlichen sich näher ans Schaufenster. Archer schnitt eine Grimasse und begann einen verrückten Tanz, während die Jugendlichen ihre Auswahl trafen und dann in irgendwelchen Nebenstraßen verschwanden. Die Verkäufer rannten heraus und versuchten die Plünderer zu vertreiben, ein Streifenwagen hielt mit quietschenden Reifen auf dem Bürgersteig. Alle spritzten auseinander, nur Archer blieb stehen. Ein Cop sprang mit gezogener Waffe aus dem Wagen und lief dem letzten Plünderer hinterher, der mit einem TV-Gerät eilig das Weite suchte.

Archer zog sich den Hut tiefer ins Gesicht, schlug sich auf den Mund und begann erneut mit seiner Litanei über die Vereinigten Arabischen Emirate. Der Fahrer des Streifenwagens, der mit dem Funkgerät in der Hand an der Wagentür lehnte, betrachtete verärgert den Verrückten. Archer kroch nun über den Boden, muhte wie eine Kuh, und als er dem Cop zu nahe kam, wollte dieser ihn davonscheuchen.

Doch dann machte Archer plötzlich einen Satz und zog einen Gegenstand aus dem Gürtel des Polizisten. Bevor der Cop reagieren konnte, war Archer schon aufgesprungen und sprühte ihm das Reizgas ins Gesicht. Der Cop begann zu husten und sich die tränenblinden Augen zu reiben, taumelte würgend vom Wagen weg.

Archer sprang hinters Steuer, und kaum hatte sein Hintern den Schalensitz berührt, da gab Archer auch schon Gas. Er drückte auf einen Knopf, und die getönten Scheiben verdunkelten sich, verbargen ihn vor der Außenwelt. Der zweite Cop kehrte ohne den Plünderer, aber mit einem kaputten Fernseher zurück und konnte dem davonschießenden Wagen nur noch hinterhersehen. Und plötzlich dachte Archer, daß seine Tochter recht gehabt hatte: Es war wirklich nicht schwierig, einen Polizeiwagen zu stehlen.

Castor wandte den Blick ab, als der Angestellte im Leichenschauhaus des FBI eine Schublade herauszog, auf der ein mit einem Laken verhüllter Körper lag.

»Gehen Sie!« befahl er, und der Angestellte starrte ihn böse an. Der Mann hatte keinen guten Morgen gehabt; sein Wecker hatte nicht geklingelt, er hatte den Bus verpaßt und sich zu allem Überfluß Kaffee aufs Hemd geschüttet. Und dann wollte ihn auch noch dieses Großmaul Archer herumschubsen, wo er eh schon einen Scheißjob mit einem Scheißgehalt hatte – sechs Dollar fünfzig die Stunde dafür, daß er darauf achtete, daß ein Haufen Toter schön eisgekühlt blieb.

»Haben Sie was gesagt?«

»Ich sagte, daß Sie verschwinden sollen.« Castor schaute ihn immer noch nicht an.

»Arschloch!« sagte der Angestellte. Castor überlegte, ob er ihn umbringen sollte – er könnte ihm leicht die Kehle zusammenquetschen, doch dann entschied er sich dagegen.

»Verschwinde oder stirb!« brüllte er den Mann an, und der hatte immerhin noch soviel Verstand, daß er sich schnellstens davonmachte. Er würde schon herausfinden, wo dieser Mistkerl sein Büro hatte, und dann würde er ihm etwas Häßliches in seinen Aktenschrank schmuggeln, etwas, was nach ein paar Tagen fürchterlich zu stinken begann und nicht so leicht zu finden sein würde. Und wenn dieser Kerl dann sah, welcher Teil des menschlichen Körpers das war ...

Als Castor allein war, zog er das Laken von Pollux weg und betrachtete den Körper seines Bruders. Zum ersten Mal in seinem Leben stellte er sich ernsthaft die Frage, ob es nicht vielleicht doch ein Leben nach dem Tod gab. Und wenn, dann wollte auch er sterben, damit er wieder mit Pollux zusammen sein konnte – aber erst, wenn er Archer erledigt hatte.

Castor schloß die Augen und sah seinen Bruder wieder als Kind vor sich, als kränklichen Jungen mit gelockten Haaren und einer fahlen, gelblichen Haut. Sie waren damals sieben und fünf Jahre alt gewesen, als ihre Mutter ihnen erklärte hatte, warum sie ihnen Namen gegeben hatte, über die die anderen Kinder sich stets totlachten. In der Schule rief man sie stets nur »Castor Oil« und »Buttocks«.

»Castor und Pollux waren Halbbrüder, und sie haben sich sehr geliebt«, hatte Helen erklärt, als sie ihnen vor dem Schlafengehen wie üblich Kakao und Kahlúa gebrachthatte. Castor fiel plötzlich wieder ein, daß an jenem Abend die Asche von der Zigarette seiner Mutter in seine Tasse gefallen war.

»Castor und Pollux waren Söhne von Zeus, dem Boß unter all den griechischen Göttern. Aber Castors Mutter war ein ganz gewöhnlicher Mensch, so wie ich. Eines Tages ist Castor getötet worden, weil er die

Kühe von irgend jemandem umgebracht hat oder so, und als Pollux seinen toten Körper fand, hat er sich bald die Augen aus dem Kopf geheult. Weil Castor halb sterblich war, mußte er hinunter in den Hades, dort, wo die Toten hinkamen. Pollux hat seinen Daddy, den Zeus, angebettelt, daß er bei Castor im Hades sein dürfte, doch der Alte wollte ihn auch bei sich haben, und so ließ er Pollux das Leben mit Castor teilen. Die halbe Zeit trieben sie sich am Olymp herum und machten nichts als Quatsch, und die andere Hälfte hingen sie im Hades herum. Und sie wurden niemals mehr getrennt. So, wie ihr beide auch nie getrennt sein werdet.«

Castor hatte sich nicht vorstellen können, daß es einmal anders sein könnte. Er berührte die kalte, bleiche Stirn seines Bruders, bevor er ihm das Laken wieder liebevoll über das Gesicht zog.

Wohin Archer auch fuhr, überall schienen Streifenwagen und Straßensperren zu sein. Er hatte den Wagen in eine schmale Durchgangsstraße gelenkt, doch auch dort hatte man zwei abzweigende Straßen gesperrt, die zu einer Hauptstraße führten, an der ein Verkehrskontrollpunkt eingerichtet worden war.

Archer bog an der nächsten Ecke ab und fand schließlich einen stillen Platz, wo er sich dem Computer, der zur Ausrüstung des Wagens gehörte, widmen konnte. Er gab seinen Zugangscode ein und schickte einen Dringlichkeitsalarm von Agent Sean Archer hinterher. Er wartete so lange, daß er schon befürchtete, sein Alarm würde nicht akzeptiert werden, doch dann sah er erleichtert, daß es geklappt hatte.

Ein gewisses Durcheinander entstand, als plötzlich alle Einheiten zu sämtlichen Stationen östlich und westlich der Metro Red Line beordert wurden. Castor Troy war gesichtet worden, als er das Parthenia Street Terminal betreten hatte, und es gab eine ganze Reihe von Stationen, wo er wider auftauche konnte.

Archer blickte in den Rückspiegel und sah die eilige Prozession von Einsatzwagen, die sich in östlicher und westlicher Richtung aufzuteilen begann. Über ihm drehte der erste von vielen Hubschraubern ab, die alle in die gleiche Richtung flogen. Die Männer der Sondereinheiten sprangen in ihre gepanzerten Jeeps und rasten davon.

Archer konnte es nun wagen, sich nach Norden zu wenden, in der Hoffnung, die zur Überwachung abgestellten Streifenwagen wären ebenfalls dem Befehl gefolgt. Nun würde er bald zu Hause sein.

Er parkte den Wagen eine Straße von seinem Haus entfernt und stieg aus, froh darüber, daß niemand in der Nähe war. Er blickte sich sorgfältig um und stellte fest, daß nirgendwo jemand aus dem Fenster schaute. Dann zwängte er sich durch eine Hecke, kletterte über die Mauer, die das Nachbargrundstück von seinem abtrennte. Ihm fiel plötzlich auf, daß er diese Nachbarn niemals gesehen hatte, stets hatte er nur ihre Stimmen gehört und es gerochen, wenn sie im Sommer Barbecues veranstaltet hatten.

Archer schlich sich vorsichtig an seinen Hinterhof heran und verbarg sich hinter den Blättern eines Avocadobaums. Er sah Lars, der in einem Liegestuhl saß und den Polizeifunk abhörte. Archer blickte zu dem Vogelhäuschen hin, das Jamie gemacht hatte, als sie noch bei den Pfadfindern gewesen war. Vorsichtig steckte er die Finger in das Flugloch, tastete nach dem Schlüssel und holte ihn schließlich heraus. Über seinem Kopf tschilpte ein Rotkehlchen. Lars blickte zu dem Vogel hin, bemerkte aber nicht, wie Archer gerade noch rechtzeitig seinen Arm zurückzog.

»Was machen Sie denn hier?« rief Wanda und hätte ihn nicht verblüffter anschauen können, wenn er mit dem Kopf unter dem Arm ins Büro marschiert wäre.

»Wo sollte ich denn sonst sein?« fragte Castor, und als er sich umschaute, stellte er fest, daß es hier ungewöhnlich still war. »Wo sind denn all die anderen?«

»Fort, um Ihnen den Rücken zu stärken. Haben Sie Castor Troy denn nicht am Parthenia Street Terminal aufgespürt?«

»Was?«

»Sie haben es doch in Ihrem persönlichen Sicherheitscode durchgegeben! Und diesen Code kennt niemand außer Ihnen.«

Als Castor dämmerte, was das bedeutete, wurde er von neuen heißen Wellen der Wut überschwemmt. Warum, verdammt noch mal, hatte er die Codes nicht geändert? Archer war viel intelligenter, als er geglaubt hatte.

»Offensichtlich kennt ihn doch noch jemand!« schrie er Wanda an. »Sorgen Sie dafür, daß alle auf ihre Posten zurückkehren – augenblicklich!«

Die alten Turnschuhe hatten den Vorteil, daß sie kein Geräusch verursachten, als Archer auf Zehenspitzen ums Haus schlich. Archer spähte an der Treppe vorbei und sah Lunts massive Beine unter dem Küchentisch. Während der Schwede Kräcker und Käse knabberte, holte er die Kugeln aus seinem Magazin, um es zu reinigen. Als Lunt aufstand, um sich neuen Kaffee einzuschenken, nutzte Archer die Gelegenheit, um die Treppe hinaufzuhuschen.

Die Tür zu seinem und Eves Schlafzimmer war geschlossen. Vorsichtig trat er ein und sah, daß das Bett nicht gemacht war. Die Dusche lief. Eves Nachthemd lag auf dem Bett, unten auf dem Boden war eine knappe schwarze Unterhose, die nur Castor gehören konnte, liegengeblieben.

Wut zuckte wie ein feuriger Blitz durch Archers Körper, löste eine Explosion des Zorns aus. Dann ließ er sich auf das Bett sinken, nahm das Nachthemd in die Hand und schnupperte daran. Er achtete nicht darauf, daß das Wasser aufgehört hatte zu rauschen und daß seine Frau jeden Moment das Schlafzimmer betreten konnte.

Als sie dann schließlich hereinkam, hatte er vollkommen vergessen, daß er sie nicht mit seinem eigenen Gesicht anschaute. »Eve«, murmelte er und wurde plötzlich von einer überwältigenden Traurigkeit geschüttelt.

Doch der Ausdruck schieren Entsetzens auf ihrem Gesicht brachte ihn schlagartig wieder in die Wirklichkeit zurück.

Sie wich rückwärts ins Bad zurück, doch Archer war schon neben ihr und legte ihr die Hand über den Mund. Sie ließ ihr Handtuch fallen, trat und kratzte, aber Archer ließ nicht los, selbst nicht, als sie ihn in die Hand biß.

»Ich werde dir nichts tun, Eve«, sagte er leise und ruhig. »Nur schrei nicht – bitte!«

Er spürte, wie ihre Zähne losließen. »Okay?« fragte er flehentlich, und als sie nickte, lockerte er seinen Griff. Die Furcht, die in ihrem Blick lag, traf ihn mitten ins Herz, doch er bemerkte auch, daß sie zornig wurde. Wie oft mochte er dieser wunderbaren Frau in der Vergangenheit weh getan haben?

»Ich kenne Sie«, stieß sie hervor. »Sie sind derjenigen, der gestern angerufen hat . . . Sie sind Castor Troy. Sie haben meinen Sohn umgebracht.«

In Archers Augen stiegen Tränen, und Eve spürte das Gefühl hilfloser Traurigkeit, das in seinen nächsten Worten lag. »Ich habe angerufen«, sagte er. »Aber ich bin nicht Castor Troy. Ich bin dein Mann.«

Erneut begann sie gegen ihn zu kämpfen, aber diesmal aus Furcht vor einem Mann, der nicht nur kriminell, sondern offensichtlich auch noch verrückt war. Er versuchte, sie zu beruhigen. »Bitte, Eve, hör mir zu. Du mußt! Letzte Woche, als wir zusammen im Bett lagen, hatten wir einen Streit, nachdem du meine Narbe berührt hast. Weil ich dir sagte, daß ich noch einmal einen Auftrag ausführen müßte.«

Es verwirrte sie, daß er so etwas Persönliches wissen konnte. Aber ihr Mann war beim FBI – vielleicht hatte jemand das Haus mit Wanzen bestückt, und dieser Psychopath hatte sie belauscht. »Mein Auftrag . . .« fuhr Archer fort. »Mein Auftrag war es, mich als Castor Troy in ein Hochsicherheitsgefängnis einschleusen zu lassen.«

Eve wurde plötzlich wieder ganz ruhig, als sie das Martinshorn von sich nähernden Streifenwagen hörte. Sie brauchte nur noch auf Zeit zu spielen, bis die Cops da waren, und ihn solange am Reden halten.

»Und wie sollte das funktionieren« fragte sie.

»Ein plastischer Chirurg, der für das FBI arbeitete, hat mir Castor Troys Gesicht gegeben. Du hast bestimmt von ihm gehört, Malcolm Walsh, er ist bei einem Brand ums Leben gekommen. Vermutlich. Er hat mir das Gesicht transplantiert, hat meine Stimme verändert. Doch irgendwie muß Castor Troy aus seinem Koma erwacht sein, und dann hat er alle umgebracht, die von der Sache gewußt haben. Aber erst, nachdem er *mein* Gesicht bekommen hatte.«

Eve war verwirrt. Die Geschichte war völlig absurd – selbst sie als Ärztin konnte sich nicht vorstellen, daß so etwas überhaupt möglich war. Und doch, wenn sie in die *braunen* Augen des Mannes blickte, entdeckte sie etwas Vertrautes in deren Tiefen; sein Geruch war ihr vertraut, genau wie seine Art zu sprechen.

Von unten klang Lunts Stimme herauf. »Sind Sie okay, Dr. Archer?«

Sie wußte nicht, ob sie ihm antworten oder um Hilfe rufen sollte. Archer legte einen Finger auf seine Lippen. »Hör zu«, flüsterte er. »Wenn du einen untrüglichen Beweis haben willst, dann kannst du ihn bekommen. Dein Mann hat die Blutgruppe 0 Negativ, Castor jedoch AB.«

Auf der Treppe waren Schritte zu hören. Eve hatte den Mund schon zu einem Schrei geöffnet, als Archer sich vor ihr auf die Knie niederließ und sie flehend ansah. »Nicht, Eve! Erinnerst du dich an deinen Alptraum mit dem Fallschirm? Nun, jetzt falle ich auch, und ich brauche deine Hilfe!«

»Ist alles okay, Dr. Archer?« fragte Lunt erneut.

»Mir geht's prima. Ich war nur gerade unter der Dusche.«

Archer hätte fast gelächelt, als er seiner Frau noch einmal in die Augen schaute, bevor er sich aus dem Fenster schwang und sich an einer Sykomore nach unten hangelte.

Das Blut wich aus Eves Gesicht, als ihr Blick auf Castor Troys schwarzen Minislip fiel. Sean pflegte Boxershorts zu tragen.

Eve saß in ihrem Arbeitszimmer, nicht in der Lage zu lesen oder sich um irgendwelche Rechnungen zu kümmern oder sonst irgend etwas zu tun. Sie zitterte. Sie hatte die Tür geschlossen, so daß die schwedischen Monster nicht sehen konnten, was sie tat.

Sie dachte darüber nach, ob ihr Mann sich in letzter Zeit auffällig anders benommen hatte, und die Liste der Unterschiede erschreckte sie. Sein Atem stank nach Zigaretten, in seinem Wagen lagen Bierdosen, auf ihre Frage nach dem Zahnarzt mit der Vierundzwanzig-Stunden-Praxis war er ausgewichen, die wilde Art, wie er sie plötzlich liebte. Sie fühlte sich schrecklich allein mit ihrem Geheimnis, aber sie wußte, daß sie mit niemandem darüber sprechen konnte.

Als sie den Wagen ihres Mannes in der Einfahrt hörte, stellte sie schnell ihren Computer an und tat so, als würde sie sich im Internet über die neuesten Entwicklungen bei Nervenerkrankungen informieren. Ihr Herz klopfte ihr bis in den Hals, als sie Castors Stimme im Wohnzimmer hörte.

Er redete mit Lunt und Lars. »Ihr zwei macht eure Runden. Und sagt den Cops, sie sollen mir vom Rasen bleiben.« Als er dann an ihre Tür klopfte, zuckte sie zusammen.

»Komm rein!«

Sie wandte ihm nur flüchtig den Kopf zu und tat so, als wäre sie völlig gefangengenommen von einer neuen Behandlungsmethode bei Ischias. »Hi!« sagte sie leise, als er seine Hände auf ihre Schultern legte. Castor spürte ihre Anspannung, und ihre Verkrampfung verstärkte sich noch, als er sie zu, massieren begann.

»Da sind lauter Knoten«, stellte er fest. »Vielleicht würde eine weitere ›Date Night‹ dir helfen, dich zu entspannen.«

»Aber nicht heute.« Sie legte ihre kalte Hand auf seine, um ihn daran zu hindern, sie weiter zu massieren. »Ich muß endlich mal wieder was für meine Fortbildung tun.«

Castor musterte sie, spürte ihre Furcht und fragte sich, was sie vermuten, wieviel sie wissen mocht. Er verstärkte seinen Griff um ihre Schultern. »Ich fürchte, du denkst, daß ich mich in letzter Zeit seltsam benommen habe, nicht? Wie ein ganz anderer Mensch.«

Eve zögerte, dann nickte sie leicht.

»Okay, dann will ich dir auch etwas gestehen«, fuhr er fort. »Aber du wirst vermutlich nicht sehr glücklich darüber sein.«

Castors Finger legten sich von hinten um ihren schlanken Hals. »Ich habe dein Tagebuch gelesen«, sagte er, »und ich habe versucht, mich zu ändern. So zu werden, wie du mich haben möchtest.«

Eve hatte den Atem angehalten. Als sie nun wieder ausatmete, mußte sie zugeben, daß eine gewisse Logik in seinen Worten steckte. Natürlich war dieser Mann ihr Ehemann. Sie begann sich zu entspannen und genoß die Wärme seiner Hände auf ihren Schultern.

»Und um es zu beweisen«, fügte er hinzu, »mache ich morgen mit dir und Jamie einen Ausflug. Direkt nach dem Gedenkgottesdienst und der Beerdigung.«

Eves Herz schlug plötzlich schneller. So viele von Seans Kollegen waren in der letzten Zeit ungekommen.

»Für wen wird der Gottesdienst abgehalten?« wollte sie wissen.

»Für Victor Lazarro – er hatte einen Herzanfall, in meinem Büro. Schrecklich.«

»O mein Gott! Sean . . .« Sie stand auf, um ihn zu trösten, und sah ihm in die Augen.

Castor drehte auf. Er gab die perfekte Vorstellung eines Mannes, dessen Kummer so groß war, daß selbst seine gewohnte stoische Gelassenheit versagte. »Erst Tito, dann Victor«, sagte er. Er zog sie eng an sich, dann setzte er noch eins drauf. »Bitte, Eve, ich will dich nicht auch noch verlieren . . .«

»Natürlich nicht«, erwiderte sie und hielt ihn

ganz fest. Doch während er ihren Rücken streichelte und einen Schluchzer ausstieß, fragte er sich plötzlich, ob sie in ihrer Arzttasche auch eine Spritze hatte.

Eve hatte sich davor gefürchtet, ins Bett zu gehen, aber sie wußte, daß es nur das Mißtrauen des Mannes, der vielleicht nicht ihr Ehemann war, schüren würde, wenn sie woanders schlief. Sie hatte seine Aufmerksamkeiten abgewehrt, indem sie behauptete, sie hätte sich eine Pilzinfektion zugezogen – und er wollte sich doch nicht auch damit anstecken, oder?

Sie merkte plötzlich, daß sie dieselbe Seite schon zum zehnten Mal las. Neben ihr schlief Castor friedlich. Er hatte sie schließlich in Ruhe gelassen und sich umgedreht. Nun legte Eve ihr Buch beiseite, griff nach der Spritze und stach sie Castor in die Haut. Er erwachte so schnell, daß Eve einen Riesenschreck bekam und hastig die Spritze in der Süßigkeitenschachtel verschwinden ließ.

»Was war das?« fragte er.

»Was war was?« antwortete sie, schlug eine neue Seite in ihrem Buch um und steckte sich scheinbar gelassen ein Bonbon in den Mund.

»Irgendwas hat mich gestochen«, meinte er und rieb sich die Schulter.

Eve strich ihm zärtlich über die Stelle, wo sie ihn gestochen hatte. »Wahrscheinlich war es nur eine Mücke«, sagte sie und stand auf. »Ich werde das Fenster zumachen.« Sie schloß das Fenster und löschte das Licht.

Als Castor wieder eingeschlafen war, stand sie erneut auf, nahm die Spritze und schlich hinunter ins Bad, wo ihre Kleider hingen. Sie drückte die Spritze durch, und ein Blutstropfen fiel in eine Glasphiole. Nachdem sie sich angezogen hatte, verließ sie das Haus und ging zu ihrem Wagen.

Eve schloß gerade den Wagen auf, als sich eine Hand auf ihren Arm legte. Sie hatte solche Angst, daß sie fast laut aufgeschrien hätte, doch dann sah sie, daß es nur einer der Polizisten war, die hier vor dem Haus Wache hielten.

»Tut mir leid, Dr. Archer«, sagte Officer Derner. »Wo wollen Sie denn mitten in der Nacht hin?«

»Ein Notfall«, antwortete sie. »Im Krankenhaus hat es einen Notfall gegeben.«

»Ich fürchte, Madam, daß einer von uns Sie begleiten muß.«

»Kein Problem«, meinte sie, und Derner öffnete die Tür für sie. Der zweite Cop wollte gerade zum Streifenwagen zurückgehen, als Eve ihn am Ärmel packte. »Bitte, wecken Sie meinen Mann nicht auf«, sagte sie. »Er ist ziemlich erschöpft.« Der Polizist nickte.

Draußen vor Eves Büro lehnte der Cop gelangweilt an der Wand. Der lange, weißgetünchte Korridor war leer bis auf einen Mann, der den Boden reinigte.

Eve ging nervös in ihrem Büro auf und ab, während sie auf das Ergebnis der Blutanalyse wartete. »Bitte, laß es 0 Negativ sein, bitte!« murmelte sie vor sich hin, dann wandte sie sich erleichtert dem Monitor zu, auf dem gerade das Ergebnis erschien: MÄNNLICH TYP AB. Wie erstarrt blickte sie auf den Bildschirm, unfähig, dieser Information einen Sinn zuzuordnen. Einen Moment lang war sie völlig verwirrt. War es nun ihr Mann oder Castor Troy, der 0 Nagativ hatte? In ihrem Kopf wirbelten die Gedanken durcheinander, und ihr wurde fast schlecht bei der Vorstellung, daß sie mit einem Mann, der nicht ihr Ehemann war, so schamlose Sachen gemacht hatte.

Sie ließ sich auf den Stuhl hinter ihrem Schreibtisch sinken und schlug die Hände vors Gesicht. »O Gott, Sean«, flüsterte sie vor sich hin.

»Danke, daß du mir geglaubt hast«, sagte eine leise Stimme. Eve wandte sich um und sah, daß Archer hinter einem Röntgenschirm hervortrat.

Sie langte in ihre offenstehende Handtasche und nahm einen Revolver heraus. Ruhig drehte sie sich um und zielte auf Sean.

»Was machst du da? Woher hast du die Waffe?« fragte er.

»Ich habe sie meinem Pseudo-Ehemann weggenommen.«

»Und warum richtest du sie jetzt auf mich? Schließlich bin ich dein richtiger Ehemann!«

»Das weiß ich eben nicht genau«, erwiderte sie erschöpft. Sie wußte überhaupt nichts mehr, es war alles zu verwirrend. »Vielleicht ist der richtige Sean Archer tot.«

Er verdrehte die Augen und schüttelte den Kopf, und etwas daran erschien Eve wieder vertraut. Dennoch zielte sie weiter auf seinen Kopf. »Erzähl mir ... erzähl mir von dem Zahnarzt, der seine Praxis vierundzwanzig Stunden offen hatte.«

Archer lehnte sich gegen den Tisch, und sie folgte seinen Bewegungen mit ihrer Waffe. Er hob die Hände über den Kopf, und Eve sah ihm in die Augen, als er zu erzählen begann.

»Vor achtzehn Jahren hatte ich mich mit einem Mädchen verabredet. Ich lud sie zu Hähnchen und Rippchen ein, ohne zu wissen, daß sie strikte Vegetarierin war. Sie aß überhaupt keine tierischen Produkte – keine Milch, keine Eier, noch nicht mal Gelatine. Das einzige, was sie dann überhaupt gegessen hat, war der Salat, der aus drei Bohnensorten bestand. Und als dieser Abend dann eigentlich gar nicht mehr schlimmer hätte werden können, brach sie sich vorne einen Zahn ab, weil ein kleines Steinchen im Salat gewesen war. Sie hatte die Haare zu Zöpfen geflochten, trug einen Overall und darunter ein Baumwollhemd, und mit dem abgebrochenen Zahn sah sie wie eine Hinterwäldlerin aus. Ich kaufte mir Black Jack Gum und klebte mir das schwarze Zeug über die Zähne, damit sie sich nicht ganz so elend fühlte. Als wir im Auto saßen, haben wir Country-Musik gehört. Und irgendwie hat es uns beiden dann doch noch riesig viel Spaß gemacht, als wir durch die Gegend fuhren, lachten und nach einem Zahnarzt suchten, der seine Praxis vierundzwanzig Stunden lang auf hatte.«

Eve ließ langsam den Arm mit der Waffe sinken. Mit ihrer anderen Hand wischte sie sich die Tränen weg. »O Gott, Sean, wie konntest du uns nur in eine solche Lage bringen? Weißt du eigentlich . . . weißt du, was er mit mir gemacht hat?«

Er zuckte zusammen, dann legte er eine Hand auf ihren Oberschenkel. »Was auch immer er getan hat, was auch immer passiert ist, ich weiß, daß es allein mein Fehler ist. Und ich werde es in meinem ganzen Leben nicht mehr wiedergutmachen können.«

»Aber du wirst es verdammt noch mal versuchen«, stieß sie zwischen zwei Schluchzern hervor. »Und in der Zwischenzeit – wie kriegen wir dich wieder aus der Bredouille heraus!« Sie versuchte, sich zusammenzureißen.

Archer tat etwas, wonach er sich schon die ganze Zeit gesehnt hatte. Er nahm seine Frau in die Arme, drückte sie ganz fest an sich. Er hätte sie schrecklich gern geküßt, aber das brachte er nicht über sich – nicht, solange er noch Castor Troys Gesicht und dessen Mund hatte.

In eben diesem Moment sprang Castor aus dem Bett. Er hatte friedlich geschlafen, doch dann hatte irgend etwas ihn geweckt, und er hatte gemerkt, daß Eve nicht mehr neben ihm lag. Er zog sein T-Shirt aus und rannte ins Bad, betrachtete seine Schulter im Spiegel. Er rieb die Stelle, die ihn schmerzte. Es war ganz eindeutig kein Mückenstich, sondern ein winziger, V-förmiger Einstich, der nur von einer Kanüle herrühren konnte.

## 14.

Eve suchte etwas Bestimmtes in ihrem Medikamentenschrank, dann fand sie ein Röhrchen und zeigte es Sean. »Das hier wird ihn für einige Stunden aus dem Verkehr ziehen«, sagte sie.

»Gut. Weißt du, was er morgen vorhat?«

»Nein. Er erzählt mir genausowenig, wie du es immer getan hast. Er hat nur gesagt, daß er mit Jamie und mir direkt nach dem Gedenkgottesdienst für Victor einen Ausflug machen will.«

Archer zuckte zusammen, als er hörte, daß Lazarro tot war. Doch er konnte es sich jetzt nicht leisten, darüber nachzudenken, wieviel Schuld er an Victors Tod trug, genau wie er jeden Gedanken an Tito aus seinem Kopf verbannt hatte. Mit seiner Schuld würde er sich später auseinandersetzen müssen.

Jetzt mußte er sich um etwas ganz anderes kümmern. Er wußte, wenn Jamie und Eve mit Troy wegfuhren, dann würden sie niemals wieder zurückkommen.

»Wo findet der Gottesdienst statt?«

»Auf St. Mary's-by-the-Sea.«

Dort, wo auch sein Sohn begraben lag. Archer schüttelte den Kopf, ihm war die Ironie der Situation nicht entgangen. Und dann dachte er, daß der Ort vom Gelände her seine Pläne begünstigte.

»Das ist gut, Eve. Dort oben werde ich genug Dekkung haben., Es ist nicht einfach, den Friedhof abzusichern, deshalb habe ich eine echte Chance.«

»Was hast du denn vor?«

Eve sah in die Augen ihres Mannes, die ihr immer noch so fremd waren. »Ich werde mit einem Betäubungsgewehr auf ihn schießen. Sobald er bewußtlos ist, werde ich versuchen, mit Buzz und Wanda zu sprechen, bevor die Sicherheitsleute mich erwischen.«

»Und wie kann ich dir helfen?« wollte sie wissen, denn sie haßte die Vorstellung, tatenlos zuschauen zu müssen.

»Verlaß die Stadt«, antwortete er. »Denk dir eine gute Entschuldigung aus. Ich möchte weder dich noch Jamie auch nur in der Nähe des Friedhofs sehen.«

Eve schüttelte den Kopf. »Nein. Ich kann zwar dafür sorgen, daß Jamie nicht mitkommt, aber wenn ich ihn nicht begleite, wird er mißtrauisch werden.«

Archer war noch nicht überzeugt.

»In dem Moment, wo du den ersten Zug machst«, fuhr sie fort, »wird dort die Hölle lossein. Und wenn ich neben ihm stehe, kann ich mich um ihn ›kümmern‹ – schließlich bin ich *seine* Frau, oder hast du das vergessen?«

Archer dachte darüber nach. Eve grinste ihn an und sagte zufrieden: »Es gibt keine andere Möglichkeit. Zum ersten Mal in deinem Leben brauchst du *mich*«.

Seine Augen schimmerten plötzlich feucht. Er blickte auf den Boden, dann sah er wieder Eve an. »Ich habe dich immer gebraucht«, antwortete er und zog sie erneut an sich heran, ließ die Hände verlangend über ihren Rücken gleiten.

»Und was ist, wenn es nicht klappt?« fragte sie plötzlich, das Gesicht voller Sorge.

»Dann wird es entsetzlich. Aber es ist nun mal das beste, was wir mit unseren Mitteln tun können.« Er löste sich wieder von ihr und blickte ihr in die Augen. »Wenn es nicht klappt, dann nimm Jamie – und schau nicht mehr zurück.«

»Es wird klappen!« sagte sie fest und warf sich in seine Arme. Doch er stieß sie weg, denn er hatte plötzlich Schritte draußen gehört.

»Laufen die Ärzte hier immer im Dreierpack herum?« wollte er wissen.

»Nein. Nur, wenn sie zusammen zum Golfen gehen.«

»Er ist es. Ich weiß es.«

»Hier lang!« sagte sie, und Archer rannte hinter ihr her. Sie gelangten in ein kleines Bad, dessen andere Tür nach draußen auf den Flur führte. Von dort aus gelangten sie in den Bereich, wo Verbrennungen behandelt wurden.

Castor und die Schweden stürmten mit gezogenen Waffen in Eves Büro. Als sie sahen, daß es leer war, stürzten sie wieder auf den Flur. Sie rannten in den Behandlungsraum und sahen Eve, die gerade damit beschäftigt war, den Kopf eines Brandopfers zu verbinden.

Als sie die bewaffneten Männer sah, stieß sie einen Schrei aus und legte eine Hand auf ihr Herz. »Sean! Was machst du hier?«

»Das ist genau das, was ich auch von dir wissen möchte!« erwiderte Castor.

»Hat der Cop es dir denn nicht ausgerichtet? Ich bin zu einem Notfall gerufen worden.« Sie wandte sich wieder dem Patienten zu und wollte fortfahren, sein Gesicht zu verbinden, doch Lars riß ihr die Hand weg. Lunt wickelte die Bandagen ab.

»Was machen Sie da?« schrie sie die beiden an. »Sean, Mr. Alandro geht es sehr schlecht!«

»Und ihm wird es bald noch sehr viel schlechter gehen!« stieß Castor hervor. Dann hatte Lunt soviel von dem Verband entfernt, daß man das Gesicht des Mannes erkennen konnte. Ein schrecklich aussehendes, schmerzverzogenes Gesicht, das in dem grellweißen Licht erst recht alptraumhaft wirkte.

Eve war rot vor Zorn, und Castor wurde plötzlich totenblaß, als er sich daran erinnerte, wie er ohne Gesicht in Walshs Operationsraum aufgewacht war. Schnell wandte er sich ab, während die beiden Schweden den Mann fasziniert und abgestoßen zugleich betrachteten. Eve griff nach einem neuen, sterilen Verband und begann erneut, den Verletzten zu verbinden.

»Tut mir leid«, sagte Castor leise. »Aber was soll ein Mann denn denken, wenn ihm seine Frau mitten in der Nacht davonläuft?«

Eve sah ihn an, als würde sie ihn mehr lieben als alles andere auf der Welt, und gab ihm einen Kuß. »Es ist mein Fehler«, antwortet sie. »Ich hätte dich wecken sollen, bevor ich gefahren bin. Aber jetzt – jetzt laß mich bitte meine Arbeit weitermachen. Was hast du denn geglaubt, wer unter diesem Verband steckt? Mein Liebhaber vielleicht?«

»Hm . . . ja . . .«, sagte er, und Eve verdrehte die Augen.

Als Castor und die beiden Schweden gegangen waren, wischte sie sich seinen häßlichen Geschmack von den Lippen. Archer kam aus dem angrenzenden Bad, in dem er sich verborgen hatte, und nahm seine Frau in die Arme. »Sei stark!« sagte er, und sie nickte.

»O Sean, ich liebe dich so sehr«, flüsterte sie und verbarg das Gesicht an seiner Brust. Es fiel ihm unglaublich schwer, sie loszulassen und zu gehen.

Castor war nicht bereit, ein Risiko einzugehen. Er kehrte zum Wagen zurück, die Schweden folgten ihm. Am

Auto drehte er sich um und sagte: »Ihr bleibt hier und beobachtet sie wie mit Luchsaugen.«

»Glaubst du, sie weiß etwas?« fragte Lars.

»Und wenn, ist es mir auch egal – heute abend ist sie eh tot. Sie alle werden tot sein. Die Frau, das Mädchen – Archer.«

Archer verließ das Krankenhaus auf dem gleichen Weg, auf dem er hereingekommen war – durch den Müllschlucker. Er glitt aus dem Schacht in eine Mülltonne, kletterte dann heraus. Er brauchte dunkle Kleidung, damit er bei der Beerdigung nicht auffiel, und eine Waffe, am besten ein Scharfschützengewehr. Er wußte von Dietrichs »sicherem Haus«, wußte, daß es in einiger Entfernung im Topanga Canyon lag. Er kannte die Gegend ungefähr und erinnerte sich, daß es ein Stück oberhalb eines Hindutempels war.

Auf dem Weg dorthin kam er durch ein ärmliches Latino-Viertel, und plötzlich fiel sein Blick auf einen alten Pick-up aus den Fünfzigern. An der Seite stand in verblassender Schrift »Gonzales and Sons«. Offensichtlich waren die Gonzales' Gärtner, und in ein paar Stunden würden sie den Wagen mit allem beladen, was sie für ihre Arbeit brauchten.

Die Motorhaube war eingebeult, und es bereitete Archer keine Schwierigkeit, den Motor kurzuschließen. Er versprach sich selbst, daß er Mr. Gonzales für seinen Verlust entschädigen würde. Und außerdem werde ich ihn anheuern, damit er sich um meinen Garten kümmert, fügte er in Gedanken hinzu.

Der Pick-up rumpelte über die unbefestigte Straße, die zu Hasslers Ranch führte, die gut verborgen in dem Canyon lag. Das Motorengeräusch weckte Sasha, die seit dem Überfall im Loft nicht mehr gut schlief. Sie hatte sich stundenlang mit ihrem Sohn in der verborgenen Kammer versteckt, bis die Polizei und das FBI endlich abgezogen waren. Sie hatte Angst, daß man jetzt doch kam, um sie zu holen, und sie war mehr als erleichtert, als sie »Castor« erkannte, der gerade aus dem alten Ford kletterte. Sie rannte die Stufen hinunter, um ihn hereinzulassen.

»Caz, du bist eine gottverdammte Katze«, begrüßte sie ihn. »Aber ich fürchte, du hast schon den größten Teil deiner neun Leben verspielt.«

»Hast du Kaffee?« fragte er nur. Sie nickte, und er folgte ihr in die Küche. »Hat dein Bruder es geschafft?« wollte er dann wissen.

Sasha schwieg und schüttelte grimmig den Kopf. »Aldo ist auch tot«, sagte sie schließlich.

Archer kümmerte es nicht im geringsten, daß die beiden Männer tot waren, aber es schmerzte ihn, daß sie solchen Kummer empfand.

»Wie geht es dem Jungen?« fragte er nach einer Weile.

Sasha maß den Kaffee ab. »Er hatte eine Zeitlang mit dem Atmen Schwierigkeiten«, erzählte sie. »Aber gestern hat er schon wieder draußen gespielt.« Sie schwieg einen Moment, sah Archer an, dann fügte sie hinzu: »Danke.«

»Wofür?«

»Daß du sein Leben gerettet hast.«

Archer nickte leicht. »Ich brauche ein Scharfschützengewehr«, sagte er dann. »Und was zum Anziehen. Einen dunklen Anzug. Kannst du mir helfen?«

»Ich wußte, daß du nicht gekommen bist, um mich zu sehen«, meinte sie und verschwand.

Während der Kaffee durchlief, aß Archer ein paar Bananen und bediente sich im Kühlschrank. Er warf einen Blick in das Wohnzimmer und sah, daß Sasha an einem Portrait von Adam gearbeitet hatte. Sie hat wirklich Talent, dachte er. Eve würden ihre Bilder gefallen.

Sasha kam mit einem langen Kasten und Munition zurück, sie hatte auch die Kleider dabei. Archer erzählte ihr von seinem Plan, »Archer« während Lazarros Begräbnis zu erschießen.

»Caz«, begann sie, während er sich umzog, »es wird dort von FBI-Agenten nur so wimmeln. Vielleicht wäre es nicht schlecht, wenn du Rückendeckung hättest. Ich könnte ein paar Leute anrufen. Es gibt noch genug von uns, die eine Rechnung mit Archer zu begleichen haben. Genau wie ich. Er ist es schuld, daß mein Bruder nicht mehr lebt.«

»Nein, Sasha, du hältst dich da raus«, erwiderte er und zog den Reißverschluß an seiner Hose hoch. »Glaub mir, das ist nicht dein Kampf.«

Er nahm das Gewehr und wandte sich zum Gehen. Sasha beobachtete ihn, die Arme verschränkt. In ihren Augen spiegelten sich die unterschiedlichsten Gefühle wider. Archer spürte, daß es ein Fehler gewesen war, sie noch einmal anzuschauen. Sie war so hübsch, wirkte so zerbrechlich und so tragisch in ihrer Liebe zu Castor. Er ging zu ihr, um sie zu küssen – nicht leidenschaftlich, sondern mit trauriger Zärtlichkeit.

»Was auch immer heute passieren wird, ich kann dir eins versprechen – Sean Archer wird dich niemals mehr belästigen«, sagte er, als er sie losließ. Und bevor er die Tür erreichte, drehte er sich noch einmal um. »Danke, Sasha!«

Nachdenklich schaute sie ihm hinterher, als er in den Pick-up stieg. Seit wann hatte Castor Manieren?

Sollte sie Schwarz tragen? Seit einiger Zeit empfanden es immer mehr Leute in Los Angeles als ausgesprochen altmodisch, zu einer Beerdigung Schwarz zu tragen. Sie zogen das an, wonach ihnen gerade der Sinn stand.

Eve seufzte und erkannte, daß sie sich diese Frage eigentlich nur gestellt hatte, um sich abzulenken. Sie hatte Angst vor dem, was auf dem Friedhof passieren würde. Natürlich würde sie Schwarz tragen, um Victor Lazarro ein letztes Mal zu ehren, um ihren Respekt vor diesem Mann auszudrücken. Er war ein guter Mann gewesen, ein Gentleman, der Freund und Mentor ihres Gatten. Sie wußte, daß seine Frau begreifen würde, was sie damit ausdrücken wollte.

Da sie dieses kleine Problem nun gelöst hatte, wandte sie ihre Gedanken der Frage zu, wie sie dabei helfen könnte, das Leben ihres Mannes zu retten. Sie wußte, daß sie ihre Rolle ohne einen einzigen Fehler spielen mußte, doch sie wußte auch, daß man ihr ansah, wie nervös sie war.

Sie erinnerte sich an den Rat, den ihr damals an der High School ihr Lehrer in der Schauspiel-AG gegeben hatte: Hör auf zu denken, verlaß dich ganz auf deine Gefühle. Nun, der erste Akt des Dramas würde der am leichtesten zu bewältigende sein: mit Jamie fertigzuwerden, während Castor den Wagen vorfuhr.

Nun, es war *nicht* der leichteste, denn Jamie *wollte* an der Beerdigung teilnehmen. Es nutzte nichts, daß Eve darauf bestand, daß es besser für sie wäre, die Schule nicht zu verpassen, und erst, als sie ein kleines finanzielles Arrangement trafen, gab Jamie nach.

Zwei Minuten später stieg sie zu Castor in den Wagen, der schon auf sie gewartet hatte. Sie hatte die Sonnenbrille aufgesetzt, damit sie ihre Augen dahinter verbergen konnte.

»Wo ist Jamie?« fragte er.

»Das würde ich auch gern wissen. Sie hat sich fünfzig Dollar aus meinem Portemonnaie genommen und ist dann verschwunden. Du weißt ja, wie schwierig es ist, sie dazu zu überreden, sich ein vernünftiges Kleid anzuziehen.«

Castors Augen verengten sich, als er abzuschätzen versuchte, ob sie die Wahrheit sagte, doch er konnte ihre Augen hinter den dunklen Gläsern nicht erkennen. »Ich werde mich später um sie kümmern«, sagte er.

»Gut«, meinte sie, »weil ich nämlich ziemlich sauer bin.« Sie legte ihre Handtasche auf den Schoß und wirkte wieder so unnahbar wie an jenem Tag, als Castor sie nach St. Mary's begleitet hatte. Sie schien stur geradeaus zu blicken, doch immer wieder spähte sie verstohlen zu Castor hin, der sich Kopfhörer aufgesetzt hatte und gerade eine Nachricht zu empfangen schien.

Victor Lazarros Beerdigung fand bei strahlend schönem Wetter statt. Ein tiefblauer Himmel spannte sich über der Stadt, nur hin und wieder von ein paar federleichten, wie hingetupft wirkenden Wölkchen unterbrochen. Das saftige grüne Gras, das die zum Klippenrand hin sanft ansteigenden Hügel bedeckte, bot ein Festmahl für die zahlreichen Kaninchen. Selbst die mit Sonnenlicht übergossenen Grabsteine wirkten wie extra herausgeputzt, als seien sie nicht echte Zeichen der Trauer, sondern lediglich eine Hollywood-Kulisse.

Reihen weißer Stühle waren für die Trauergäste aufgestellt worden, und wie Eve vermutet hatte, trugen die wenigsten Schwarz, einige waren sogar fröhlich-bunt gekleidet. Die Blumengebinde, die hinter dem Sarg aufgestellt waren, trugen mit ihrer Farbenpracht noch zu dem falschen Eindruck von Fröhlichkeit bei. Nur die Gesichter der Trauernden waren düster. Einige von ihnen, genau wie Eve, schienen sich danach zu sehnen, daß es regnete.

Eve mußte alle Kraft aufbieten, um den Drang zu

unterdrücken, sich ständig nach Sean umzuschauen, doch sie wußte, daß ein solches Verhalten Castor noch mißtrauischer gemacht hätte. Als sie am Friedhof aus dem Wagen gestiegen war, hatte sie sich verstohlen umgeblickt – doch hatten Lunt und Lars sie nicht gerade in diesem Moment beobachtet? Mißtrauisch hatte sie die beiden betrachtet. Nein, es war keine Einbildung, daß die beiden sie keinen Moment aus den Augen ließen und förmlich an ihr klebten.

Castor führte Eve zur vordersten Reihe der Stühle, als die Zeremonie begann. Die erwachsenen Kinder der Lazarros blickten verächtlich zu ihnen hinüber und tuschelten offen über »Archer«. Es tat Eve weh, daß Renata Lazarro hartnäckig ihren Blick mied. Sie konnte nur vermuten, daß Castor irgend etwas getan hatte, bevor Lazarro starb, was sie zutiefst getroffen hatte. Hinter ihnen nahmen Buzz und Wanda Platz. Buzz hatte Wanda gebeten, ihn zu begleiten, denn er fühlte sich schon seit längerem zu ihr hingezogen, und man sah ihr an, daß sie seine Gefühle erwiderte.

Der Priester war ein gutaussehender junger Mann mexikanisch-amerikanischer Abstammung. Er trug eine schwarze Soutane, die jedoch durch eine bunte Schärpe aufgehellt wurde. Sein Gesicht war ernst, als er sich der Gemeinde zuwandte.

»Wir sind hier zusammengekommen, um Victor Lazarro die letzte Ehre zu erweisen. Wir alle kannten ihn als einen Mann, der sein Leben seiner Arbeit gewidmet hatte, um den Frieden und den Wohlstand zu verteidigen, mit denen unsere Nation so reichlich gesegnet ist . . .«

»Halleluja, Bruder!« rief Castor, und Eve wurde vor Verlegenheit dunkelrot, als sie sah, wie die anderen Agenten sich anstießen und grinsten. Buzz und Wanda schauten sich in amüsierter Verwirrung an. Castor bemerkte, daß sämtliche Lazarros ihn böse anblickten und begriff, daß er eben einen Faux Pas begangen hatte. Auch der Priester sah kurz zu ihm hin, um dann mit seinen Worten fortzufahren.

». . . aber nicht alle von uns wissen, ein wie tiefgläubiger Mann Victor zudem war. Es war sein Wunsch, daß seine Totenmesse in Latein gelesen werden würde. *In nomine patri et filii et spiritus sancti* . . .«

Der Priester bekreuzigte sich, und die anderen Katholiken taten es ihm gleich. Eve mußte ein spöttisches Grinsen unterdrücken, als sie sah, daß Castor es vergeblich nachzuahmen versuchte.

Archer hätte sich hinter zahlreichen anderen Grabsteinen verbergen können, hätte sicherlich auch bessere Sicht gehabt, doch es zog ihn zu jenem hin, auf dem »Michael Noah Archer, unser geliebter Sohn und Bruder« stand. Er schob die Spielsachen beiseite, die Eve hier hingelegt hatte, während er in Erewhon war, und prüfte noch einmal nach, ob seine Waffe auch richtig zusammengebaut war. Vorsichtig füllte er das Betäubungsmittel in den Betäubungspfeil, beobachtete, wie die gelbe Flüssigkeit in dem schmalen Glasbehälter hochstieg, dann lud er die Waffe durch.

»*Domine, de morte aeterna in die illa tremenda quando caeli movendi sunt et terra*«, intonierte der Priester, und Eve blickte verstohlen auf ihre Uhr. Sie empfand plötzlich ein nie zuvor gekanntes Mitgefühl für ihren Mann – wenn sie jeden Tag unter einer solchen Spannung leben müßte, dann hätte auch sie längst alle Gefühle unterdrückt und wäre wahrscheinlich noch kälter geworden. Castor, der sie die ganze Zeit über heimlich beobachtet hatte, merkte, daß ihre Gedanken abschweiften.

Archer war ein hervorragender Scharfschütze, doch ein Zittern überlief ihn, als er wider daran dachte, daß er nur einen einzigen Schuß hatte. Er hob das Gewehr und küßte es, dann begann er die Zielvorrichtung einzustellen. Er spähte über den Grabstein hinweg, bis er Castors Kopf im Visier hatte. Einen Moment lang hatte er das Gefühl des Déja-vu. Nein, er hatte eine solche Situation noch nicht erlebt. Jetzt war er der Heckenschütze und Castor das Ziel – und diesmal würde es keine unbeabsichtigten Toten geben!

*»Requiem aeternum dona eis, Domine . . . Amen«*, endete der Priester. Eve wußte, daß sie von der Trauerfeier tief beeindruckt gewesen wäre, wäre sie nicht so abgelenkt gewesen. Der junge Priester strahlte noch die tiefe Gläubigkeit und Begeisterung eines Mannes aus, der das Priesterseminar vor noch nicht allzu langer Zeit verlassen hatte. Unter den anwesenden Frauen war sicherlich mehr als nur eine, die bedauerte, daß dieser gutaussehende Mann sein Leben ganz in den Dienst Gottes gestellt hatte.

Sean Archer war von einem merkwürdigen Gefühl der Sicherheit erfaßt, auch wenn er keine Erklärung dafür hatte. So empfand auch der Baseballspieler, der mit absoluter Sicherheit wußte, daß er gleich einen Home run schaffen würde, oder ein professioneller Spieler, der weiß, daß er das Spiel gewinnen wird, noch bevor die Karten ausgeteilt sind. Oder die Schauspielerin in ihrem unerschütterlichen Glauben, daß sie die Hauptrolle bekommen wird, noch bevor sie zum Vorsprechen angetreten ist.

Der Moment war gekommen. Archer krümmte den Finger um den Abzug – und zog ihn schnell wieder weg.

Jemand ging vor Castor vorbei, blockierte Archers Sicht. Archer unterdrückte ein Aufstöhnen, als er sah, daß es Jamie war.

Sie quetschte sich zwischen Castor und ihre Mutter.

Eve war vor Schreck wie erstarrt, und sie reagierte kaum, als Jamie ihr die Fünfzig-Dollar-Note in die Hand drückte. »Trotzdem vielen Dank, Mom«, flüsterte das Mädchen. »Aber ich wollte unbedingt kommen, deinetwegen – und wegen Dad.«

Castor grinste Eve unverhohlen an. »Ich weiß, daß du es weißt«, sagte ihr sein Blick, und Eve wurde von einer Furcht gepackt, wie sie sie nie für möglich gehalten hätte.

Jamie spürte nur, daß etwas nicht in Ordnung war, aber sie hatte keine Ahnung, was es sein könnte. Ihre Mutter sah sie mit einem Ausdruck an, als hätte sie, Jamie, gerade ein Kapitalverbrechen begangen, ihr »Dad« sah so aus, als wären seine schlimmsten Befürchtungen bestätigt worden. Keiner der beiden sagte ein Wort, doch ihr »Vater« nahm ihre Hand und verschränkte seine Finger mit ihren.

Die Ehrenwache des FBI trat vor, die Männer legten die Gewehre an und schossen den Ehrensalut. Archer überlegte, ob er nun wohl seine Chance verpaßt hatte, doch dann kämpfte er alle seine Zweifel nieder, straffte sich und nahm erneut sein Ziel ins Visier. Die Ruhe, die er eben empfunden hatte, kehrte zurück, die Sicherheit – er würde sein Ziel nicht verfehlen. Er hatte Castor genau im Fadenkreuz, und erneut krümmte er den Finger um den Abzug – da hörte er plötzlich schnelle Schritte hinter sich. Jemand lief durch das Gras auf ihn zu. Seine Hand zitterte kaum merklich, als sich das Geschoß aus dem Lauf der Waffe löste.

Eve schloß unwillkürlich die Augen, als sie ein leises Zischen vernahm, und sie betete inbrünstig, daß es nicht der Betäubungspfeil gewesen sein mochte. Sie geriet in Panik. Der Pfeil hatte Castors Hals um ein ganzes Stück verfehlt und sank harmlos vor ihnen ins Gras.

Als erneut ein Ehrensalut abgefeuert wurde, wußte Archer, daß er aufspringen, daß er rennen, daß er kämpfen mußte. Aber es war zu spät. Der schwere Lauf einer automatischen Pistole landete auf seinem Kopf und betäubte ihn. Er fiel in die bodenlose Dunkelheit einer Bewußtlosigkeit. Das letzte, was er wahrnahm, war, daß sich die Waffe in sein Ohr bohrte, und er wußte, daß er diesmal sterben würde.

Eine der Ehrenwachen nahm die Fahne vom Sarg, rollte sie zusammen und gab sie Mrs. Lazarro. Eve blickte sich um, fest davon überzeugt, daß alles schiefgegangen war. Castor berührte den kleinen Kopfhörer in seinem Ohr; er hatte eine Botschaft bekommen, eine wichtige Botschaft. Er wandte sich ab und ging ein Stück von Eve weg, drehte ihr den Rücken zu und koppelte das Mikrofon an.

»Lunt, schnapp dir Jamie«, sagte er in das Mikro, »dann bring den Wagen zum Hinterausgang der Sakristei.« Nun, wo Pollux tot war, war es ihm zum ersten Mal gelungen, die Zwillinge zu unterscheiden. Dann wandte er sich wieder um und starrte Eve an.

Die Trauergäste unterhielten sich leise miteinander, gingen einzeln oder in kleinen Gruppen zu ihren Autos zurück. Aus einem Impuls heraus trat Eve zu Wanda und Buzz, die eben gehen wollten.

»Wanda!« rief sie, und aufgeschreckt durch die Verzweiflung in Eves Stimme, blieb Wanda stehen und drehte sich um, sah sie forschend an.

»Eve. Ist alles in Ordnung?«

Eve klammerte sich an Wandas Arm, doch dann sah sie, wie Lunt, der neben dem Wagen stand, zu ihr hinschaute und seinen »freundschaftlichen« Griff um Jamie verstärkte.

»Ich . . . ich werde Sie anrufen«, stammelte Eve. Sie wußte, daß sie geschlagen war.

Castor stellte sich neben sie. »Entschuldigt uns«, meinte er und nahm Eve am Arm. »Wir wollen noch in die Kirche und einige Kerzen für unsere lieben Verstorbenen anzünden.«

Buzz und Wanda blickten den »Archers« hinterher, als sie auf die Kirche zustrebten, dann schauten sie sich an. Irgend etwas stimmte hier nicht – aber was? Hatten Eve und Sean sich gestritten?

In der Kirche herrschte Dämmerlicht. Die Flammen der Votivkerzen flackerten unruhig. Eves Herz sank, als sie sah, daß sämtliche Kirchenbänke leer waren. Castro scheuchte sie am Altar vorbei in die Sakristei und ließ die Tür hinter ihnen zufallen.

Das erste, was Eve sah, war Lunts breiter Rücken, dann entdeckte sie vor ihm auf dem Boden ihren Mann. Sean lag ganz still da, wie tot. Eve sog entsetzt die Luft ein und versuchte vergeblich zu erkennen, ob er noch irgendwelche Lebenszeichen von sich gab. Hatte sie nicht gerade bemerkt, daß seine Brust sich gehoben und gesenkt hatte, wenn auch nur ganz schwach?

»Sieh mal, wen wir erwischt haben, als er versucht hat, sich an Castor Troy anzuschleichen«, sagte Castor spöttisch zu ihr.

Eve war schlecht, und als eine Welle der Übelkeit sie überschwemmte, drohten ihre Beine nachzugeben. »Warum ist er hier?« fragte sie schließlich.

»Ich dachte, bevor ich ihm den Gnadenstoß gebe, lasse ich ihn erst noch für all das büßen, was er uns angetan hat«, antwortete Castor, trat Archer in die Rippen und dann in den Bauch. »Nun komm schon, Baby, mach mit bei dem Spaß!« fügte er hinzu, während er weiter zutrat.

»Du verdammter Sadist!« schrie Eve und stürzte sich auf Castor.

»Na, na, Eve, was ist denn das für eine Ausdrucksweise!« tadelte er und hielt sie ohne Mühe fest. »Zu schade. Ein Teil von mir hatte gehofft, du würdest nichts merken. Und rat mal, welcher Teil das war?«

Er warf sie zu Boden, und sie schlang ihre Arme um Sean. Sein Körper war immer noch warm, und sie konnte sein Herz schlagen hören, als sie ihr Ohr auf seine Brust preßte.

»Eve!« flüsterte Archer, und sie sah, wie er die Augen öffnete. Obwohl seine mißhandelten Rippen schmerzten, hob er einen Arm und schlang ihn um die schluchzende Eve.

Castor grinste höhnisch. »Na, wenn das nicht herzergreifend ist!« meinte er und begann, sie zu umkreisen. »Hast du wirklich geglaubt, es wäre so einfach, du Idiot?« Er trat Archer gegen das Ohr, dann redete er weiter. »Die Jungs wollten dich umbringen und dann deine Leiche verschwinden lassen, aber ich hatte einen besseren Plan. Einen Plan, der alle losen Enden miteinander verknüpft.«

Castor zündete sich eine Zigarette an. In Archers Ohr klingelte es. »Wie es sich gehört, habe ich am Begräbnis meines Mentors teilgenommen – doch dann ist etwas Fürchterliches passiert. Castor Troy – das bist du, Sean!« höhnte er und schnippte die Asche auf Archers Gesicht, »hat sich an allen vorbeigeschlichen und mich angegriffen. Ich bringe ihn um. Aber zu spät. Denn er hat schon meine inniggeliebte Ehefrau und mein süßes Töchterchen ermordet. Und damit sind auch die letzten drei Menschen ausgelöscht, die mich noch entlarven könnten.«

Archer blickte zu Castor auf. »Laß die beiden aus der Sache raus«, sagte er. »Das hier ist nur etwas zwischen dir und mir.«

Castor zog an seiner Zigarette und antwortete nicht gleich. »Es *war* eine Sache nur zwischen dir und mir, selbst was deinen kleinen Jungen anging. Ich hatte ihn nicht umbringen wollen, Sean, aber du konntest es mir ja nicht verzeihen.«

»Kein Vater hätte es jemals verzeihen können«, flüsterte Archer.

Castor schnaubte. »An meinen Familiensinn zu appellieren funktioniert nicht, Sean. Ich dachte, du würdest mich besser kennen.«

Gegen alle Hoffnung versuchte Archer, einen Ausweg zu finden, doch ihm fiel nichts ein – bis sein Blick zu einem schweren schmiedeeisernen Stehleuchter glitt, der neben seinen Füßen stand. Vorsichtig schob er einen Fuß unter den Ständer. Er hatte keine große Chance, aber er mußte es dennoch versuchen. Wenn der Leuchter kippte, konnte er ihn packen und ihn als Waffe benutzen, vielleicht sogar Castor damit den Schädel einschlagen.

»Ich kenne einige Dinge, *Caz*, die nicht einmal du kennst!« sagte Archer, und Castor zuckte zusammen. Hatte Archer mit Sasha geschlafen? Nein. Der Kerl war zu ekelhaft anständig dafür. Der ließ seinen Schwanz brav zu Hause bei Frauchen. »Du hast einen Sohn«, fuhr Archer fort. »Adam. Ich habe ihn kennengelernt.«

»Ich denke, ich habe ein Dutzend Bälger – na und?« antwortete Castor unbeeindruckt und spannte den Revolver. »So, und jetzt keine Spielchen mehr. Deine Frau kommt als erste dran. Dann deine Tochter. Und zum Schluß du.« Der Lauf der Waffe schwenkte auf Eve.

Archer wollte gerade den Kerzenständer umkippen, als jemand an die Tür klopfte. Castor blickte Lunt an, der mit den Schultern zuckte.

»Das ist bestimmt Lars mit der Kleinen«, sagte Castor. »Bring sie rein. Dann haben wir die glückliche kleine Familie wieder beisammen.«

Lunt ging zur Tür und öffnete sie, doch dann kam er

rückwärts wieder herein, die Hände über dem Kopf verschränkt. Hinter ihm ging Sasha, eine Kalaschnikov in den Händen. Sie war entschlossen, die schwedischen »Verräter« umzubringen.

»Sasha!« Ungläubig starrte Castor sie an.

Sie sah auf die Waffe in seiner Hand – in der Hand, die er hatte sinken lassen. Der Vorteil war eindeutig auf ihrer Seite. »Für Sie immer noch Miß Hassler, Archer. Lassen Sie das Ding fallen.«

»Sasha, ich . . .«

»Ich habe ›*fallen lassen*‹ gesagt!« schrie sie, und Castor gab nach. Eve rollte von Archer weg. In diesem Augenblick fuhr Lars mit Jamie hinter der Sakristei vor. Über seine Kopfhörer bekam er mit, daß drinnen irgendwas passiert sein mußte.

Sasha kniete sich neben Archer, die Waffe immer noch auf Castor gerichtet. »Bist du okay, Caz?« fragte sie, und Archer nickte.

»Du machst einen Fehler!« schrie Castor. »Ich bin Castor – er ist Archer! Sasha, Baby, gib mir nur eine Minute, damit ich dir alles erklären kann!«

Sasha verzog verächtlich den Mund. »Ihre Witze sind zum Totlachen. Lassen Sie mich den Gefallen zurückgeben!« Sie krümmte den Finger um den Abzug, als Lars die Tür aufstieß und hereinstürmte, Kugeln in die Decke schießend. Was zum Teufel ging hier vor?

»Erschieß sie, Lars!« schrie Castor.

»Wen?«

»Alle!«

In dem kurzen Augenblick, den Lars zögerte, trat Archer den Fuß des Leuchters weg, der kippte und auf seine Brust fiel. Castor machte einen Satz zu seiner Waffe hin, und Sasha schoß auf Lars. Lunt feuerte auf Sasha, und Eve trat Castor in den Unterleib. Archer sprang auf, den Leuchter in der Hand, und zog ihn Lunt über den Schädel. Dessen Kugeln trafen Sasha in die Schulter. Sie schoß eine neue Garbe los, die Lunt zerfetzte. Sasha ließ die Kalaschnikov fallen, und Archer bückte sich danach. Castor floh, während Lars ihm Deckung gab. Castor wußte, daß er seine »Kollegen« brauchte, um seinen Feind zu erwischen – er würde den Befehl geben, ihn zu erschießen!

»Such Jamie und hol Hilfe!« rief Archer seiner Frau zu, dann humpelte er zur Tür, um Castor und Lars aufzuhalten, die jedoch sein Feuer erwiderten, während sie durch den Kirchenraum zur Tür rannten.

Eve kroch zwischen den Feuersalven zu einer Nebentür, dann sprang sie auf und rannte zum Auto – das leer war. Sie lief weiter zum Parkplatz und rief immer wieder nach ihrer Tochter.

Wanda und Buzz, die gerade in ihren Wagen hatten steigen wollen, bemerkten Eve. Eve blickte sich zur Kirche um, genau in dem Moment, als eins der Fenster unter einem Kugelhagel zerbarst. »Verdammt noch mal, was ist denn da los?« rief Buzz. Wanda rannte zu Eve.

»Wo ist Sean?« wollte sie wissen.

Eve war von Panik erfüllt, atmete heftig. »Wanda, ich muß Ihnen etwas erzählen. Etwas völlig Verrücktes.«

Sasha hatte unglaubliche Schmerzen, aber als sie Castors Revolver auf dem Boden entdeckte, hob sie ihn auf. Sie hatte noch nie mit der linken Hand geschossen, aber sie würde es versuchen müssen. Sie taumelte aus der Sakristei und sah, daß Archer sich hinter einer Bank verbarrikadiert hatte. Jedesmal, wenn Castor und Lars versuchten, zur Tür zu gelangen, nahm er sie unter Beschuß, und sie duckten sich wieder hinter die letzte Bank.

»Runter!« schrie Archer Sasha zu, als Lars auftauchte und schoß.

»Gib mir eine Waffe!« sagte Castor zu Lars, und der warf seinem Boß den Revolver zu, der in einem Holster an seiner Wade gesteckt hatte.

Sasha jedoch blieb stehen. Sie feuerte auf Lars, verfehlte ihn aber, als er zurückschoß. Dann sprang Castor auf. Archer versuchte, Sasha herunterzuziehen, als Castor zielte, doch die Kugel hatte sie schon in den Hals getroffen. Langsam sank Sasha neben ihm zusammen, und Archer sah, daß ihr nicht mehr zu helfen war.

»Hilf Adam!« flüsterte sie mit letzter Kraft und sah ihn an. »Laß nicht zu, daß er . . . so endet wie wir!«

Archer strich ihr zärtlich über das blasse Gesicht. »Das verspreche ich dir«, antwortete er und erwiderte ihren Blick. Er sah, wie ihre Lider sich schlossen, dann war sie tot. Archer biß die Zähne zusammen. Welch eine bittere Ironie des Schicksals, daß ausgerechnet Castor sie erschossen hatte!

Der kurze Moment der Ruhe war beendet, als Lars in den Altar feuerte. Die Kugeln durchschnitten die Seile, an denen das Kruzifix hing, und es stürzte herab. Castor hatte sich aufgerichtet und stand beobachtend da. Archer warf sich zur Seite, als das Kreuz die Bank, hinter der er Deckung gesucht hatte, zerschmetterte.

Castor und Lars nutzten die kurze Atempause und sprinteten los. Archer sprang auf und zielte auf Lars. Die erste Kugel schoß das Ohr weg, die zweite durchtrennte sein Rückgrat. Lars Gehirn funktionierte noch, während seine Lungen schon nicht mehr arbeiteten, und er lebte gerade noch lange genug, um seinen eigenen Tod zu registrieren.

Sein Boß hatte ihn jedoch schon vergessen und verbarg sich in dem Labyrinth der Hecken, die die Kirche umgaben.

Archer schlich sich in das Labyrinth. Neben ihm raschelte es, er zielte und zog den Abzug durch, doch nichts passierte – lediglich ein Kaninchen hoppelte erschreckt davon. Archer kontrollierte das Magazin und sah, daß es leer war. »Shit«, murmelte er und warf die nun nutzlose Waffe weg.

Ein Stück vor sich sah er Castor, der sich durch die schmalen Pfade schlich. Und obwohl er geschwächt war, holte Archer stetig auf, denn Castor konnte sein Tempo nicht durchhalten. Er hatte keinen Atem mehr, hustete fürchterlich – die Rache für die vielen Raucherjahre.

Castor blickte über seine Schulter und sah, daß Archer immer näher kam. Nein, er würde sich nicht von hinten angreifen lassen. Er blieb stehen, drehte sich um und legte die Waffe an, doch Archer war verschwunden. Wo konnte er sein?

Er brauchte nicht lange auf die Antwort zu warten. Archer sprang über eine Hecke, und als er sich auf Castor stürzte, fiel diesem die Waffe aus der Hand. Verbissen rangen sie miteinander, jeder versuchte den anderen zu erwürgen, sie gruben sich die Finger tief in die Kehle. Archer spürte, wie Blut in seine Speiseröhre rann, und er hörte etwas in seiner Luftröhre knacken.

»Gib auf, Castor!« keuchte er. »Irgendwann wird man es sowieso herausfinden!« Der Stimmbändermodulator hatte sich verschoben, und seine Worte waren kaum zu verstehen.

»Nicht, wenn ich dich zuerst umbringe«, sagte Castor und rammte seine Knie in Archers Brust. Es gelang ihm, sich aus dessen Griff zu befreien, und nun versuchte jeder, als erster die Waffe zu erreichen. Fast hätte Castor sie gehabt, als sich eine schmale Hand durch die Hecke schob, den Revolver hochhob und auf sie beide richtete.

Jamie. Archer und Castor erstarrten. Schweratmend standen sie da und blickten das Mädchen mit dem angsterfüllten Gesicht an.

## 15.

»Gib sie her, Jamie«, sagte Castor.
»Nein, tu es nicht!« schrie Archer, und er merkte plötzlich, daß er nicht länger wie Castor sprach, sondern endlich seine eigene Stimme zurückhatte. Jamie sah ihn verwirrt an. »Das ist richtig, Jamie, hör auf meine Stimme. Ich bin dein Vater!«

»Das ist nur ein Trick!« brüllte Castor. »*Ich* bin dein Vater!«

Verwirrt schwenkte Jamie die Waffe hin und her. Sie überlegte, ob es stimmen könnte, daß Castor nicht ihr Vater war. Er hatte so vieles getan, was nicht zu ihm paßte, aber wie konnte es möglich sein, daß ihr richtiger Vater wie ein anderer Mann aussah?

»Erschieß ihn, Jamie!« rief Castor.

»Nein, Liebes, tu es nicht . . .« flehte ihr Vater.

»*Erschieß ihn!*«

Jamies Arm schwenkte langsam auf Archer. Sie schoß. Der Knall erschreckte sie, und der Rückstoß ließ sie taumeln. Archer wankte, als die Kugel seine Schulter streifte. Castor sprang vor, das Gesicht verzerrt, und riß dem Mädchen die Waffe aus der Hand »Du dumme Kuh! Keins von *meinen* Kindern würde so danebenschießen!« Er schlug sie so hart ins Gesicht, daß sie gegen einen Baum fiel.

Dann zielte Castor auf Archers Kopf. »Verdammt noch mal, Sean, laß uns diese elende Sache endlich beenden, ja?« Er drückte ab, und Archer schloß die Augen. Ein Schuß klang auf, doch Archer lebte immer noch. Wer hatte geschossen?

»Runter mit der Waffe!« befahl eine weibliche Stimme. Wanda und Buzz waren auf die kleine Lichtung gestürmt, die Waffen im Anschlag. Eve und weitere Agenten folgten dicht hinter ihnen.

Castor seufzte. »Ihr seid gerade noch rechtzeitig gekommen, um den Steuerzahlern die Kosten für ein Gerichtsverfahren zu ersparen«, sagte er. »Also, dann verschwindet jetzt wieder.«

Wanda schüttelte den Kopf. »Nein. Ihr seid beide unter Arrest, bis ein DNA-Test gezeigt hat, wer wer ist.«

»Das war ein *Befehl* zu verschwinden!« brüllte Castor, und er stellte zufrieden fest, daß einige Agenten unsicher wurden. Nicht jedoch Wanda.

»Runter ... mit ... der ... Waffe!« befahl sie.

Jamie richtete sich gerade wieder auf, als Castor sein Gesicht zu einer Grimasse verzog. »Kann mir wohl keiner verübeln, daß ich's versucht habe«, sagte er, dann lenkte er die Agenten ab, indem er begann, noch mehr Fratzen zu schneiden und die Arme wie Windmühlenflügel zu drehen. Dann zeigte sein Gesicht einen Ausdruck unverhüllten Hasses, als er sich blitzschnell Jamie schnappte, einen Arm um ihren Hals legte, sie wie einen Schild vor sich hielt, während er ihr den Revolver in die Wange drückte.

Eve schnappte entsetzt nach Luft. Archer, der ein wenig Energie zurückgewonnen hatte, rappelte sich auf. Castor bewegte sich langsam rückwärts auf ein Tor zu, Jamie immer noch fest in seinem Griff.

»Sag Supervater auf Wiedersehen«, meinte er, während er die Tür mit dem Hintern anschob. Jamie ließ sich von ihm ziehen, die Fersen furchten Linien in den Boden. Langsam griff sie unter ihr Kleid. Castor zerrte sie gerade durch das Tor, als sie das Messer herauszog und mit einer schnellen Bewegung die Klinge aufschnappen ließ. Sie stach ihn tief ins Bein, drehte das Messer in der Wunde, genau, wie er es ihr gezeigt hatte.

Als er aufschrie und versuchte, das Messer aus seinem Bein zu ziehen, riß sie sich los und warf sich zur Seite. »Undankbares Luder!« schrie er, als die Agenten das Feuer eröffneten. Er lief auf den bewaldeten Rand des Kliffs zu und hatte eben den Schutz der Pinien erreicht, als ein verwirrter Agent ihm den Weg versperrte, eine Uzi in den Händen. »Agent Archer?« fragte er, als er das Gesicht erkannte. Statt einer Antwort schlug Castor ihn nieder und nahm ihm die Maschinenpistole ab. Direkt hinter den Pinien war der Klippenrand, und von unten schimmerte ihm verheißungsvoll der Pazifik entgegen.

Eve untersuchte ihre Tochter, versicherte sich, daß alles in Ordnung war. »Sie ist okay«, sagte sie zu Archer.

Archer nickte und ging auf Wanda zu, die immer noch ihre Waffe auf ihn gerichtet hielt. »Zurück!« schrie sie ihn an, doch Archer, der es satt hatte, ging weiter auf sie zu. »Ich brauche Ihre Waffe«, sagte er. »Nun kommen Sie schon, Wanda, ich bin es nur, ihr Boß, der, bei dem sie sich überlegt haben, ob er jemals den Stock ausspucken wird, den er verschluckt hat.«

Wanda erstarrte, nur ihr Finger am Abzug bewegte sich. Archer sprang auf sie zu, wich der Kugel aus, riß ihr die Waffe aus der Hand. Er rannte durch das Tor, nahm plötzlich nichts mehr um sich herum wahr, war einzig von dem Wunsch getrieben, Castor endlich zu schnappen.

Er bemerkte die Gestalt am Rand der Klippe. Castor blickte auf die Marina hinunter und auf die Jachten, bevor er den steilen, von Gestrüpp bedeckten Hang hinunter schlidderte. Er schlug die Richtung zu den Bootsstegen ein.

Als Archer dann oben am Kliff stand, konnte er tief unten Castor erkennen, der einen der Bootsstege entlanghumpelte. Die braungebrannten, fröhlichen Mitglieder zweier Bootsbesatzungen waren damit beschäftigt, ihre Boote in Schuß zu bringen. Sie lachten und stachelten sich gegenseitig an.

Der Kapitän des einen Bootes blickte auf, als Castor, der noch aus der Beinwunde blutete, erschöpft auf ihn zuhumpelte, und Mitleid erfüllte ihn. Castor, der dies bemerkte, hatte keine Skrupel, sich noch ein wenig mitleiderregender zu geben.

»Hey, sind Sie okay?« fragte der Kapitän.

»Nein«, antwortete Castor, zog die Uzi unter seiner Jacke hervor und erschoß den Mann. Schreiend stürzten die anderen davon, und Castor sprang auf das Boot und startete den Motor. Das Boot schoß davon, Richtung offenes Meer, doch dann schwenkte es in einem Bogen zurück. Der Anker war nicht eingeholt.

»Schneidet die Leine durch!« schrie Castor und schwang die Uzi. »Schneidet die Leine durch, oder ihr werdet alle sterben!« Keiner bewegte sich.

»Du! Du machst es!« schrie er eine junge Frau an, die der Leine am nächsten war. Nervös holte sie den Anker ein und warf ihn hastig ins Boot. Castor schoß davon, gerade als Archer den Pier und das zweite Boot erreichte.

Eine Hand auf dem Steuer, drehte Castor sich um und feuerte auf Archer, durchsiebte den Steg. Archer warf sich hin, doch der Kapitän des zweiten Bootes wurde in den Arm getroffen und sprang in Panik über Bord, als ihm auch weiterhin die Kugeln um die Ohren flogen.

Archer hechtete in das zweite Boot, machte es los und startete. Als das Boot seine Höchstgeschwindigkeit erreicht hatte, suchte Archer sich festen Halt und legte mit Wandas Waffe auf Castor an. Die Kugel verfehlte Castor nur knapp, Castor duckte sich, doch auch mit dem zweiten Schuß traf Archer daneben. Dann richtete Castor sich wieder auf und drehte sich mit der Uzi zu ihm um.

Archer ging hinter dem Steuer in Deckung, die Windschutzscheibe zersplitterte. In Hockstellung bleibend, versuchte er zu steuern, während beide Boote auf ein Fischerboot zurasten, das auf den Strand zuhielt. Castor riß sein Boot scharf herum, konnte aber nicht vermeiden, daß er gegen den Bug des Fischerbootes knallte, beide Boote begannen sich zu drehen. Archer hielt nach links, streifte aber dennoch die Seite des kleinen Bootes. Durch den Schlag kippte sein Boot auf die Seite, sprang hoch und raste dann in Castors schon beschädigtes Boot. Castor drückte das Gaspedal durch, langsam löste sich sein Boot von Archers, während Archer einen Bogen fuhr, um erneut die Verfolgung aufzunehmen.

Er hatte keine Schwierigkeit, Castor einzuholen, und die beiden Boote fuhren dicht nebeneinander her. Beide Männer machten sich bereit, den anderen wegzuschießen. Castor lächelte angriffslustig, bleckte die Zähne, als er den Abzug durchzog, doch dann erwischte ihn plötzlich eine Welle, und das Boot veränderte seine Richtung. Archer hätte die Uzi fast greifen und sie Castor aus der Hand ziehen können.

Die Boote waren einander zu nahe, schrappten gegeneinander, als sie in heftige Dünung glitten. Beide Männer stürzten. Als Archer sich wieder aufrappelte, erhielt seine Hoffnung neue Nahrung, denn das Boot, das sich ihnen näherte, war eindeutig ein Polizeiboot.

Irgendwie schob sich das Polizeiboot zwischen die beiden Feinde, die nun begannen, das Polizeiboot zu umkreisen. Castor ließ einen Kugelhagel auf dessen Mannschaft niedergehen, und den Moment, in dem Castor abgelenkt war, nutzte Archer, um Castors Boot näherzukommen und es schließlich zu rammen.

Archer bemerkte eine Schaluppe, die sich dem Hafen näherte, und hatte plötzlich eine Idee. Er spürte, daß das Glück zu ihm zurückgekehrt war, und seine Adrenalinproduktion, die in den letzten Tagen so viele Überstunden hatte leisten müssen, stieg erneut. Archer fühlte neue Kraft in seinem Körper, als er die beiden ineinander verkeilten Boote auf die Schaluppe zusteuerte.

Castor begriff, was Archer vorhatte, doch er bemerkte nicht, daß Castor von seinem eigenen auf das andere Boot gesprungen war. Das verlassene Boot, nun ein wenig leichter geworden, prallte hart gegen den Bug der Schaluppe und brach auseinander, während es in Flammen aufging.

Castor, der gefährlich nah an den brennenden Wrackteilen war, versuchte, das Boot auf einem schlingernden Kurs aus der Gefahrenzone zu bringen – und Archer fiel dabei über Bord. Doch ihm gelang es gerade noch, sich am Rand festzuhalten.

In der Zwischenzeit hatte Castor sich das Reservemagazin gegriffen und lud die Waffe neu. Als er sich nach Archer umdrehte, konnte er ihn nirgendwo mehr entdecken. Castor verringerte das Tempo und suchte die Wasseroberfläche ab. Nichts war zu sehen. Der Motor surrte leise, die Wellen schlugen sanft gegen den Rumpf.

Doch plötzlich neigte sich der Bug nach vorn; in einem Wasserschwall schoß Archer nach oben, zog sich in das Boot und hechtete nach vorn, gerade als Castor feuerte. Doch Archer hatte sich schon auf ihn geworfen, und die Maschinenpistole schlidderte über das Deck. Archer kroch schnell darauf zu, zog die Waffe in seine Arme und drehte sich um, um Castor Troy zu erledigen.

Doch Castor hatte den Anker gefunden und schwang ihn über seinem Kopf, während Archer noch versuchte, in die richtige Position zum Schießen zu kommen. Der Anker knallte mit einem häßlichen Geräusch gegen sein Kinn und schleuderte ihn zurück. Die Uzi glitt ihm aus den Händen, rutschte nach hinten, doch Castor konnte nicht entdecken, wohin. Und da er nun keine Waffe mehr hatte, stürzte er sich wie ein Tiger auf Archer und hatte ihm blitzschnell das Ankerseil um den Hals geschlungen.

Das andere Ende fest um seine Handgelenke gewickelt, zog er es an, Archers Gesicht lief blau an, als er um seinen kostbaren Atem kämpfte. Sein Körper zuckte, sein Kopf knallte gegen das Gaspedal – und das Boot nahm wider Geschwindigkeit auf.

Castor zog fester, während Archer versuchte, nach ihm zu treten. Das Boot wurde immer schneller, sprang über die Wellen. Castor, der Archer nur noch töten wollte, achtete nicht darauf, welche Richtung das Boot nahm, bemerkte nicht, daß es mit einer wahnwitzigen Geschwindigkeit auf das Ufer zuschoß.

Als das Seil sich immer enger um seinen Hals zuzog, spürte Archer, wie ihn das Leben verließ. Sein sterbendes Gehirn schien zu summen – dann war da nichts als Schweigen. Archer wußte, daß er tot war. Er sah jenen Tunnel strahlenden Lichts vor sich, und am Ende dieses Tunnels sah er seine Großeltern . . . und Mikey.

Und dann krachte das Boot mit dem Bug voran in die Felsbrocken des Wellenbrechers, kippte um und begrub die Männer unter sich. Als Archer auf den Boden knallte, lebte er noch, aber es war ein sehr schmerzhaftes Leben. Gierig sog er die Luft in seine Lungen, und seine Energie kehrte zurück.

Castor war schlimmer dran. Der Aufprall hatte ihm die Luft aus den Lungen getrieben. Betäubt und bewegungsunfähig mußte nun er um seinen Atem kämpfen, doch seine Lungen wollten sich nicht dehnen. Er schlug mit den Armen und war von blinder Panik erfüllt, bis ihm schließlich doch wieder der erste Atemzug gelang.

Archer kroch unter dem umgestürzten Boot hervor und sah, daß die Uzi unweit vor ihm auf dem Wellenbrecher lag. Castor hob den Kopf und merkte, daß er blutete und unter dem umgekippten Boot lag. Er kroch heraus, und dann sah auch er die Uzi. Es dauerte jedoch einen Moment, bevor er wahrnahm, daß Archer stand und sich auf die Waffe zubewegte. Castor kroch schneller, doch er blieb in einem Spalt zwischen den aufgetürmten Felsbrocken stecken.

Archer erreichte die Uzi als erster. Er stand auf ziemlich wackeligen Beinen, als er sie anlegte und seinem kriechenden Feind in die Augen blickte. Zum ersten Mal sah Archer Furcht in Castors Blick. Langsam richtete Castor sich auf, wie ein Baby, das unsicher die ersten Schritte zu machen versucht. Sein Körper wurde von Schmerzen geschüttelt. Er wußte, er mußte auf Zeit spielen, wenn er ein weiteres Mal seinen verdammten Arsch retten wollte.

»Du wirst nicht auf mich schießen, Sean«, stieß er hervor. »Ich bin unbewaffnet.«

Archer überprüfte unauffällig, ob er wirklich festen Stand hatte. Er hörte, wie die Wellen gegen den Wellenbrecher schlugen, spürte die feine Gischt auf seinem Gesicht. Er warf einen schnellen Blick zu dem pfauenblauen Himmel hinauf, über den Wolkenfetzen jagten, und für einen Moment bildete er sich ein, er sähe seinen Sohn dort oben auf dem geflügelten Einhorn reiten. Michael blickte auf ihn herunter, als sich Archers Finger um den Abzug krümmte.

»Also gut . . . ich muß dir etwas gestehen, Castor, aber es wird dir nicht gefallen.«

Castor spürte, wie Hoffnung durch ihn schoß, als er sah, wie Archers Arm sich entspannte, wie die Waffe nicht länger auf ihn zielt.

»Du hast recht, Castor, ich werde nicht auf dich schießen«, fuhr Archer fort. Seine Augen blickten kalt und ungerührt. »Jedenfalls nicht auf dein Gesicht.«

Dann drückte Archer ab, und drei der acht Kugeln drangen in Castors Brust, eine zerriß seine linke Lunge. Castor wurde durch die Wucht zurückgeschleudert, taumelte, sank in die Knie, fiel dann nach vorn und lag auf einmal reglos da.

Archer konnte seine eigenen Atemzüge hören, und fast hätte er vor Erleichterung gelacht, als er zusah, wie sein Feind sein Leben aushauchte. Ein FBI-Hubschrauber näherte sich, und Archer wandte sich um, um zu winken. Eine unglaubliche Befreiung erfüllte ihn, überspülte ihn wie ein kühler Sommerregen. Doch als er sich wieder umdrehte, sah er, daß Castor nicht mehr da war.

Castor war nicht tot, noch nicht, aber nahe daran. Er kroch so langsam wie eine Schnecke, eine Blutspur hinter sich herziehend, und endlich hatte er die Bootsschraube, die sich immer noch drehte, erreicht. Er wandte sich um, um Archer ein letztes Mal herauszufordern.

»Es wird niemals vorbei sein, Sean. Jedesmal, wenn du in den Spiegel blickst, wirst du mein Gesicht sehen.« Dann ließ er sich nach vorn in die messerscharfen Blätter der Schraube fallen.

Doch Archer machte einen Satz und zog Castor gerade noch rechtzeitig fort. Lediglich eine Wange hatte einen leichten Schnitt abbekommen. Doch Castor kämpfte immer noch, strebte immer noch der surrenden Schraube entgegen.

Archer sah das Ankerseil, zog den Anker hervor und warf ihn in die Schraubblätter. Sie zerfraßen das Seil, dann blockierte der Anker die Schraube.

Castor kippte nach vorn und brach zusammen. Die offenen Augen schauten Archer blicklos entgegen, der seinen reglosen Feind betrachtete. Sicherheitshalber trat Archer ihn in die Seite, dann sah er plötzlich das Sonnenlicht auf dem schmalen goldenen Band seines Eherings funkeln.

Er bückte sich und wollte gerade den Ring abstreifen, als Castors Oberkörper hochschoß und Castor ihn an den Handgelenken packte. Archer schrie auf und machte einen Satz zurück. Castor grinste und fiel leblos zurück.

Vorsichtig bewegte Archer sich rückwärts, Castor nicht einen Moment aus den Augen lassend. War er wirklich tot? Er hob die Uzi auf und wartete, wartete, daß Castor wieder zum Leben erwachte. Dann näherte er sich ihm langsam wieder, schob Castors Hemd weg und betrachtete die Wunden, die die Kugeln gerissen hatten. Sie hatten aufgehört zu bluten. Vielleicht war Castor Troy endlich doch wirklich und wahrhaftig tot.

Archer hob den leblosen Körper zu dem Hubschrauber hinauf, der über ihm schwebte und reichte ihn Wanda und Buzz. »Paßt auf das Gesicht auf«, sagte er unwillkürlich, als die beiden den Leichnam in den Helikopter zogen.

Buzz schaute Archer besorgt an. »Sind Sie okay, Sean?« fragte er.

»Wie haben Sie mich genannt?«

»Er hat sie ›Sean‹ genannt, Sean«, antwortete Wanda und streckte einen Arm aus, um ihm in die Maschine zu helfen. Sie sah ihn lächeln, glücklich und erleichtert, und sie dachte, daß dieses Lächeln von Sean Castor Troys Gesicht fast liebenswert machte.

Als der Hubschrauber durch die Wolken flog, dachte Sean wieder, daß er seinen Sohn sähe. Das Einhorn war stehengeblieben und zupfte einen Wolkenbausch ab. Der Junge hatte nicht länger den roten Ballon in der Hand, sondern einen Riesenlutscher. »Good-bye, Daddy«, schien sein Mund zu sagen, und Archer murmelte: »Good-bye, Mikey!« und winkte ihm zu. Die Tränen liefen ihm über die Wangen, als er beobachtete, wie das Einhorn lostrabte und sein Sohn in den Wolken verschwand.

Buzz und Wanda schauten Archer neugierig an, als sie sahen, daß er weinte und blickten erstaunt nach draußen – wem mochte er winken?

Die Sonne begann unterzugehen, als der Hubschrauber landete. Archer war zusammengebrochen. Er wurde von den Ärzten des medizinischen Teams des FBI auf eine Trage gehoben und in den Rettungshubschrauber geschoben. Castors lebloser Körper wurde auf eine Bahre geschnallt und neben ihn gerollt. Archers Herz begann aufgeregt zu schlagen, als er sah, daß er allein mit der Leiche bleiben würde. Eve steckte den Kopf herein, und er lächelte.

»Halt durch, Sean, sie lassen ihre besten Chirurgen nach Washington einfliegen.«

»Was ist mit ihm?« fragte Archer und deutete mit dem Kopf auf Castor.

»Keine Lebenszeichen mehr«, antwortete Eve und fügte lachend hinzu: »Nichts weiter als eine leere Hülle.«

»Das habe ich doch schon einmal gehört«, murmelte Archer, dann verlor er erneut das Bewußtsein.

Wanda sprang in den Hubschrauber, und Eve folgte ihr in die Kanzel, doch die Agentin schüttelte den Kopf. »Tut mir leid, Eve«, sagte sie. »Sie können nicht mitkommen.«

»Doch, ich komme mit, schließlich ist er mein Mann«, beharrte Eve und verschränkte die Arme.

»Nein. Sorry.«

»Ich werde ihn *nicht* allein lassen.«

Eve war in sich zusammengesunken, wie ein Häufchen Elend hockte sie auf dem Sitz und weinte. Wanda trat zu ihr, streckte eine Hand nach ihr aus. »Ich weiß, daß er Ihr Mann ist, aber er arbeitet für uns. Kommen Sie, ich sorge dafür, daß Buzz Sie nach Hause bringt.«

Eve erkannte, daß Wanda ihr geholfen hätte, wenn sie gekonnt hätte, daß sie aber durch ihre Vorschriften gebunden war, und so gab sie nach.

Jamie sah ihre Mutter verwirrt an, als sie wieder aus der Maschine kletterte. »Mom, wird Dad wieder Dad sein?« fragte das Mädchen und nahm ihre Hände.

»Ich hoffe es, Liebes.«

Der Rettungshubschrauber hob ab. Als das Motorengeräusch leiser geworden war, sagte Jamie: »Und da behauptet *ihr*, daß *mein* Leben eine Katastrophe wäre!«

Eve legte einen Arm um ihre Tochter, und sie gingen mit Buzz zu dessen Auto. Jamie erlaubte sich selbst, sich in die Arme ihrer Mutter zu schmiegen, als wäre sie wieder ein kleines Mädchen.

Man hatte Walshs Computersystem an das des Hauptcomputers des FBI in Washington angeschlossen. Man hatte sich auf diese Weise über einige seiner experimentellen Techniken informieren können, und die besten Chirurgen auf dem Gebiet der plastischen Chirurgie wurden nach Washington geflogen. Sie reagierten zunächst völlig ungläubig auf Archers Geschichte, dann erstaunt und schließlich erfreut, als man sie bat, bei der erneuten Transplantation mitzuhelfen.

Wofür Walsh nur relativ kurze Zeit gebraucht hatte, dauerte nun einige Wochen. Man hatte Archers Gesicht von Castors Leichnam gelöst und bewahrte es bei Tiefsttemperaturen auf. Niemand machte Archer irgend etwas vor, man sagte ihm klipp und klar, wenn die erneute Transplantation nicht gelänge, dann müsse man ihm das Gesicht eines frisch Verstorbenen geben – niemand zog auch nur einen Moment in Erwägung, ihm Castor Troys Gesicht zu lassen. Sean bat die Ärzte, die Narbe auf seiner Brust wiederherzustellen. Castor Troy mochte endgültig besiegt sein, doch das, was er getan hatte, sollte niemals vergessen werden.

Schließlich wurde auch der Präsident der USA über die merkwürdigste Episode in der Geschichte des FBI unterrichtet. Er besuchte Archer, bevor man diesen operierte.

»Ich bin geehrt, Mr. Präsident«, sagte Archer, »aber ich möchte Sie noch über etwas anderes informieren. Unsere Verfassung sollte selbst Verbrecher vor ungerechter und grausamer Strafe beschützen, aber...«

Der Präsident hatte über Erewhon Bescheid gewußt, das während der Regierungszeit seines Vorgängers gebaut worden war, doch er war zutiefst schockiert, als er von den Zuständen dort erfuhr. Red Walton, die anderen Wachen und die Bioingenieure wurden festgenommen und in Erewhon bis zum Beginn ihrer jeweiligen Prozesse untergebracht. Die dehydrierten Gefangenen wurden sofort aus ihren Behältnissen befreit, man versuchte, so gut es ging, ihnen zu helfen.

Und nun erfuhr man auch, daß man sie zu medizinischen Versuchen mißbrauchte, und die Körperflüssigkeiten, die man ihnen entnommen hatte, als Wundermittel gegen unheilbare Krankheiten verkauft hatte.

Archer wurde früher als erwartet entlassen und direkt von Washington nach Los Angeles zur Berichterstattung geflogen. Als er an diesem Morgen das Büro betrat, lag ein ansteckendes Lächeln auf seinem Gesicht. Sein Team begrüßte ihn mit einem Applaus, und obwohl es erst zehn Uhr morgens war, öffnete er die Magnumflasche Champagner, die er mitgebracht hatte. Einige fragten sich unwillkürlich, ob das tatsächlich der richtige Sean Archer war. Einige andere jedoch erkannten einen Mann wieder, den sie vor vielen Jahren gekannt hatten, bevor es jenen Erzfeind in seinem Leben gegeben hatte.

Archer schenkte Miß Brewster Godiva-Schokolade (sie bat ihn, sie künftig Kim zu nennen) und ließ das Radio in seinem Büro spielen. Er schaute sich um und fand, daß das Büro dringend aufgemöbelt werden müßte: Vielleicht sollte er ein paar Bilder aufhängen und Pflanzen aufstellen. Doch als er an seinen Schreibtisch trat, stieg ihm ein merkwürdiger Gestank in die Nase. Er zog die Schubladen auf und konnte nichts finden. Pfui Teufel!

Während er darauf wartete, daß er zur Berichterstattung gerufen wurde, begann er mit seinen »Wiedergutmachungen«. Er arrangierte, daß Adam Hassler von einem Rancherehepaar in South Dakota adoptiert wurde. Er engagierte »Gonzales and Sons«, damit sie sich um seinen Garten kümmerten. Er sorgte dafür, daß sie ihren Pick-up zurückbekamen und stellte ihnen als Ersatz für ihre Verluste einen Scheck aus. Einen weiteren großzügigen Scheck schickte er an das Obdachlosenasyl von St. Vincent de Paul, und Ruthe erhielt hundert Rosen.

Er hatte noch ein paar andere Dinge zu erledigen,

aber zunächst mußte er herausfinden, woher dieser infernalische Gestank kam – er konnte ihn nicht eine Minute länger ertragen. Er kroch auf Händen und Knien auf dem Boden, und seine Nase führte ihn schließlich zu einer Streichholzschachtel, die unter seinen Schreibtisch geklebt worden war. Darin befand sich ein schon verwester menschlicher Körperteil. Ein schmaler Zettel hing daran: »Friß das, du Arschloch!« Nun, es würde im Ungewissen bleiben, wer immer ihm dieses reizende Geschenk geschickt hatte. Archer tröstete sich damit, daß es vermutlich an seinen toten Gegner geschickt worden war. Und dann lachte er über die ganze Sache.

Als der Abend hereinbrach, saß Eve am Eßzimmertisch, darum bemüht, sich auf ihre medizinischen Berichte zu konzentrieren, aber ihre Gedanken schweiften ab. Sie hörte einen Wagen näherkommen, hörte, wie er anhielt und die Tür geöffnet wurde. Dann zeichnete sich die Silhouette eines Mannes vor der Fliegengittertür ab.

»Hi, Eve«, sagte der Mann, und die Stimme war die ihres Ehemannes.

Ihr Puls raste, als sie zur Tür lief und sein Gesicht betrachtete. Es war das schönste Lächeln, das sie jemals erblickt hatte, auf dem Gesicht, das ihr immer als das schönste der Welt erscheinen würde. Sie sank in seine Arme und schmiegte sich an ihn.

Dann kam Jamie aus ihrem Zimmer. »Daddy?« fragte sie zögernd.

»Ja, ich bin's.«

»Tut mir leid, daß ich auf dich geschossen habe, Daddy. Krieg ich jetzt Hausarrest?« Sie weinte. Sie brauchte ihren Vater. Sie rannte zu ihm, warf sich in seine Arme, und er hielt sie ganz fest an sich gedrückt. Dann schob er sie ein Stück von sich weg und betrachtete sie. Das Make-up war verschwunden.

»Solange du's nicht noch mal tust, ist alles okay«, meinte er und lachte. Ein Lachen, das Eves Herz erwärmte.

»Ich bin befördert worden, Eve«, erzählte er seiner Frau. »Ich bin zum West Coast Director ernannt worden. Ein Schreibtischjob.«

»Wirklich?« fragte sie.

»Wirklich! Ich will mein Leben zurück«, sagte er und wischte ihr die Tränen weg. Jamie sah ihre Eltern verblüfft an. Sie hatte nicht geahnt, daß sie sich so sehr liebten.

»Und wißt ihr, was ich will?« fragte Eve.

»Was?« fragte Archer und spürte, wie sein Körper reagierte.

»Endlich eine Nacht wieder ruhig durchschlafen!«

Sean Archer umarmte seine Frau und küßte sie – mit seinen eigenen Lippen.

**Band 12605**

**Jonathan Kellerman
Exit**

**Thriller aus der Welt der Medizin**

Ärzte und Therapeuten verzweifeln, als es um das undurchsichtige Krankheitsbild der kleinen Cassie geht. Als kurz darauf einer dieser Ärzte ermordet aufgefunden wird, beginnt Dr. Alex Delaware, Detektiv aus Leidenschaft, das Verbrechen mit dem Fall seiner kleinen Patientin zu verknüpfen. Was er schließlich aufdeckt, ist ein Betrugsmanöver großen Stils, an dem sich höchste Kreise zu bereichern suchen, und der vertuschte Fall einer unvorstellbar perfiden Kindesmißhandlung ...

**Band 12585**

**Ken Follett
Die Spur der Füchse**

**Das mitreißende Frühwerk des Bestsellerautors**

Binnen weniger Stunden in London: Ein tolldreister Millionenraub wird verübt, ein hoher Politiker begeht einen rätselhaften Selbstmordversuch, ein Großkonzern wird in letzter Minute vor dem Konkurs gerettet, und ein Unterweltboß erlebt ein blutiges Fiasko.
Als ein junger Reporter dieses Netzwerk aus Korruption und Gewalt entwirrt, wird er zum Schweigen gebracht. Denn selbst die Presse ist nur eine Figur im teuflischgenialen Plan eines Finanzhais - der Operation Obadja.

**Band 12320**

Nikolaus Gatter
**Heavenly Creatures**

### Der Roman zum preisgekrönten Film

Christchurch, Neuseeland, in den 50er Jahren. Zwischen den beiden jungen Mädchen Pauline und Juliet entwickelt sich eine außergewöhnliche Freundschaft. Mehr und mehr sondern sie sich von der Außenwelt ab und erschaffen ihr eigenes Reich, das sie die »Vierte Welt« nennen. Als sie für immer getrennt werden sollen, ersinnen sie in aller Heimlichkeit eine grausige Tat...
Das Buch erzählt auf einfühlsame Weise diesen faszinierenden, schaurig-schönen Film nach. Es gewährt Einblick in die Hintergründe eines Kriminalfalls, der Großbritannien und das Commonwealth erschütterte.

**Band 12658**

**Vertrauter Feind**

Einen einzigen Grund gab es für Frankie McGuire, der IRA beizutreten: Er will Rache – Rache an den Männern britischer Spezialeinheiten, die vor Jahren gewaltsam in das Haus seiner Familie in Irland eindrangen und seinen Vater kaltblütig erschossen. Bald jedoch wird für Frankie die Lage in Belfast zu brenzlig. Als meistgesuchter Terrorist gebrandmarkt, muß er fliehen.
Frankie geht nach New York, und Kontaktpersonen verschaffen ihm die perfekte Tarnung: Sie bringen ihn unter falschem Namen im Haus eines Polizisten unter. Tom O'Meara hat keine Ahnung, wen er freundschaftlich in seiner Familie aufnimmt. Sean Geary und die junge Megan Desmond jedoch wissen, daß Frankie von den Staaten aus zum größten Schlag gegen seine Freunde ausholen will. Alles läuft nach Plan – bis die Falschen aufdecken, wer der junge Einwanderer in Wirklichkeit ist...